浙江省高校创新创业系列教材

王卫红　金伟林　何伏林◎主编

创业基础

BASICS OF ENTREPRENEURSHIP

杭州出版社

《创业基础》编辑委员会

主　编

王卫红　　　　金伟林　　　　何伏林

副主编

陈　平　　　　葛红艳　　　　王春伟

序

创新创业教育是21世纪世界高等教育发展的重要趋势，是国家实施创新驱动发展战略、促进经济提质增效升级的迫切需要。近年来，各级政府部门高度重视大学生创新创业教育，相继出台了一大批符合实际、富有特色的政策举措，为高校开展创新创业教育提供了得天独厚的优惠政策和制度支持，为大学生开展创新创业实践活动提供了有力的“助推器”，在全国各地掀起了创新创业的高潮。

尽管全社会已经意识到创新创业的重要性，但是我们长期以来依旧缺乏对大学生创业教育理念、创业教育实施方法等关键问题的正确认识。在过去的高校人才培养中，学校重视和引导学生继续深造和高层次就业，但立志创业的学生一直得不到重视和扶持。当前，教育主管部门正在扭转传统的教育理念，要求高校加强学生创新创业教育，出台具体政策文件引导和扶持学生创新创业实践。例如，浙江省教育厅明确要求全省高校设立创业学院；到2020年，建立健全课堂教学、自主学习、实战训练、指导帮扶、文化引领融为一体的高校创新创业教育体系，支持大学生创业的政策制度和服务体系更加完善：这为高校开展大学生创新创业教育提供了强有力的指导。

创业不只是一种纯粹的商业活动，更是一种生活方式、思维方式和行为模式。在校大学生创业固然可喜，毕业后先就业再创业也值得敬佩，即使不选择创业，在各自的岗位上发挥创业精神，从事“岗位内创业”也是非常好的选择。可见，创业教育要跳出传统教育思维模式，不能为了创业而创业教育，更应该撒播创新创业的种子、培植创新创业的精神和素养。在“大众创业，万众创新”的时代，每个学生的创业需求都应该得到鼓励和支持，需要得到个性化、全方位的培养。

《创业基础》教材通过理论知识与实践训练的结合，既突出了创新性，又体现了实用性，以突出能力培养为导向，着力培养大学生的创业素质和能力。本教材充分整合了教育部《创业基础》大纲和创业实践的要求，提炼形成创业精神与创业者、创业过程管理、商业模式设计、创业资源整合、企业创办与经营五大模块，同时嵌入了翻转课堂教学内容与体系，力求知识点全面、层次清晰、通俗易懂，为大学生在校期间进行创新创业学习和实践提供有效的指导和帮助。

本书共分为上、下两篇十个章节，第一章至第三章为理念篇（上篇），第四章至第十章为实践篇（下篇）。上篇主要讲述创业意识和创业精神方面的内容，力求使学生更加全面地了解创业的概念，树立创业意识，加强创新思维培养，提高创业能力。下篇主要讲述创业实践方面的内容，力求使大学生全面认识创业实践的相关知识，这主要包括组建创业团队、识别创业机会、规避创业风险、设计商业模式、整合创业资源、撰写创业计划和创办新企业等。同时，本教材采用了“翻转课堂”教学模式，教材的教学要点与翻转课堂中的实践知识点有机结合，启发学生思考，强化学生练习，提升教学质量。

本教材在编写过程中，借鉴和参考了国内外大量的创业指导和创业教育研究方面的文献资料，以及一些创业教育专家学者的理论和观点，在此对相关原创作者表示衷心的感谢。由于编者水平有限，书中难免存在疏漏和不足之处，恳请有关专家、同行及所有读者批评指正，以便我们能够进一步地完善和提高。

王卫红

2017 年 4 月于浙江工业大学

目录

CONTENTS

上篇　理念篇

下篇　实践篇

目录

CONTENTS

上篇　理念篇

我个人感觉作为一个创客应该是非常自豪的，因为没有任何一种形式会比你成为一个创客更能够体现自身价值，为社会创造财富。就像硅谷有一句话“疯狂即正常”，你如果能打破常规，突破自己的思维定式去创造一种新的财富，其实你是应该感到自豪和骄傲的。

但是同时我觉得创客也是非常寂寞的，因为创业无止境，创业没有终点，永远在路上。像我到今天还在创业，因为我要面对互联网对我的挑战，重新进行颠覆性的创业。其实有的时候这也是非常痛苦的，可是也有一句话“痛并快乐着”，你永远都会限于这两者之间。

——张瑞敏[①]

① 这段话出自 2016 年 1 月 26 日首届“青岛创客 TOP 榜”年度评选颁奖典礼上，是张瑞敏向广大创客送上的寄语。张瑞敏，海尔集团董事局主席、首席执行官，著名企业家。

第一章 创业与人生发展

学习目标

1. 了解创业的概念，分辨狭义与广义的创业。
2. 了解蒂蒙斯创业过程模型，掌握创业的一般过程。
3. 结合社会发展现状，明确创业与社会发展的关系。
4. 认知创业对职业发展的意义，把握创业人生。

翻转课堂

扫一扫，看视频
（下同）

创业点亮人生

在案例视频中，主持人采访了几位在校大学生，通过他们对创业的看法和评价，反映出了目前在校大学生对创业的普遍感受和心态。随后主持人又采访了几位有过创业经历的大学生创业者，通过他们对自身创业经历的讲述，反映出创业经历给大学生带来的收获和帮助。创业导师由衷建议大学生应该了解创业，学习创业的相关知识。因为创业可以给创业者带来极大的内心滋养，帮助创业者走进一个更大的人生格局，认识一个完全不一样的自己。

观看案例视频后，你有什么感想？小组充分讨论，得出观点。

____

____

____

观看点评视频（或听讲），记录专家（或授课教师）的观点。

____

____

____

第一节　创业的含义

一、创业的概念

创业，在《新华字典》里定义的是“开创事业”。而“事业”是指人所从事的，具有一定目标、规模和系统并对社会发展有影响的经济活动。《辞海》对“创业”的解释是：创立基业。“基业”是指事业的基础。可见，如何理解创业的“业”，是理解创业含义的关键。“业”指代的含义有小大之别，故创业有狭义和广义之分。狭义的创业即创办新企业（startup），是指创业者的生产经营活动，主要是开创个体或团队的小业。广义的创业是指创业者的各项创业实践活动，并赋有创新与创业精神（entrepreneurship）的内蕴，其功能指向是成就个人、团队，乃至国家、社会的大业。

早期的创业概念通常带有经济学的视角，把创业看作是商业领域的事情。简单地把创业定义为新企业的创建，或者定义为新产品、新工艺、新组织和新市场的组合。韦伯（Weber）提出：创业是指接管和组织一个经济体的某个部分，并且以自己可以承受的经济风险通过交易案来满足人们的需求，目的是为了创造价值。科尔（Cole）提出：把创业定义为发起、维持和发展以利润为导向的企业的有目的性的行为。史蒂文森（Stevenson）、罗伯茨（Roberts）和苟斯拜客（Grousbeck）提出：创业是一个人——你不管是独立的还是在一个组织内部——追踪和捕捉机会的过程，这一过程与当时控制的资源无关。

随着社会的发展和研究的深入，狭义的创业概念已经无法涵盖当今的创业指向。“创业”这个词在当代有了很大的延伸，创业可以发生在各种企业和组织的各个发展阶段，包括新或老企业，大或小企业，私人、非营利或公共部门等，此外，一些现有组织内部也存在活跃的创业活动。有“创业教育之父”称号的蒂蒙斯（Timmons）在其所著的创业教育领域的经典教科书《创业学》（*New Venture Creation*）中指出：创业是一种思考、推理和行动的方式，它为机会所驱动，需要在方法上全盘考虑并拥有和谐的领导能力。学者 Shane 教授于 2000 年发表了《创业作为一个研究领域的未来展望》一文。他指出：“创业是一个过程化的概念。”这一观点得到了普遍的认可。刘先明认为：创业是指某个人发现某种信息、资源、机会或掌握某种技术，利用或借用相应的平台或载体，将其发现的信息、资源、机会或掌握的技术，以一定的方式，转化、创造出更多的财富、价值，并实现某种追求或目标的过程。广义的创业过程通常包括一项有市场价值的商业机会从最初的构思到形成创业，以及创业的成长管理过程。在大多数研究与教材中，创业常指广义上的含义。

创业是一个从无到有、从零到一的过程。科学和合理地理解创业，要把握三个要点。一是创业是创业者对自己拥有的资源或通过努力对能够拥有的资源进行优化整合，从选择一个创业项目开始，通过对创业项目的认识、理解和把握，从而创造出更大经济或社会价值的过程。二是创业是一种劳动方式，是创业者一种自主性行为，是创业者生活方式的一种选择。三是创业管理不同于企业管理。创业管理研究的是创业行为，是一个企业从无到有的创办过程；企业管理是以企业存在为前提的，研究的是如何才能发展得更好的问题。

学者们从不同的方面对创业进行了解读，现今我们对创业的普遍定义是：创业是创业者不拘泥于当前资源条件的限制，追求机会，创造新价值的过程。

创业需要面对资源难题，设法突破资源束缚。无数创业案例表明：大多数创业者在创业初期甚至全过程都要面临资源缺失和资源约束。这是因为创业活动通常是创业者在资源高度约束情况下所进行的，从无到有、从零到一的财富创造过程。创业者往往需要通过技术创新和商业模式创新等方式对资源进行更为有效的整合，进而实现创业目标。换言之，创业者只有努力创新资源整合手段和资源获取渠道，才能真正摆脱资源约束的困境。正因此，积极探求创造性整合资源的新方法、新模式和新机制，就成为创业的基本特性。

创业需要寻求有效机会，有效机会常常显现在一瞬间，但这之前必定有一个积极探索的过程。创业通常离不开创业者识别机会、把握机会和实现机会的有效活动。创业者从创业起始就需要努力识别商业机会，只有发现了商业机会，才有可能更好地整合资源和创造价值。因此，一般认为寻求有效机会是产生创业活动的前提。

创业必须进行价值创造。创业属于人类的劳动形式之一，劳动需要产生劳动成果，创业也需要创造劳动价值。创业的本质在于创新，因此，与一般劳动相比，创业更强调创造出创新性价值。当今较为典型的创业大多诉求创新带来的新价值，这些新价值通过技术、产品和服务等方式的变革更好地为消费者服务，促进社会的发展和进步。需要特别注意的是，创业通常需要比一般劳动付出更多的时间和努力，需要承担更多的风险，也更需要坚持不懈的努力。当然，创业的成功和收获也会带来无法替代的成就感。

视野延展

勇创业　重实践：李克强鼓励大学生圆梦青春[1]

早年在北大时，李克强曾担任北大团委书记，从那时起，他就对青年学生

① 来源：中国青年网，2016-04-16。原标题：《勇创业　重实践　广阅读：李克强鼓励大学生这样圆梦青春》（记者：杜美辰）。说明：本书中的所有案例、视野延展均由编者收集并整理而成，部分素材进行了大幅删减或重新编辑，注释说明素材的主要来源，未作注释即为编者编写，后文不再另作说明。

的学习、工作分外关注。自担任总理以来，李克强一直重视创新创业，他认为，大学生是推进大众创业、万众创新的生力军。在各个高校考察时，与大学生创业者进行深入交流也成为李克强的“必选动作”。在与全国各地学子交流时，李克强多次强调大学生应勇创业、重实践，鼓励他们珍惜时间，努力充实自己的青春岁月，向青年学子传达了作为前辈和师兄的美好希冀与祝福。

1. 勇创业：敢为人先、宽容失败，用创业点燃人生

2013 年 8 月，李克强在兰州大学就业指导中心调研时指出，大学生要有双创精神，在校学习既要致力于创新，到社会上工作也要敢于创业。李克强也鼓励一位毕业后打算创业的学生：“大学生是人才，只要努力就会有就业的机会。不光要就业，还要创业。”

2014 年 7 月，在湖南大学考察时，李克强认真参观了学生创业成果展，并鼓励学生创业者要敢为人先，宽容失败，跌倒了重新再来。李克强还现场购买了两位学生的 4 个产品，用行动点赞了他们的创业尝试。

2014 年 11 月，在浙江大学考察时，当听说竺可桢学院的一位大四本科生放弃外企工作的机会，投身自主创业时，李克强非常赞赏地说道：“志向很高，我相信你会从一个小角落出来，创造出一片大天地。”李克强还当场表示，政府会尽力给大学生创业提供支持。

十八大以来，政府通过简政放权和相关制度改革措施，不断为创业兴业引路，给企业发展松绑，进一步为新常态下的中国经济注入无限青春活力。除允许大学生“休学创业”外，政府的一系列税收、贷款优惠政策也进一步鼓励和推动了大学生创业，帮助他们实现人生价值的同时，以创业带动就业，增强了整个国家的蓬勃朝气。

2. 重实践：不仅要向书本学，还要向实践学

在湖南大学考察时，李克强曾鼓励大学生：“在学校做求知的思想者，到社会上做创业的实践者。”如今创业已成为许多大学生自我锻炼、实现自我价值的重要实践方式，在克服困难和挫折中，大学生们不断丰富阅历，经历着心灵的成长和蜕变。

有知识的人不实践，等于一只蜜蜂不酿蜜。知识能在实践中彰显力量，而实践更能丰富和增长知识。李克强在吉林大学考察时叮嘱大学生们将学习摆在第一位，同时他也强调把学到的知识用于实践当中。李克强说：“学习是基础，不仅要向书本学，还要向实践学，创业实际就是在实践中学，这会让知识学得更扎实有用。”

除了强调在创业中实践，李克强也鼓励大学生在基层的实践中锻炼成长。2013 年 6 月，在河北师范大学视察时，李克强鼓励毕业生们到基层工作，并深情寄语大学生们，“只有‘下得去’，本事才能‘上得来’，干事才能‘拿得起’，基层最能锻炼人。”李克强也表示，下基层、到基层工作，才能使人更快地成长起来；基层的经验，无论以后走到什么岗位都将是一笔宝贵的财富，只有经历

基层锻炼，才会成长为社会的有用之才。而在吉林大学考察时，当得知医学专业的一名毕业生打算毕业后先到乡镇卫生院工作，锻炼提高业务水平，李克强也点头称赞："在基层可以积累最宝贵的经验。"

二、创业的过程

（一）蒂蒙斯创业过程模型

迄今为止，人们对创业过程的认知和分析中，最为典型和公认的模型为蒂蒙斯创业过程模型。该模型提炼出了创业的三大关键要素，即创业机会、创业者及其创业团队、创业资源。如图 1–1。

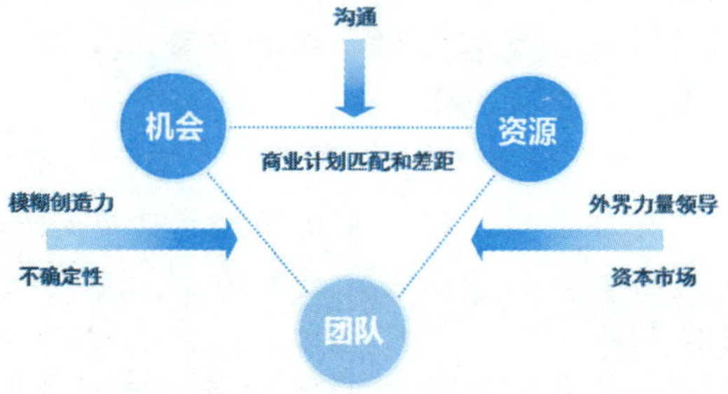

图 1–1 蒂蒙斯创业过程模型

蒂蒙斯创业过程模型的主要含义包括：

1. 三个关键要素在创业过程中缺一不可

如果没有创业者及其创业团队的主观努力，创业活动是不可能发生的；应该说机会是普遍存在的，如果没有机会，创业活动就成了盲动，难以创造真正的价值，关键要看创业者及其创业团队能否有效识别和开发机会；创业者及其创业团队把握住合适的机会后，还需要有相应的资金和设备等资源，如果没有必要的资源，机会也就难以被开发和实现。

2. 创业过程是三个要素相互作用、动态平衡的过程

蒂蒙斯模型具有动态性的特征，随着创业过程的展开，其重点也相应发生变化，创业要将机会、创业团队和资源三者作出动态的调整，保证相互的匹配与平衡。因此，创业现象也被认为是机会、创业者和资源三者之间的有效链接。尽管这三个部分很难保持完全匹配，但只有持续地追求一种动态的平衡，创业过程才能保持持久的发展。当用平衡的观念来展望创业的未来时，创业者需要常常自问：目前的团队是否足够优秀，可以承担创业的使命？目前的机会是否足够笃定，可以推动创业的前进？目前的资源是否足够充足及配置是否合理，可以保障创业的过程？

3. 创业过程由机会驱动，由团队领导，由资源保障

一般情况下，创业过程始于机会，在一开始，真正的机会要比团队的才干和能力或

适宜的资源更重要。创业团队的作用就是利用创造力在模糊、不确定的环境中发现机会，并利用资本市场等外界力量组织资源，领导企业来实现机会的价值。在这个过程中，资源与机会是适应、差距再到适应的动态过程。商业计划的作用是提供沟通这三个要素的质量、相互之间匹配和平衡状态的语言、规则。处于模型底部的创始人或创业团队要善于配置和平衡，借此推进创业过程。

（二）创业的一般过程

创业的一般过程是从创业者产生创业想法，到创建新企业或开创新事业，并获取回报，涉及识别机会、组建团队、寻求融资等一系列活动组成的流程。通常分为以下六个主要环节。

图 1–2　创业过程图

1. 产生创业动机

创业动机是创业机会识别的前提，是创业的原动力，它推动创业者去发现和识别市场机会。创业活动的主体是创业者，创业活动首先取决于个人是否希望决定成为创业者。当然，不少人是因为看到了创业机会，由于潜在收益的诱惑，才产生了创业动机，进而成为一名创业者或创业团队人员。一个人能否成为创业者，会受三方面因素的影响：一是个人特质。每个人都可能具有创业精神，但其创业精神的强度不同，强度的大小有遗传的成分，更受环境的影响。比如温州人的创业意愿相对强烈，其中环境起到了很大的作用。二是创业机会。创业机会的增多会形成巨大的利益驱动，促使更多的人尝试创业。社会经济转型、技术进步等多方面的因素在使创业机会增多的同时，也会降低创业门槛，进而促成更大的创业热潮。三是创业成本。人们能从其他工作获得高收入和满足需求，创业意愿就低。比如，科学家独立创业的少，是因为科学家已经谋得了一份收入相对丰厚而且稳定的工作，就较少愿意去冒创业风险。

2. 识别创业机会

识别创业机会是创业过程的核心环节。识别创业机会包括发现机会来源和评价机会价值。一般应澄清四个基本问题：第一，机会何来？就是说创业者应该找到创业机会的来源在哪里。第二，受何影响？就是说创业者应该找到影响创业机会的相关因素。第三，有何价值？就是说创业者应该找到创业机会所具有的并能被评价的价值。第四，如何实现？就是说创业者应该明了能通过什么形式或途径使机会变成实际价值。围绕这些问题，创业者在识别创业机会阶段需要采取行动多交流、多观察、多获取、多思考、多分析，最终抓住创业机会。

3. 整合有效资源

整合资源是创业者开发机会的重要手段。一般情况下，创业者可以直接控制的可用资源往往很少，创业几乎都会经历白手起家、从无到有的过程。对创业者来说，整合资源往往意味着需要借船出海，要善于尝试依靠盘活别人掌握的资源来帮助和实现自己的创业起步。人、财、物都是开展创业活动所必需的基本生产要素。创业者所需要做的，首先是要能组建团队，凝聚志同道合的人；其次是要能进行有效的创业融资；最后是要有创业的基础设施，包括创业活动的场地和平台。创业是在创业者面对资源约束情况下开展的具有创造性的工作，一定会面临很大的不确定性，所以，创业者在创业初期乃至新企业成长的很长一段时间里，都要把主要精力放在资源的获取上，以解决公司和企业的生存问题。此外，创业者还需要围绕创业机会设计出清晰的有吸引力的商业模式，有时还需要制订详细的创业计划，以此向潜在的资源提供者陈述和展示，以获取更多的资源支持。

4. 创建创业企业

新企业的创建是创业者的创业行为最为直接的标志。创建新企业包括公司制度设计、企业注册、经营地址选择、进入市场途径选择，途径包括选择完全新建企业还是采取加入或收购现有企业等。值得注意的是，许多创业者在创业初期迫于生存的压力，以及对未来缺乏准确预期，往往容易忽视这部分工作，结果给以后的发展留下了隐患。

5. 提供市场价值

创业者识别机会、整合资源、创建新企业等的目的是为了实现自己的创业目标，但真正能促成创业目标最终实现的是看创业者能否提供市场价值。这是创业过程中的重要环节，关系新企业的生存与成长。因此，创业者必须面对挑战，采取有效措施，使创业的市场价值得到充分涌流和实现，不断地让客户受益，从而获得企业的长期利润，逐步把企业做活、做好、做大、做强。

6. 收获创业回报

收获回报是创业活动的主要目的，对回报的获取有助于促进创业者的事业发展。回报可能是多种多样的，对回报的满意程度在很大程度上取决于创业者的创业动机。调查发现，创业者的创业动机不同，对收获创业回报的态度和想法也有所不同。对多数年轻创业者来说，获取回报最为理想的途径之一，是把自己创建的企业尽快发展成为一家快速成长型企业，并成功上市。

视野延展

创业是个试错的过程[①]

现在中国互联网创业浪潮中，更多的是“准创业者”而不是创业者。“准创业者”的特征是，害怕失败，理想丰满，知行不合一，道听途说，每天都有一个新想法，有一份不错的工作，没有冒险精神。如果你有其中一项特征，很抱歉地告诉你，其实你不太适合成为一名真正的创业者。

你可能永远都只是一名“准创业者”，一直想着把创业作为一个兼职，而迟迟不肯下决心把自己现有的生活给颠覆掉，把自己从一个每天按点上下班、领工资的打工人士，变成一个三餐不定、上下班时间不定、收入支出不知的创业者。试问连自己的生活都不敢去颠覆，谈什么颠覆互联网，颠覆传统行业，颠覆整个世界呢?

成功的创业者更多的是，当他心里有一个小想法的时候，已经开始做了，无论是在线旅游、车联网、手游或者是做软件外包、设计外包，甚至是修理手机。这都能成为他们创业的一个点，而不是动辄嚷嚷自己是微信第二、淘宝第二、京东第二、小米第二这种不靠谱的空喊。在自己一步一个脚印的节奏上，以最初的目标作为切入点，创业过程中不断地试错—实践—修正—试错—实践—修正，作一个良性的循环。而这一切在互联网创业家中体现得淋漓尽致。

奇虎的周鸿祎从雅虎出来，还是想做一个搜索社区，还包括像现在百度百科一样的问答式搜索，但是在创业探索过程中，以一个查杀流氓软件插件作为切入点，改变路径，以免费杀毒直接颠覆了这个几十亿元价值的“收费杀毒”市场，奇虎也成为BAT之外最具影响力的互联网企业之一。

久邦数码的张向东，从3G门户（WAP网站），到“手机心脏”（塞班系统的手机软件），再到“GO桌面”（安卓端的APP）。曾经3G门户观看火箭图文比赛的在线用户达到百万，但也未能给久邦数码带来太大的利益，直到GO桌面在试错、走过弯路之后，以一款应用从海外开始，终于成功上市。

博雅互动的张伟，死磕腾讯坚持做了聊天室七年，最终转身投向棋牌游戏的怀抱，坚持七年的东西，谁又能轻易做到放弃，但是团队还在，大家信念一致，再次转换战场，从Facebook的第一转回到国内移动端棋牌游戏的老大，最终实现香港上市。

说这三个例子并不是告诉大家，创业最终上市了才是成功，而是这几个例子在“试错—实践—修正—试错—实践—修正”这个路径中更具有代表性。创业的成功，上市从来不是标准。成功有大成，也有小成，当一家创业公司每月的净利润达到200万元的时候，他们十几个人的团队，已经过得非常滋润，

①来源：创业邦网站，2014-11-11。原标题：《一位天使投资人的感悟：何谓创业精神》（作者：黄健铭）。

养活自己，并有多余的资金能做一些更加不同的创新，这也是创业公司成功的一种。任何成功的创业公司，都在改变中成功，你不变，在这个瞬息万变的互联网时代，已经落后了许多。

如果你一直在“想”创业，那你真的不适合创业，即使“流血创业”也不会成功。相反，那些已经在行动、在试错的创业者，即使遭遇一时的困难，也请坚持下去，你们会是未来互联网的中坚势力。

第二节　创业与社会发展

一、经济转型与创业

（一）经济转型升级

经济转型是指一个国家或地区的经济结构和经济制度在一定时期内发生的根本变化。具体地讲，经济转型是经济体制的更新，是经济增长方式的转变，是经济结构的提升，是支柱产业的替换，是国民经济体制和结构发生的一个由量变到质变的过程。经济转型不是我国特有的现象，任何一个国家在实现现代化的过程中都会面临经济转型的问题。即使是市场经济体制完善、经济非常发达的西方国家，其经济体制和经济结构也并非尽善尽美，也存在着现存经济制度向更合理、更完善经济制度转型的过程，也存在着从某种经济结构向另一种经济结构过渡的过程。

产业转型升级是当前经济转型的主要任务。从世界发展趋势看，国际分工形态和产业发展模式正在发生变化，国际分工向价值链分工、产品内分工和生产工序分工转型，产业间互相渗透使产业边界逐步模糊化，产业内部正在按新的方式进行组合，呈现农业工业化、工业服务化、服务知识化的发展趋势。国际分工形态和产业发展模式变化，赋予产业转型升级新的内涵，就是要通过深化参与国际分工，推进产业链升级，逐步从分工的低端向高端延伸，最终形成具有竞争优势的生产体系和产业链。产业链涵盖了研发、制造、营销、售后服务等环节，产业转型升级应重点突破研究开发、营销、品牌培育、技术服务、专门化分工等制约产业转型升级的关键环节，构建创新型、融合型、生态型、高效型的现代产业体系。

生产性服务业成为产业链中价值增值的主体，要求把发展生产性服务业作为产业转型升级的突破口。生产性服务业能把大量的人力资本和知识资本引入商品和服务的生产过程当中，使“产业结构软化”，是现代产业发展中竞争力的基本源泉。目前在世界经济舞台上最为活跃的跨国公司，都是融制造和生产性服务于一体的综合性企业。生产性服务大部分是知识型服务，对人力资本提出了更高的要求。

（二）中国经济新常态

中国经济发展在过去几十年间成绩显著，现在也处于经济转型时期。从更长期的趋势看，由于“人口红利”逐步消失和劳动力低成本优势减弱，土地和矿产资源稀缺将继续推动成本上扬，加大环境治理力度使环境成本上升，技术扩散效应下降使生产率增长趋缓，这些变化都对经济转型提出了迫切要求。早在 2014 年习近平同志就指出：“我国发展仍处于重要战略机遇期，我们要增强信心，从当前我国经济发展的阶段性特征出发，适应新常态，保持战略上的平常心态。”并强调指出：“我国经济发展进入新常态，是我国经济发展阶段性特征的必然反映，是不以人的意志为转移的。认识新常态、适应新常态、引领新常态，是当前和今后一个时期我国经济发展的大逻辑。”这一重要论断将新常态提升到国家战略层面。中国经济向形态更高级、分工更复杂、结构更合理阶段演化，这是我们做好经济工作的出发点。

我国经济发展进入新常态后，增长速度正从高速增长转向中高速增长，经济发展方式正从规模速度型粗放增长转向质量效率型集约增长，经济结构正从增量扩能为主转向调整存量、做优增量并存的深度调整，经济发展动力正从传统增长点转向新的增长点。经济发展新常态之所以“新”，不仅在于当前我国经济发展呈现若干新的特征，而且包含新的战略方针、新的制度条件，包含新的思想方法、新的工作理念。深化改革带来了新变化，释放了市场活力，营造了大众创业、万众创新的浓厚氛围。

视野延展

分享经济：新常态下的新动能①

虚拟商铺、网租房、网约车……分享经济近年来逐渐扩展到消费的各个领域，给人们生活带来极大便捷。而与此同时，这一新兴的经济模式对传统经济模式也造成了冲击。是观望还是迎接？如何看待分享经济的兴起与未来的走势？几位经济学与社会学学者就相关话题接受了记者采访。

1. 带有明显互联网“基因”

“分享经济是个人将闲置资源共享，借助互联网平台把资源提供给需要的人或群体，使供需匹配最优化。”在武汉大学社会学系副教授张杨波看来，与传统经济模式相比，这种新模式既增加了资源提供者的额外报酬，也降低了资源获取

① 来源：《中国社会科学报》，2016-12-09（作者：张清俐）。

者付出的成本。随着网络技术的快速更新，社会群体对新模式的接受度提高以及人们闲置资源的增多，从个人到正式组织都将成为分享经济的主体。

分享经济带有明显的互联网“基因”。山东省中国特色社会主义理论体系研究中心研究员崔宝敏介绍说，分享经济以现代信息技术为支撑，以互联网、物联网、大数据和云计算为技术支持，以社交网络（SNS）信任机制为信用保障，基于未知的服务为多样化的交易需求提供了可能。

“信息网络技术从两方面为分享经济的发展提供了条件。”中国社会科学院信息化研究中心秘书长姜奇平提出，一是促进了供求信息便捷沟通，从而为协同消费提供了信息对称的条件；二是促进了生产资料非排他性使用，从而为平台分享提供了分摊固定成本的条件。

基于开放的互联网平台，每个参与者既是生产者也是消费者。“分享经济体现了人人参与的主体特征和闲置利用的客体特征。”崔宝敏表示，参与者越多，消费者剩余也就越大，社会产品的经济价值便能得到最大发挥。分享经济的核心就是整合分散的各类资源，发挥其最大效用。

关于“使用”的新的经济逻辑得益于产权变革带来的支配权与使用权的“核裂变”，正如姜奇平所说，产权制度的变革是分享经济产生的制度条件。在分享经济中，使用物品但不必占有。张杨波认为，分享意味着提供者让渡了资源的使用权，分享经济最突出的特点是所有权和使用权的分离。崔宝敏进一步分析说，采用以租代买、以租代售的方式分享部分产权，不仅达到了交易双方互惠，而且实现了消费体验的共赢。

2. 有利于拉动经济发展

在我国经济新常态形势下，发展分享经济适应了“创新、协调、绿色、开放、共享”五大发展理念的新要求。

姜奇平提出，定义分享经济不应只从消费、商品这一低层次概括，还要从生产、资本这一更高层次概括。产生于网络信息技术时代的分享经济是信息生产力的产物。信息生产力比工业生产力更先进、更高级，代表着现代化的新驱动力。分享经济带来的利益共享，是生产力发展到高级阶段的必然结果。

分享经济对整体经济发挥的拉动作用，体现在新常态下的新动能上。姜奇平介绍说，首先是增长的新动能，新常态下增速下降，但分享经济通过分享生产资料，相当于“复印”资本，使资本的充裕度上升，由此带来高质量的增长。其次是就业的新动能，分享经济通过支持“双创”，鼓励平台将其重资产分享给“双创”人员，有力地支持了灵活就业。最后，分享经济还为服务实体经济提供新动能。分享经济与金融经济同为虚拟经济，但后者往往脱离实体经济，造成经济的“华尔街”化，而分享经济只有为实体经济服务、贴近实体经济才有出路。

崔宝敏从全球经济的客观形势判断，分享经济的产生与成长既受益于现代信息技术的推动之力，也来源于经济层面诸多瓶颈的倒逼之力。传统产业的产能过剩与海量的闲置资源为分享经济提供了巨大的供给池，原有商业模式的链条臃肿与协同障碍迫使各行业急切地突破流通困局。经济危机的频现最终引发人类对传统生产方式的反思，导致分享经济“使用而不占有”“不使用即浪费”的消费价值观在全球范围内得到认同。

（三）经济转型与创业热潮

几年前，我们听到的更多的是考研热潮、公务员热潮，如今，创业热潮已然就在我们身边。这一转变的背后，不仅是全社会对于不同职业价值评判标准的变化，也与中国经济发展进入新阶段，以及产业组织方式的深刻变革等因素密切相关。根据国家统计局《2015 年国民经济和社会发展统计公报》发布的普通本专科毕业生人数 680.9 万估算，2015 届大学生中约有 20.4 万人选择了创业，自主创业比例是 3.0%，比 2014 届（2.9%）高出 0.1 个百分点，比 2009 届（1.2%）高出 1.8 个百分点。无处不在的创业激情表明，我们正处在一个大众创业的黄金时代。

1. 经济转型是创业热潮的本质驱动力

在伴随着经济转型的知识经济时代，创办以技术或创新为主要驱动力的企业成为经济发展的重要基础，创业在经济发展中的地位和作用更加突出，日益成为经济发展的强大动力。伴随着国际化的改革，中国在加速工业化、城市化和市场化的同时为创业热潮的兴起提供了大量的创业机会，特别是在高新技术产业中。

当前经济转型进入经济社会各领域的全面转型，一部分原来由政府承担的社会、经济职能改由市场中介机构承担，创业者依法创办这类中介机构，在政府监督下承担这些职能，有利于在市场中介领域引入竞争机制，有利于完善市场经济体制所必需的服务体系；同时在促进经济与社会发展、防止垄断、促进市场商品和生产要素流动等方面发挥重要作用。

2. 创新创业是经济转型升级的先锋力量

在经济新常态的背景下，中国转型升级需要创新创业来实现。中国正处在转型升级的过渡期，传统产业竞争力在弱化，新兴产业产生的新动力正在发展。尽管先进制造业、高新技术产业发展速度比较快，但总量还很小。比如新能源汽车发展很快，产量只占全国全部汽车产量的 0.5%；比如网上购物，也只占全部消费品零售总额的 9%。因此，中国新兴产业发展的活力还没有得到充分释放，新兴产业发展仍有很大空间。

当下创新创业已经成为转变增长方式的突破口。从结构调整的成效来看，新兴产业具有的高附加值、高利润特点，对产业质量和效益将发挥决定性作用。2014 年，新兴产业实现利润近 1.2 万亿元，同比增长了 17.6%，比同期工业利润 3.3% 的增长水平高很多。2015 年 5 月，中国实现制造强国的第一个十年行动纲领《中国制造 2025》出台。这意味着我国传统产业的转型升级和新兴产业的加快发展，正在同时发力。

3. 经济转型与创业热潮相互推进并持续发展

在知识经济条件下，创业热潮的兴起使网络等通信手段更加发达，知识的生产加快，知识的传播、知识的转移速度也得到加快，人们能够更广泛、更及时地实现知识、信息、资源共享。创业热潮的积极作用又反过来要求进一步加快经济转型，更好地促进经济社会发展优化环境，因此经济转型与创业热潮是相互推进发展的过程。

当前，我国的经济转型从部分领域的转型进入经济社会的全面转型阶段，经济结构和社会结构呈现为整体性的加速跃迁。全球经济一体化的浪潮也在加快着我国经济发展的步伐。同时伴随着大数据、云计算、移动互联网和社交网络的广泛应用，移动互联网领域掀起新的创业大潮被看作当前创业浪潮中的亮点，由此可见，经济转型与创业热潮的相互作用还在持续。

二、知识经济与创业

（一）知识经济时代

人类的经济发展史大致可以分为农业经济、工业经济、知识经济这几个主要的阶段。从农业经济时代向工业经济时代的转变是在 18 世纪中叶，在此之前农业经济大约维系了数千年。农业经济又叫劳动经济，即经济发展主要取决于对劳动力资源的占有和配置。在这一经济阶段中，人们采用的是原始技术，主要从事农业生产，辅以手工业。这个阶段的劳动生产率主要取决于劳动者的体力。

工业经济时代大约可分为两大阶段：前一阶段从 18 世纪中叶到 19 世纪下半叶，为蒸汽动力时代；后一阶段从 19 世纪末叶到 20 世纪中叶，为电力时代。整个工业经济时代的时间跨度为 200 多年。工业经济又叫资源经济，即经济发展主要取决于对自然资源的占有和配置。铁矿石、煤、石油等发展机器生产的主要资源很快成为短缺资源，并开始制约经济发展。

从工业经济时代向知识经济时代过渡的时间大约可定位于 20 世纪中叶，20 世纪 40 年代至 60 年代为新时代的萌芽期，70 年代以来，新的时代正以迅猛的速度发展，直到 21 世纪上半叶将走向成熟期。知识经济，是指建立在知识和信息的生产、分配和使用基础上的经济，它是与农业经济、工业经济相对应的一个概念，是一种新型的富有生命力的经济形态。

知识经济的兴起表明人类社会正在步入一个以现代科学技术为核心的、以知识资源的占有、配置、生产、分配、消费为最重要因素的新的经济时代。知识经济催生了一大批以知识的生产和应用为特征的新企业的诞生。智慧、创意、创新、速度等成为竞争优势的关键来源，形成了有利于创业活动开展和中小企业发展的良好环境。微软、戴尔、苹果、Google、Facebook 等企业正是在这种环境中迅速崛起，并极大地影响了美国的经济。

（二）知识经济赋予创业的使命

1. 以创业带动就业

就业离不开创业，创业是就业的基础和前提。任何一个社会，其创业者越多，生产要素组合就越丰富、活跃，就业也就越容易。美国著名管理学家彼得 · 德鲁克在研究美国经济与就业关系时发现，创业型就业是美国经济发展的主要动力之一，也是美国就业政策成功的核心。在《创新与创业精神》一书中，德鲁克开宗明义，分析了 1965 年到

1985 年间美国的就业结构，发现美国年龄在 16—65 岁之间的人口从 1.29 亿增加到 1.8 亿多，增长了 38%，同期就业人数从 7100 万增加到 1.06 亿，增加了约 50%。德鲁克指出，所有这些就业岗位，基本上都是由中小企业所提供的，由此我们可以看出创业对于促进就业的积极作用。

创业对就业有极大促进作用，根据统计局发布的数据，就业形势总体稳定离不开创业环境的改善。2015 年以来，我国每天新增的企业数量将近 1 万家。众多的创业新型企业为广大劳动者提供了大量的就业岗位。随着创新驱动型的创业活动日益活跃，大大加快了我国就业结构转型升级的步伐，围绕着互联网、现代物流、新技术、新业态的劳动力队伍越来越庞大。目前我国互联网创业就业的总人数已经超过了千万，而物流业作为一个较为典型的劳动密集型的产业，据测算，每增加 1 个百分点，大概增加的就业人数应该在 10 万人以上。

2. 以创业孕育繁荣

2015 年政府工作报告中如此表述：推动大众创业、万众创新，“既可以扩大就业、增加居民收入，又有利于促进社会纵向流动和公平正义”。在论及创业创新文化时，强调“让人们在创造财富的过程中，更好地实现精神追求和自身价值”。创业具有多种积极的功能，包括增加社会财富，促进经济发展，解决社会问题，同时创业可以满足个人的物质欲望与精神追求，在回报社会、贡献社会、滋养社会等多方面发挥重要作用。可以说，多数量、高质量的创业能够孕育社会的繁荣。

3. 以创业成就未来

就业是民生之本，创业是富民之源。近年来，党中央、国务院高度重视创业工作，把全民创业摆在突出的位置。党的十八大明确提出，要统筹推进各类人才队伍建设，实施重大人才工程，加大创新创业人才培养支持力度。要关注青年、关爱青年，倾听青年心声，鼓励青年成长，支持青年创业。在我国经济发展增速换挡和结构升级中，鼓励创业，对于提高自主创新能力、建设创新型国家具有重要的战略意义。据预计，现在起到 2020 年，我国将有 4500 多万名大学生毕业，即使按目前的大学生创业率计算，也将至少有百万大学毕业生走上创业之路。他们的创业能力和创业层次，对我国未来发展至关重要。

（三）知识经济促进创业的发展

1. 知识经济生发创业形态的知识含量

知识经济的兴起，使知识上升到社会经济发展的基础地位，智力资源成为重要的生产要素。注重信息和知识的扩散与使用是知识经济的显著特点，高技术产业成为知识经济的产业支柱，服务业在知识经济中扮演了重要角色，人的素质和技能成为知识经济发展的关键因素。与之相对应的是，科技与创新日益在创业活动中处于中心地位，在知识基础上形成的智力实力成了最重要的竞争力。尤其是以高新科技为主体的知识经济体系，其迅速发展令世人瞩目。

人们还在适应以电子计算机的迅速发展和广泛运用为标志的社会经济形态所带来的信息和知识爆炸的同时，以物联网和数据技术为核心的新型经济形态已在身边萌发。可以预见的是：储存的信息开始转化为源源不断的数据能量，而每一个个体都可以通过包括人工智能、AR、VR、物联网等新技术实现交互和联动，彻底打破在信息技术时期还存在的实体和虚拟的界限，成为全社会共同参与的一个开放、包容、协同的经济体。在这个新经济体形成以及演化的过程中，必将同时出现一批与之契合的创业形态。

2. 知识经济加速创业机会的大量涌现

在知识经济时代，知识更新的速度急剧加快，知识更新周期越来越短。联合国教科文组织曾经做过一项研究，结论是：信息通信技术促进了人类知识更新速度的加速。在18世纪时，知识更新周期为80—90年，19世纪到20世纪初，缩短为30年，上个世纪60—70年代，一般学科的知识更新周期为5—10年，而到了上个世纪80—90年代，许多学科的知识更新周期缩短为5年，而进入新世纪时，许多学科的知识更新周期已缩短至2—3年。伴随着新知识、新技术的产生与应用，大量的创业机会涌现出来。

面对知识经济时代的创业，接受高等教育的大学生具有得天独厚的优势。随着移动互联网的普及，高新技术的广泛应用，创业的技术门槛和成本降低；网络社交促进了创业者的奇思妙想和市场需求对接；创业投资细分和创业孵化、服务的社会化也在不断完善。目前，我国各类众创空间已超过2300家，与现有2500多家科技企业孵化器、加速器，11个国家自主创新示范区和146个国家高新区，共同形成完整的创业服务链和良好的创新生态，蕴含其中的创业机会，数不胜数。

3. 知识经济鼓励创业活动的多方融合

以股权为纽带，将投资银行家、创业投资家、科学家联系起来，其中投资银行家负责筹资、改制和上市，创业投资家负责项目评估、筛选，科学家、科研机构负责提供科技成果。这个过程完成了科技成果在经济社会中的商业转化，已被越来越多的创业者所了解和熟知，而这只是创业者或团队与其他多个关联方进行深度融合的方式之一。知识经济的发展，给我们提供了时空间无障碍交流的便利，也培育了我们开放共赢的心态，更为我们展现出无数的连接可能性，所以才有了多方合作、资源共享、生态整合等创业模式。

即将迈入十年的“双11”，打造了堪称全球最复杂的交易、支付、物流系统，背后是强大的云计算平台、海量数据、智能算法的支撑。智能决策引擎分秒不停地自我迭代，每次点击背后都有海量计算和万亿级智能匹配。“双11”全天，“电商大脑”通过机器学习自动生成近千亿次个性化展示，包括搜索、推荐、猜你喜欢、有好货、店铺、商品详情等都大幅提升了消费者的需求匹配。这场活动的辐射力量仍在延续，这种盛况只能在知识经济时代才有条件实现和发生。

视野延展

抓住互联网就是抓住未来①

在人类历史上，从来没有出现过一种工具、一项技术，给人类带来如此大的冲击。以至于有许多人感到喜悦，也有许多人感觉到恐惧，而且喜欢它和仇恨它的人，感情都是如此的强烈。这种冲击力是辐射到全世界范围内的，所有的人都不例外。有洞察力的人都在纷纷写文章，告诉我们这个冲击力还会越来越猛烈。这种冲击和震撼最终会摧毁旧的世界秩序。那些死抱陈规旧俗不放的人，一定会越来越感觉到恐惧。

这项技术、这个工具，就是互联网。它的冲击力如此之大，这在人类历史上是第一次。

从古到今，世界上无数的仁人志士一直在向往一个美好的世界。在这个世界里，有丰富的知识、有丰富的智慧；在这个世界里，人人都是平等的；在这个世界里，社会运转和工作是高效率的、低成本的，没有冤情，没有腐败，地球像一个美好的村庄。

其实，这些在古人文章中、诗歌中描绘的美好图景，正是互联网今天所带给我们的世界。如果我们仅仅把互联网看做一个工具、一项技术，那是远远不够的，它真正赋予我们的是一种全新的精神。未来的新世界秩序，就是建立在互联网的基础之上。

首先，互联网带给我们的是公正合理。任何不公正、不合理的地方，互联网都会以它独特的方式去影响和改变。改变的过程常常是痛苦的，但也是迅速的，不容置疑的。小到单个商品交易的规则方式，大到国家和国家之间的关系，都在为之改变。

其次，互联网给我们带来了前所未有的团结和合作、高效率、低成本。这个时代可能有很多特点，如果说有一条最重要的，那就是团结和合作。这是以往任何一个时代都没有的特点。互联网将全人类、将整个地球紧紧地联系在了一起，团结在了一起。

再次，互联网带给了我们最丰富的知识。今天，我们学习知识变得如此的简单、如此的有效。人类社会最本质的进步，是人自身的进步。只有通过学习获得知识和技术，人自身才能进步，整个人类社会才能进步。

最后，互联网把人类社会蕴藏已久的爱心和关心他人、服务社会的情感激发出来了。我们每天都会在网上看到，一方有难全球支援的情形。

互联网代表了未来。了解互联网就是了解未来，学习互联网就是学习未来，抓住了互联网就是抓住了未来。

①来源：潘石屹在首届世界互联网大会上的演讲，2014-11-21。潘石屹，SOHO 中国董事长，著名地产商。

三、社会进步与创业

（一）创业增加社会财富

根据马斯洛的需求层次论，需求对不同的人表现为不同层次，有最基本的生存需求，也有最高层次的自身价值实现的需求。正如亚当·斯密所言："我们从胎里出来一直到死，从没有一刻放弃过改良自身状况的愿望。我们一生到死，对于自身地位，几乎没有一个人会有一刻觉得完全满意，而不求进步，不求改良。但怎样改良呢？最显而易见，最具常识性的办法是增加财产。"创业者的创业活动也许出于多种目的，但根本的动力是获利，这也是创业者的共同心愿。没有利益驱动，人们就不会冒着风险去创业，创业过程中获利的多少，也是人们衡量创业者创业成功与否的重要标志。创业者的大量出现、创业活动的风起云涌，必然将随之产生一批具有创业烙印的企业，也必然从收益结果上增加社会财富。

（二）创业推动科技创新

创业是新理论、新技术、新知识、新制度形成现实生产力的转化器，新建立的企业要想在激烈的市场竞争中站住脚，就要使用先进的生产技术，采用科学的技术手段，因此创业可以加速科技的创新。知识经济时代的创业更可以实现先进技术转化，推动新发明、新产品或新服务的不断涌现，创造出新的市场需求，从而进一步推动和深化科技创新，提高企业或是整个国家的创新能力，推动经济增长。

美国著名管理学家彼得·德鲁克认为："创业就是要标新立异，打破已有的秩序，按照新的要求重新组织。"可见创业就意味着创新。创业的过程就是一个创造性地整合资源的过程，包含有许多领域的创新的元素，比如技术创新、产品创新、组织创新、管理创新、服务创新等。因此，创业活动可以推动社会的宏观创新不断向前发展。从某种程度上讲，创新的价值在于将潜在的知识、技术和市场机会转化为现实生产力，实现社会财富增长，造福人类社会，而实现这种转化的根本途径就是创业。通过创业可以实现创新成果的商品化和产业化，将创新的价值转化为具体、现实的社会财富。因此创业可以使创新带来的高科技潜在的价值市场化，使创新成果转化为现实生产力。

（三）创业增强经济活力

无论是"大众创新、万众创业"的号召引来的大批寻梦者、各类创业沙龙和路演上侃侃而谈的创业者、每天奔走在数个项目间的投资人，还是如雨后春笋般冒出的创业孵化器、新锐投资机构，无一不印证着创业带给个人和社会无限的机遇。创业是一个国家经济发展中最具有活力的部分，无论在任何国家，创业都是经济发展的源动力。从全球视角来看，创业对一国经济发展起着至关重要的作用。在过去的30年里，美国出现了"创业革命"，高新技术与创业精神相结合成了美国保持世界经济"火车头"地位的"秘密武器"。我国改革开放以后，国家实行市场经济，积极支持个人投资兴办企业，新创办的中小企业成为我国新的经济增长点，对我国经济持续高速增长，以及促进我国的城市化进程和现代化建设，都起到了重要的作用。从国际上看，新一轮科技革命和产业变革正在孕育中，国际竞争加剧。大众创业是适应经济转型发展的需要，通过创新创业引导社会各层次，更广泛地参与经济建设，打造经济发展新引擎，增强经济活力。

（四）创业推动社会进步

创业促进了经济的发展，促进了市场的繁荣，丰富了人们的生活，提高了人们生活的质量，促进了社会稳定和谐……总之，创业推动了社会的进步。创业有利于激发全社会的创新思维与创业精神，形成鼓励创业、容忍失败的社会氛围；创业有利于转变人们的观念，使国家更加富强与文明，社会更加自由与公正，个人更加诚信与敬业。创业伴随着大量新价值的产生，它是促进就业质量提升、改善人们生活质量、调整社会生产关系的有效途径之一。创业可以使社会资源在竞争状态下达到有效配置，从而实现人、经济与社会的科学、可持续、和谐的发展。以美国为例，以比尔·盖茨、乔布斯为代表的知识经济时代的创业者们已经彻底改变了美国和世界的经济，创造出前所未有的巨大价值，推动了整个社会经济、高科技产业和创新体系的蓬勃发展。创业也是解决人类社会发展中问题的路径之一。伴随着社会经济的不断向前发展，人类社会面临着全球气候变暖问题、人类疾病问题、社会发展不平衡问题、贫富差距过大问题、能源耗竭问题等诸多问题。知识经济时代下，人们就是要通过对新知识、新技术的研究和应用，不断解决人类社会向前发展过程中的各种问题，用商业思维去解决普遍的社会问题。

视野延展

创业正在改变什么[①]

杭州一场跟创业有关的主题沙龙，吸引了200多位准备创业的大学生、创客和已经成功创业的企业家前往参加。沙龙现场，杭州盈开投资管理有限公司创始合伙人、国内创业投资领域著名自媒体“B座12楼”发起人项建标，跟大家分享了创业对社会、商业文明的改变。

1. 创业是新语境下的中国梦

原来的创业启动的时候必须要有办公室、电脑、设备，要很大的启动资金，创业第一推动力是非常难的。但是现在不一样了，投资人天天在做各种各样的创业活动，希望找到一个非常好的伟大的想法，投资人主动给创业者资金，支持他们创业，甚至投资人和投资人之间互相竞争，发生了很大的变化。现在你只要有想法，无论是个“90后”，还是其他的阶层、人群，只要你有改变世界的愿望，有比较好的团队，资本都会来找你。这里是一些数据统计，到11月2日为止，北京今年获得投资的项目是525个，上海是251个，杭州是118个，深

① 来源：《每日商报》，2015-12-13，原标题：《项建标：创业正在改变什么？》（记者：屠雁飞）。

圳比我们少一点，杭州这样的人口级数下投资数量非常了不得。

我们说有美国梦，美国梦实现的方式更多，价值观更加多元。而过去，国内的价值观相对比较单一，创业正成就我们这一代人，无论你是“60后”“70后”“80后”，还是“90后”，只有创业才能改变命运，才能突破阶层的局限。通过创业打破阶层的板结，创业几乎是最后一个阶层上升的通道。创业获得的隐形的国民福利，正在通过一代一代的精英创业带动下去。杭州这个城市原来的标签是西湖，是风景，是人文，但是现在杭州因为阿里巴巴，因为马云，多了另外的标签，互联网、创新创业，这样的标签是新的创业者带来的。

创业正在驱动着新的经济引擎，为社会带来活力。当然，我们整个创业还是在一个过程当中，对于推动GDP有多大的贡献，这个可能还需要一个过程。但是，2015年杭州市的经济增长速度仅次于重庆，因为杭州在创新创业、新经济领域处于国内领先地位，我想这样的优势在未来几年可能会更加明显。这是整个创业给我们带来的巨大的机会，是年轻一代突破阶层局限的一个新的机会。

2. 创业激发了新的商业文明

我现在的投资几乎都集中在互联网领域，不管是“互联网+”，还是“+互联网”，特别看重这个东西，我始终认为互联网是一种思维方式，是一种工具。虽然你简单看它的时候，它是个媒体，是一种工具，是一种技术形态，但是它背后带来的是一种观念的变化，因为互联网背后它的精神是开放、平等、协作、共享，这是互联网精神。

这种精神怎么运用到创业过程当中，怎么用到企业经营过程当中，它不仅仅是工具层面的东西。而我们原来传统的线下商业或者说实体企业，当然我们的实体企业诞生了很多优秀的企业、优秀的企业家，但是不管怎么样，特别是在新中国成立以后，我们只有30年的发展时间，我们跟西方的发达资本主义有非常大的落差，最大的差异在哪里呢？是我们的企业经营特别在商业领域，更大的是来自于信息不对称。

我们的企业经营当中，很少有那种抱着“工匠精神”，改变命运，因为热爱而去做的，因为上一代的创业者或者上上代的创业者，是我要改变自己的生存状况，我要获得财富，我要改变家人的命运。只有新一代的创业者，因为大家变得比较富足了，他们一出手的时候动机就是自我实现。现在的创业者有条件自我实现，他们一定比我们更优秀。

让人类社会变得开放、平等、协作、共享，这是整个社会的追求，也是中国梦的追求。互联网背后就是这样的价值观，互联网精神正好和社会的精神达成了一致。当我们投资一个企业改变了社会，推动了社会进步，比如说快的打车、支付宝、余额宝，只要你抱着一个向善的心，抱着互联网精神，抱着让社会更美好的想法去做，最后会被这个社会所认同，会推动社会进步。

3. 创业正在改变我们的生活方式

创业已经改变了我们的衣食住行，渗透到了生活的方方面面。中国的移动互联网其实在很多方面领先于世界，包括我们都可以拿了一个手机不带钱包在杭州生活，这在美国、欧洲现在是做不到的。

我也可以预测一下未来改变的几个方向。阅读方式和获取信息和知识的方式会发生巨大的变化，未来的社会甚至没有报纸，虚拟电视会出现。共享将成为一个大产业，把社会的闲置资源进行再利用，这个里面会有巨大的机会。

我们不是要再制造出一个同类的产品，比如再去做袜子，做一个同样的厂，可能机会不大，而是把原来的闲置资源，包括以优步的模式把出租车利用起来，甚至是私家车，我们一辆私家车从买来到最后使用整个寿命过程当中，只有2.6%的时间是真正在使用，97.4%的时间是在被浪费，怎么把这样的浪费用出来。包括房子，包括家里的奢侈品的包怎么共享出来。最后一步，把脑力共享出来，现在国外已经有知识盈余的共享，包括杭州还有靠我在杭、晓得等这样的模式出现。这种改变是加速度的方式，很快，未来两三年之内，我们现在说虚拟现实是蛮遥远的事情，但是我想可能两三年后就会成为生活当中的一部分。因为我们的创业者真的是蚂蚁雄兵，一点一滴在改变社会。

第三节　创业与人生发展

一、创业与就业

创业与就业，是大学生选择出路的两种完全不同的方式。对我们的职业发展之路来说，两种选择都可能是暂时的，并非不可修正。但在选择的当下，创业与就业，分别代表了两种完全不同的职业发展道路，甚至是不同的人生。创业与就业的主要差别表现在：

两者在企业中的地位、肩负的责任和使命均有较大差异。就业者通常处于企业的中低层，到达高层需要一个过程，也不需要对企业的成长负责，只需要做好本职工作就可以了。创业者通常处于新创企业的高层，在企业实体的创建过程中，创业者始终是负责人，始终参与其中。

就业很大程度上依靠企业实体，但创业更多的要考虑自身的经验、学识与财力，以及各种需求和各种资源占有等条件。就业者通常具备一项专业技能即可开展自己的工作；创业者通常身兼多职，既要有战略眼光，也要有具体的经营技能，从而要求其具备相当全面的知识和技能。这也意味着在不同的位置上，职业成长的空间、速度、可能性都存在着较大的差距。

就业的主要投入是数年的教育成本，而创业除了教育成本外，还包括前期准备中投入的人力、物力和资金成本。一旦失败，就业者并不会丧失教育成本，但创业者会损失在创业前期投入的几乎一切成本；而一旦成功，就业者只能获得约定的工资、奖金及少量的利润，创业者则会获得大多数经营利润，其数额理论上没有上限。

时代对创业素质和能力的要求并不限于自主创业者，而是对未来劳动者的共同要求，因为即使就业，也会面临原有企业的内部创业，以及个体的职业转换。因而，当代大学生必须具有从业和创业的双重能力，具备全面的职业转换能力和自主创业能力，才能适应未来的社会经济环境。这既是社会进步对人的要求，也是人们自身发展的必然趋势。

视野延展

自强之星张轩的创业与择业①

张轩，来自南京农业大学，大三期间创办致力于农产品安全生产数字化研发的科技公司，并获得风险投资，在全国率先探索出通过物联网等技术解决农产品安全的“社区感知农业模式”。张轩倡导“公益创业”，带动其他大学生成功自主创业。其先进事迹先后被中央电视台《新闻直播间》《中国青年报》等十多家主流媒体报道。2013 年他被评为“中国大学生自强之星”。

刚上大学，张轩就跟随学校农村信息化工程技术中心的老师下基地调研。江苏句容、扬中、东台……他的足迹遍布全省各地，完成了数篇调查报告。在一次次调研中，通过前端技术监控农场生产全过程、利用互联网实现蔬菜交易的想法逐渐形成了。随后，张轩和他的团队拿着项目书参加了“挑战杯”创业大赛，并获得了投资方的青睐，“金麦云”公司应运而生。

公司一成立，学农业的、学植保的、学食品的，纷纷要求加入；公司走上正轨后，学财会的、学营销的，都主动来找张轩。他们的团队从一间寝室扩展到了一栋宿舍楼。但创业之路并非一帆风顺，有一次，这群学生与投资方产生了激烈的争吵。股东大会上投资商拿着财务报表，咄咄逼人地质问为什么业绩这么差，致使营销总监夺门而出。从那以后，张轩意识到，虽是公益创业，业绩一样重要，身在市场就要遵守市场规律，对股东负责。而学生最大的问题便是光有激情，没有经验。他一面调节管理层和投资商的关系，一面专门聘请了一些专业营销和技术开发人员来提高公司业绩，其中不少是南京农业大学的青年老师。

2014 年张轩毕业，在创业与升学的抉择中，他选择了先去香港读研究生，毕业后他顺利留在了深圳工作。张轩向自己承诺：5 年后，会再走上创业的道路。

① 来源：根据编者参与指导的学生案例编写。

二、创业与职业发展

从事业的角度去看，创业可以理解为是一个人根据自己的性格、兴趣、所学专业、能力等选择适合自己的事业（可以是创办企业，也可以是创办非营利的事业，还可以是就业），并把握机会，为这个事业的成功整合资源、付诸努力，最终实现自己人生目标的过程。因此创业能力中所包括的捕捉机会、整合资源的意识，以及领导、沟通等能力，具有普遍性与时代适应性。无论你从事什么样的行业或职业，创业能力都将在个人职业生涯中发挥巨大的作用。如果说创业比就业对我们个人能力的要求更高，那么当我们以创业为目标来提升自己的能力时，显然我们可以轻松地驾驭更多的职业选择。良好的创业能力将为我们的职业生涯发展提供源源不断的精神动力和智力支持，给人以百折不挠的毅力和坚定的信心，帮助我们在个人职业生涯的发展中走得更高更远。

既然创业只是职业发展的形式之一，那么不做职业生涯规划就选择创业是很危险的。从做好规划这一点来看，创业与职业发展都有规划的必要性和重要性。没有个人职业发展的目标，就会让创业者迷失在公司的繁琐事务中，没有时间深入思考职业发展的长远规划，更不会主动去培养自己创业成功所必备的素质，这就会造成企业成长没有后劲、个人发展缺少方向。所以，创业者有必要认真做好自己的职业生涯规划，并有意识地接受创业教育，培养创业者的素质与能力。

一个真正的创业者不仅要努力实现个人价值，更要考虑社会价值的实现。这就要求我们处理好创业与职业发展的关系，把专业知识和职业技能创造性地运用到经济社会发展中去，让自己的创业产生最大的社会效益。创业教育就是要培养我们的社会责任感，如培养创造价值、服务国家、服务人民等信念，培养我们自尊、自爱、自强、自信的精神，培养我们迎难而上、坚持不懈、勇于创新的意志品质，以及遵纪守法、诚实守信、善于合作的职业操守，从而保障我们创业的正确方向。

视野延展

制定创业规划

对于一个立志创业的人来说，职业生涯规划与其创业规划在一定程度上是同一个东西。要制定一份好的规划，从原则上说，应该把握三个主要内容：自己能够做什么，社会需求什么，自己拥有什么资源。因此，就有必要进行自我分析、环境分析和关键成就因素分析。

首先，自己能够做什么。作为一个创业者，只是知道自己想干什么，这还是不够的，更重要的是，应该知道自己能够做什么，做得到什么。当然，这也是相对而言的，因为一个人的潜能发挥是一个逐渐展现的过程。但是，一个人对自己的兴趣、潜能有一个基本的认识，仍然是一项具有前提性的工作。

其次，社会需求什么。一个人在明确自己想做什么、能做什么的同时，还应考虑社会的需求是什么这一重要因素。如果一个人所选择的创业领域既符合自己的兴趣又与自己的能力相一致，但却不符合社会的需求，那么，这种创业的前景无疑会变得暗淡。由于分析社会需求及其发展态势并非一件易事，因此，在选择创业目标时，应该进行多方面的探索，以求得出客观而正确的判断。

最后，自己拥有什么资源。要创业，就必然依赖各种各样的资源。创业者应该清楚地审视自己所拥有或能够使用的一切资源的情况，是否足以支持创业的启动和创业成功之后可持续地进行。这里所说的资源，不仅指经济上的资金，还包括社会关系，即通过自己既有人际关系以及既有人际关系的进一步扩展所可能带来的各种具有支持性的东西。

总之，一份创业规划必须将个人理想与社会实际有机地结合，创业规划同样能够帮助一个人真正了解自己，并进一步评估内外环境的优势、限制，从而设计出既合理又可行的职业事业发展方向。只有使自身因素和社会条件达到最大程度的契合，才能在现实中发挥优势、避开劣势，使创业规划更具有可操作性。

一份创业规划能够在多大程度上取得实际成功，就取决于它在多大程度上对以上三个原则进行了准确把握，并进行了最完美的融合。

三、创业与人生

我们可以从就业的角度去思考创业，也可以从职业的角度去看待创业，还可以从创业人生的角度去体味创业。创业是一段精彩纷呈的旅程，是一个包罗万象的舞台，是时空无限延展、蕴藏无限可能的别样世界。很多创业者吐露心声，描述创业对其人生的影响，总结起来无外乎两个维度：广度和高度。

1. 创业极大丰富了人生体验

创业意味着你要走出象牙塔，走出格子间，走到更广阔的社会环境中，寻找团队、寻找资源、寻找机会，不断突破固有的屏障，推动创业的进程。这种人生体验的丰富程度，只有创业能够给予。创业者选择创业项目，通常都会从个人感兴趣的领域着手，将其与自己的知识技能、专业特长等结合起来。而做自己喜欢做的事本身就是一种享受。创业充满机会和风险，同时也充满克服种种挑战的无穷乐趣。在创业过程中，可以感受到无穷的变化、挑战和机遇，这是一个令人兴奋的过程。创业者可以通过征服创业过程中的重重困难来丰富自己的人生体验。

2. 创业极大体现了人生价值

无论是物质财富，还是精神感悟，创业都提供了极大的想象空间供您驰骋。工薪阶层的收入有高有低，但都是有限的，极少能与创业成功者的收入相比。开创一份完全属于自己的事业，它提供的利润是没有极限的，看一下中外富豪榜，一目了然。许多年轻人脑袋里充满奇思妙想，但苦于怀才不遇。给别人打工，受种种约束和限制，很难充分施展自己的才华。而创业则完全可以摆脱各种框框、甩开羁绊，挖掘自己的最大潜能。

创业者创造的企业为社会提供了产品或服务，同时也为社会创造了价值。企业融入社会再生产的大循环之中，从多个环节为国家和社会作出了贡献。这种贡献使得创业者个人能够从中收获巨大的成就感。总之，创业是实现人生理想和价值、获得自身全面发展的有效途径。

视野延展

创业对我们的意义①

我当年在美国的时候，有一个老太太买了一辈子的彩票，人家问她你赢了吗，她说从来没赢过，但是我喜欢它。无论是创业者还是投资人，一定要有这么一种心态，这样我们的创业人生、投资人生，我们的人生才能有意义！

第一，金钱。创业有一个敏感的东西，就是财富，很少有人旗帜鲜明地说我创业是为了钱、创造财富，但是你创业不创造财富，难道你还有其他的什么价值？直截了当的哲学，创业就是要创造财富。但是在我们的创业者当中，很奇怪，在2006年的时候，那时候新东方上市，老虎基金、纳斯达克的人问为什么要上市，大家说增资、发展、为了更加好地服务于公众。其实上市的一个简单的目标这是很多人回避说的，就是创造财富，上市有钱了。

所以当俞敏洪在路演的时候，人家就问：你们为什么要上市？俞敏洪说，我们奋斗很久了，我们需要钱，要知道这个东西是最真实的东西。美国全球投资人听了都哈哈大笑，这叫真实，这叫实在。你说你创业创到最后，辛苦得不得了，数倍于人的辛苦，如果说财富不是我的主要目标肯定是骗人的。创业其实就是追求财富，听来是老生常谈，但是在我们的生活中这个问题很多很多，我跟许多创业者谈话，那些凡是不太成功的人，总是在说我不在乎钱。在中国，往往对股份和钱撇得铁清，表示无所谓的人，往往是最糟糕的投资人。

有一次我们去投一个基金，这个人说我准备做到40岁的时候，赚到几千万美金我就搞教育，这个时候我跟新东方另外一个创始人王强就很生气地讲，我说你这个心态反映了中国创业者一个最糟糕的东西。教育是需要钱，美国几百万的大亨赚到钱以后，都投给教育，投给图书馆。我和王强一拍桌子讲，你就一辈子赚钱，教育交给我们。这个东西，由于基本价值观的扭曲，这个就导致了许多人做事没有一种永恒的追求。这个人是好朋友，我们最后也投他了，但是我们说我们一定投你，但是你一定要把对财富的追求当成一种终身追求，当然你做到80、90岁，像巴菲特一样全部捐出去，当然更崇高。

怎么看待财富是非常重要的，怎么使用财富呢？这是你的钱，我们不管，

① 来源：徐小平在创新中国2012总决赛上的演讲，2012-08-23。徐小平，真格基金创始人、著名天使投资人。

你可以像比尔·盖茨一样使用财富，你可以像张朝阳一样使用财富，你也可以等新东方一上市就宣布办一个民办学校，总之创业一个核心的东西就是一定要有正确的创业的价值观，而这个价值观就是：创业者创造财富。中国人的思维里面——李嘉诚说过一句话，创业，财富只是一个成绩单，你做好你的作业，创业就是做好你的事，而财富只是一个成绩单。但是大家想一想，哪一个人做作业不是为了成绩单呢？不是为了一个年终好成绩？这是第一个问题。

第二，自我实现。自我实现是创业者最高境界的人生奋斗目标，你当然可以在一个企业里面做一辈子高管，你也可以在任何一个机构里面追求你的兴趣爱好。在某种意义上，科研、协作本身就是一个创业，把某种东西从无到有做起来。我讲马斯洛的五层论，中国整个民族还没有完成第二层的追求，当然杭州由于民营经济高度发展，可能第二层次已经实现了；那么第三层次是爱与归属感，创业邦，我查了一下字典，邦是国家的意思，大家聚集在国家的旗帜下，我们形成一个国家，这个国家干嘛呢？创业。这里面就是一种归属感；第四是尊严。我在团队里面做得比较高，但是最高层面是自我实现。什么是自我实现？你想做的事做成了，包括想把赚的钱用做教育的人，在财富中死去的人是可耻的人，必须让这个钱对社会有用，这叫自我实现。我想讲，自我实现，通过创业，无论你做得多大或者多小，一个小小的梦想，几个人跟着你一起做，毫无疑问这是人生的最高境界。

我昨天跟雷军谈，他说我这么多年参与了金山的创建，创建了卓越网，也卖给了亚马逊，做投资也做得很不错，但是心灵中依然有某种未曾满足的渴望。这个渴望是什么呢？其实就是自我实现。而这么一种渴望，无论是已经创造了财富，已经有了成功了，或者雷军或者其他的许多人，包括刚刚大学毕业、中学毕业或者小学毕业那样的人，想做一点事，成就一点事业，可以说是一模一样的，这就是自我实现。但是创业者最可怕的是设立一个不可能的目标，然后去追求。我想在创业当中我们要立一个力所能及的目标，在做的时候，天上还有一个更伟大的地方，但是创业要脚踏实地，本身就是实现自我。

这个实现当然是最终的自我实现。最近我转发一个微博，里面有“苹果”的广告，疯狂的人（乔布斯）往往是推动世界改变的人。在乔布斯的追悼会上，放“苹果”的音乐，我们突然意识到这个人已经不在了，但是他创造的东西和我们在一起，他获得了永生。从秦始皇到今天人们都在追求永恒，而在创业里面我们才能真正实现追求生命意义的永恒存在。

第三，自由。我觉得这是创业最伟大的东西。所谓创业，一个人创造企业，无论是一个人、两个人还是一万、两万人的时候，你的世界里面你是最高的权威，你不听从于任何人，你做的事，按照自己的意愿，按照团队的利益，按照社会的价值在追求一种东西，这是创业的——可以说最高境界，也是这个时代创业的一个重要的探索的价值。

国家的发展、中国的未来取决于政府的进步、改革开放，但是只有创业是国家鼓励、社会需要、个人能够参与中国伟大复兴的一个努力。据说中国已经复兴了62%，但是如果每一个人创业，我认为就是在往62%里面增加，到了62.1%、62.2%。设想一下，如果中国没有那些民营企业，比如没有三大物联网，那中国可能只实现了61%，如果多几个企业，再多几个新东方，可能就变成了62.5%，所以创业承载着伟大的社会责任。

我刚才讲金钱、自我，这个传统的是个人主义，是一种自我的实现，其实今天的中国，当你创业，当你具备了事业，当你不再需要吃国家的税收，当你不再依赖国家的资源，当你能够自己养活自己并养活一群人的时候，其实这个时候你为推动中国的进步就作了重要贡献，所以我想这是中国的最大主题，所谓的“国退民进”。这个时候的年轻人我们能够做的就是用我们的努力、智慧、才华、精力以及我们想追求财富、实现自我的这么一种最伟大的动力，来创造一个梦想。因这个梦想，我们就能够为中国的“民进国退”，为中国的市场经济、社会进步作出一些重要的贡献。所以创业绝不仅仅关乎个人，创业实际上就是社会的进步。

拓展训练

一、大学生创业 SWOT 分析

SWOT（斯沃特）分析法又称为态势分析法，是 Strength（优势）、Weakness（劣势）、Opportunity（机遇）、Threat（威胁）的缩写。其中 S 和 W 主要用来分析内部的自身条件，O 和 T 主要用来分析外部环境条件。

小组进行讨论，对“大学生创业”做 SWOT 分析，梳理大学生自身普遍存在的优缺点，以及当前大学生创业环境的利弊，帮助我们作出比较科学的创业决策。

1. 分组，设组长、记录员、宣讲员；

2. 在组长的带领下，组内积极讨论，观点尽量客观、全面，记录员逐条记录；

3. 组内统一结论：大学生适合 / 不适合创业？为什么？如何更好地发挥优势、利用机遇，规避劣势、化解威胁？

4. 由宣讲员对本组最终观点进行 3 分钟的宣讲。

此方法也可用于个人的创业选择分析。结合自身情况，填在下图中。

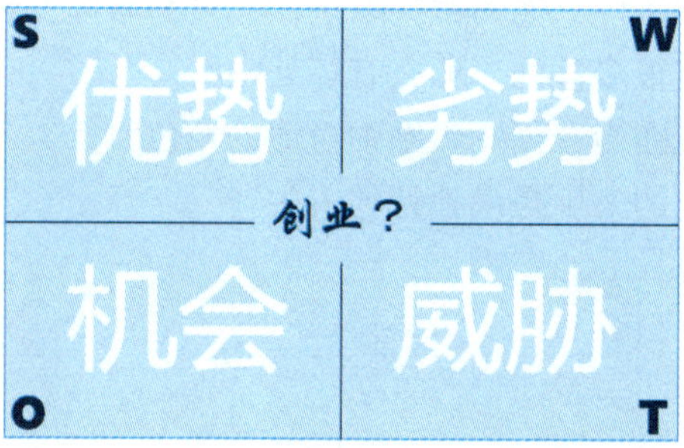

二、造雨

1. 讨论：如果我们想马上在教室中降雨，该如何实现呢？

2. 当没有更多创意时，老师带领学生“人工降雨”：

要求学生在教室里围成一圈（肩并肩）并宣布：“我们要作为一个群体来共同降雨。你右边的人做什么你就做什么，你右边的人开始后你才能开始。”在连续7轮后，“雨”就降下来了。老师在每轮开始时先带头，然后左边的人严格按照老师的做法来做。这样，每圈就连贯起来了。在降雨过程中，不要有任何间歇。

第一轮：搓揉双手。老师首先掌心搓掌心，左边的人立刻模仿。最终，整个小组都在搓掌心。当搓手动作到达右边紧挨老师的那人后，就该开始第二轮了。

第二轮：捻指头。当每个人仍在搓双手时，老师开始捻双手上的指头作响。左边的人立即模仿。最终，整个小组都会从揉搓双手转换到捻指头上。当捻指头动作达到右边紧挨着老师的那人后，就该开始第三轮了。

第三轮：用手拍东西。重复前面几轮的模式。当拍手动作到达右边紧挨老师的那人后，就该进入第四轮了。

第四轮：用手拍东西的同时跺脚。气氛在本轮达到了顶点。重复前面几轮的模式。

第五轮：重新回到用手拍东西。重复前面几轮的模式。

第六轮：重新回到捻手指，高潮开始褪去。重复前面几轮的模式。

第七轮：揉搓双手，小雨开始回来，然后结束。重复前面几轮的模式。

3. 总结：我们降雨成功并创造了暴风雨，现在讨论以下问题：

（1）为什么一开始，大家没有考虑到“声音”或其他降雨方式？

（2）对于如何思考机会创造，这意味着什么？对于问题解决呢？

（3）当被要求围成一圈时，大家的反应是什么？

（4）在练习之前、之中和之后，大家的感觉分别是什么？

思考题

阅读教材，搜集资料，深入探索，认真思考并回答以下问题。注意说明你的理由，形成自己的见解。

1. 创业的三个基本要素，团队、资源、机会，哪一个最重要？

2. 你最崇拜的创业者是谁？他的哪些事迹让你最为敬佩？你要学习他的哪些精神？

3. 创业对社会发展有很多益处，那么有坏处吗？

4. 你如何看待大学生在当今创业热潮中扮演的角色？

5. 你如何理解“创业的人生是最独特的人生”？

实践活动

创业者访谈

参照下表制作采访提纲，深入采访一位创业者（或企业家）。可根据自己感兴趣的方面，自拟题目，但要注意访谈的深度，不要流于表面的故事，而要从创业的角度（创业要素、过程、规律、收获、影响因素等）进行立意。采访前和同学互相交换提纲，以便把问题准备得更全面。

在访谈前要做好准备，设计开场白；访谈中要懂礼貌、善于倾听，做好记录（得到对方允许再进行录音）；访谈后记得答谢，及时总结感悟，并与同学进行分享。

姓名		职务		电话	
企业 / 项目名称			地址		
个人信息	出身、性别、年龄、学历、专业、爱好、特长等基本情况，尽可能详细。				
成长经历	谈谈重要的成长经历，是否影响了创业的决策？				
创业动机	为何决定创业？个人的动力或遭遇何种契机？				
创业准备	为创业做了哪些准备？结果如何？				
团队成员	有多少人？如何分工？利益如何分配？如何处理团队矛盾？				
创业项目	为什么选择这个项目创业？怎样确定的？				
产品介绍	产品设计的核心理念是什么？创业初期产品和现在产品有何区别？				
目标客户	怎样确定创业初期的目标客户？现在有何变化？如何进行客户细分？				
销售渠道	通过什么样的销售渠道销售产品？初期和现在有何不同？				
运营情况	创业初期和现在的运营情况如何？有何困难？				
企业管理	项目 / 企业的管理和运营，有何秘诀？有何感悟？				
发展规划	企业的战略规划如何？是否有明确的短期、中期、长期规划？				
创业感悟	创业中感受最深的事有哪些？一路走来最深的感悟是什么？是否如愿以偿？				
创业能力	您认为创业需要哪些能力？最重要的能力是什么？				
创业建议	能给准备创业的大学生提点建议吗？				

第二章　创新思维与创业

学习目标

1. 了解创新的概念与意义，认识到创新对大学生的重要性。
2. 了解大学生应具备的创新素质，提升自身的创新素质。
3. 了解创新与创业的联系，认识到创新对企业发展的重要性。
4. 重视创新思维的形成，培养创新思维，提升创新能力。

第一节　创新及其意义

一、创新的概念与意义

（一）创新的概念

从国内外的研究来看，创新的概念从经济学、管理学和心理学这几个学科界定比较多。从广义上说，创新是指对社会和个人的创新产物的统称。从狭义上说。创新是指按照一定的目标，充分运用已知的信息，通过个体创造活动的过程，产生出某种新颖、独特、具有个人和社会价值产品的智力特征。不难看出，创新呈现的是从构思到实现，从思想到行动的知行统一的发展过程。

美国经济学家熊彼特于1912年最先在德文版《经济发展理论》一书中提出了"创新理论"，成为创新理论研究的鼻祖。他认为："所谓创新，就是建立一种新的函数，也就是把一种从来没有过的关于生产要素和生产条件的组合引入生产系统。"从总体上看，熊彼特侧重从经济发展视角论述创新在生产中的重要意义，但是创新概念的提出为学者们进一步研究创新奠定了基础。"现代管理学之父"彼得·德鲁克在《创新与企业家精神》一书中提出，创新是一个过程，是一项"有组织、有系统且富有理性的工作；创新是企业家展现其创业精神的特定工具，是赋予资源一种新的能力使之成为创造财富的活动，创新本身就创造了资源"。其关于创新的定义强调创新的意义和效果，认为创新需要改变现存的资源及财富创造的方式。

根据国家社会科学基金成果评估指标的规定，创新可概括为三个方面：理论创新、方法创新和新描述。可见创新的内容是丰富多彩的：开辟新领域，创立新理论，提出新观点，建立新概念，寻求新材料，探索新方法，等等，都应当属于创新的范畴。随着社会的发展，创新的内涵不断变化、延伸和丰富，其内在特性主要体现在以下几个方面。

首先，创新要立足现实。创新是对现实存在的变革和超越，如科学发现、技术革新等皆源于对社会需求的思考，没有一项创新活动可以脱离社会实际而顺利发展。只有主体立足客观实际，准确认识把握事物的本质和规律并与主观愿望相结合，才能够达到改造客体的目的。

其次，创新要批判继承。创新是对已有观念和做法的突破，尽管任何领域的发展必须在继承前人的基础上进行，但是创新中的继承不是"照单全收"、简单重复，而是坚持一分为二地对好的因素继承，对不合时宜的方面批判改变。

再次，创新要尝试探索。创新不是一蹴而就的，必须通过不断尝试和探索，放弃不切实际的观点，实现符合规律的设想，从而发现、发明新的事物。因此尝试探索是创新须臾不可离开的要素，否则创新就只是空谈，不可能实现促进客体发展的目的。

最后，创新要标新立异。按照既定的规范去重复和模仿，无法创造新事物，不能实现创新。在创新实践中，要坚持标新立异，敢于打破旧式束缚，或不断拓宽人类新的活动领域、提出新的思想、开发新的产品等，以取得新突破，或将原先没有的因素引入旧的体系而获得新发展。

视野延展

创新与创造

随着时代的发展，创新已经是一个涵盖十分广泛的概念，主要是指提出新理论、发明新技术、采用新方法、建立新制度、制定新政策、组建新组织、构成新机制、提供新产品、获得新原料、开辟新市场、组成新文化、创造新艺术，等等。

学术界对“创新”至今尚未有一个统一的定义，但普遍认为它是属于经济学的概念。在此，我们选择一个适用于更广泛意义上的“创新”含义，即创新是指能先于他人，为人类社会的文明与进步获得新发展、新突破，创造出有价值的、前所未有的物质产品或精神产品的活动。创新过程是创造性劳动的过程，没有创造性就谈不上创新。

《辞海》上讲：创造——首创前所未有的事物。创造，就是“首创”“前所未有”。是指能先于他人，见人之所未见，思人之所未思，行人之所未行，从而获得新发现、新发明、新突破。创造强调的是第一次的首创，它在“首创”或“第一”问题上是绝对的。而创新则是相对的概念，“创新”要比“首创”“前所未有”的“创造”更宽泛，它既包含了“前所未有”，也包含着对先前原有创造的“重新组合”和“再次发现”。所以，“创新”的概念包含着“创造”，但“创造”并不包含“创新”。

另外，发明创造既有促进社会发展的积极发明创造，也有阻碍社会发展的消极发明创造。如计算机的发展是积极创造，而电脑算命、计算机病毒则是消极创造；核科学和技术的发展是积极创造，而核武器的发展则是消极创造。但是，创新则不同，创新必须要能促进社会的发展。

我们可以通过两个案例来进一步说明创新和创造发明的区别和关系：

案例 1：我们都知道新经济时代的代表人物比尔·盖茨，其起家的 BASIC 语言并非自己发明的，其当家产品 DOS 是从其他公司买来的，Windows 是借用了施乐公司和苹果公司的技术，IE 浏览器则来源于网景公司的创意，Office 办公系统的多数组件均出于微软收购的公司。微软公司的成功就在于他敏锐地发现了别人的创造，然后通过“集成”，把别人的创造重新组合成为更为“精进”的产品。例如 Office 办公系统就是由 Word、Excel、Powerpoint 等软件重新组合而成的。比尔·盖茨的创新是把别人的知识、思想、理论或产品引入到自己的经济实践中，创造出别人没有的产品。这种“重新组合”就是创新。

案例 2：最初，抽雪茄烟是西班牙富人的嗜好，公元 1600 年前后传到欧洲许多国家，很长时期，雪茄烟被看成是财富的象征。当时西班牙塞维利亚地区的乞丐买不起雪茄烟，便从地上捡雪茄烟头用纸卷起来抽吸来过烟瘾，就这样，“纸烟”便被乞丐们创造发明出来了。烟草商们看到这种“纸烟”有商机，便对其进行改进和包装，组织规模化批量生产，如今，已成为盛销全球的高利税商品。这一案例说明：乞丐是纸烟的创造发明者，而纸烟生产商们把纸烟转化为商品，开辟市场的活动则是创新。

综上所述，创新与发明创造的概念，在一定意义上说是有本质区别的，但它们在解决问题时的思维方法都是相同相通的。

按照熊彼特的观点：无论是科学发现还是技术发明等方面的创造，在它们没有转化为商品之前，只是一个新观念、新设想、新方案或新实验，它还不能创造任何经济价值。只有将发明创造转化为新装置、新产品、新的工艺系统才是创新，因为创新必须要产生经济、社会效益。所以说，创新是一个经济学范畴的概念。将创新与发明创造区别开来，被认为是熊彼特的一大贡献。

（二）创新的时代意义

1. 创新能促进科技的进步

经过几代人艰苦卓绝的持续奋斗，我国科技事业取得了令人鼓舞的巨大成就。以“两弹一星、载人航天、杂交水稻、高性能计算机”等为标志的一大批重大科技成就，极大地增强了我国的综合国力。我们已经在全国范围内建立起门类齐全、独立完整的科技体系，形成了开发研究、高技术研究和基础研究三个层次的发展布局，培养和造就了一支宏大的科技队伍，科学技术呈现出蓬勃发展的崭新局面。然而，同发达国家相比，这中间的差距还是巨大的，仍需我们不断努力，尤其是要加大加快自由创新的步伐。

2. 创新能提高企业的国际竞争力

国际竞争力是指一国实现国民经济持续高速增长的能力。它是影响社会经济发展进程的基本力量，自主创新能力是国际竞争力的核心，也是构成企业竞争力的核心，技术进步在竞争力的形成过程中发挥着重大的作用。在经济全球化迅猛发展的今天，自主创新是企业寻求生存与发展，形成核心竞争力的重要砝码。很多国际知名企业之所以能在激烈的市场竞争中立于不败之地，就在于他们掌握着具有自主产权的技术，拥有持续创新的能力。而我国以企业为主体的国家自主创新体系尚未形成，自主创新意识不强，整体自主创新能力薄弱，在与国外竞争的过程中处于劣势。这一现状要求我们的企业要加大自主创新力度，努力形成具有自主知识产权的核心技术，打造属于自己的核心竞争力。只有我们手里拥有领先于世界的自主知识产权，我们的企业才会有国际竞争力，否则与世界先进水平企业的竞争只能是失败。

3. 创新能提高我国的经济实力

改革开放以来，中国经济的增长是靠投资拉动的，科技进步对经济增长的贡献极小，这已经成为人们的共识。经济发展到今天这个程度，科技自主创新能力不足已经成为制约我们加快经济社会发展的主要障碍。在这种条件下，推进自主创新体系建设显得尤为迫切和必要。这就要求我们把经济建设转移到不仅依靠科技进步的轨道上来，而且是依靠科技自主创新实现科技进步的轨道上来，使科学技术成为经济和社会发展的首要推动力量。因此，我们要加快提高科技自主创新的能力，不能再满足于"加工厂"的角色，经济必须实现升华，达到更高的层次，从而拥有更多的、关键的自主创新产品，从根本上推动产业结构优化升级，致力实现增长方式转变，全面增强我国的国际竞争力。我们要选择一些有影响、有牵动作用的重点领域和行业进行科技自主创新和突破。我们要选定一些有可能取得率先突破的高新技术领域，集中必要的人力、物力、财力开展联合攻关，努力开发一批具有自主知识产权、核心竞争能力强的技术和产品，从而提升我们的经济实力。

视野延展

思维创新在人类社会发展中的巨大作用[①]

在原始社会，原始人"无羽毛鳞介以居寒热也，无爪牙以争食也"，他们虽然"力不若牛，走不若马，而牛马为（人所）用"。原始人之所以能够制服凶猛的虎豹犀象，驾驭牛和马，在水旱风雹的险恶环境下得以生存、繁衍、壮大，究其根本原因是他们是人，有着其他动物不可比拟的、不断进行创新思维的大脑。

不断创新曾使中华民族成为一个久负盛名的文明古国。对此，英国科学技术史学家李约瑟说：中国"在许多重要方面有一些科学技术发明走在那些创造出著名的'希腊奇迹'的传奇式人物的前面，和拥有古代西方世界全部文化财富的阿拉伯人并驾齐驱，并在公元 3 世纪到 13 世纪之间保持一个西方所望尘莫及的科学知识水平……"中国的这些发明和发现往往超过同时代的欧洲，特别是在 15 世纪之前更是如此。在汉代末期，生铁冶炼、铸造、采矿等形成了一个完整的体系；景德镇瓷器、"丝绸之路"和郑和七下西洋的壮举，标志着我国陶器、纺织、造船和航海技术达到了很高的发展水平，不仅对当时中国的发展起到重要推动作用，而且对世界各国经济技术发展也起到重要的促进作用，特别是四大发明"预告资产阶级到来"，成为人类社会进步的"最大的杠杆"。但是，到了近代，由于晚清统治者的政治腐败，同时又由于闭关锁国、因循守旧，压抑和扼杀了国民的创新热情，导致国力一天天衰竭，最后沦为长达百年的半殖民的境地。

创新使素有"千岛之国"之称的日本成为世界经济大国。日本虽是第二次

① 来源：http://www.docin.com/p-773597174.html. 原标题：《浅谈思维创新对企业发展的意义》（作者：赖震宇）。

世界大战的战败国，但在二战之后用很短的时间，使经济得以恢复并快速发展。正如日本大平正芳于20世纪70年代末说的："战后日本经济复兴是依靠人的头脑、进取心、纪律性和不屈不挠的精神，从这些无形的资源发展起来的。"日本人对"我们最终拥有的是思维"引以为豪。因为，一个由"高级人脑"组成的科技队伍，使日本在较短的时间内由战败国发展成为世界经济大国。可见，创新思维及同它紧密相连的创新行为，是一个民族强盛、国家繁荣和综合国力快速增强的中流砥柱。

二、大学生创新的重要性

（一）创新对大学生的意义

21世纪是知识经济时代，它的到来使我国高等教育面临前所未有的机遇和挑战。知识经济是主要依靠知识创新和知识广泛传播发展的，以智力资源来创造财富的经济。创新是它的灵魂，而创新的关键在于人才。无论是知识创新还是技术创新，无论是经济竞争还是科技竞争，都要靠大量高素质的创新型人才，培养具有创新素质的人才是时代的迫切需要，也是一个国家富强及在国际竞争中立于不败之地的重要因素。人才来源于教育，高等学校是培养高素质创新型人才的摇篮。大学生，是实践创新活动的重要主体。

创新对个体品格的养成具有重要作用，因为它激发的是一个人最具价值的能力和向人生更高层次发展的直接动力。现在的大学生是全面建设小康社会的人才之源，是中国各项事业迅猛发展的排头兵，肩负着中华民族复兴的伟大使命。对大学生进行创新精神和创新能力的培养，使之真正成为与时代潮流相适应，最终成为引领时代发展的一代高素质人才，我们的国家才有可能在新的世纪里缩短与发达国家在知识创新和发展方面的差距。所以，创新素质教育不仅仅是大学生个体成长成才的内在与长远需要，更是民族兴旺发达、建设社会主义和谐社会的紧迫召唤。

1. 创新是大学生获取知识的关键

在知识经济时代，知识的增长率加快，知识的陈旧周期不断缩短，知识转化的速度猛增。在这种情形下，知识的接受变得并不重要，重要的是知识的选择、整合、转换和操作。学生最需要掌握的是那些包摄面广、迁移性强、概括程度高的"核心"知识，而这些知识并非是靠言语所能"传授"的，它只能通过学生主动地"构建"和"再创造"而获得，这就需要大学生的创新能力在其中主动发挥作用。

2. 创新是大学生终身学习的保证

随着高等教育规模的不断扩大，高等教育职能正在由精英教育向素质教育转化，学习也正由阶段教育向终身教育转化，学习将成为个人生存、竞争、发展和完善的第一需要。在知识的无限膨胀、陈旧周期迅速缩短的情况下，大学生的社会就业将变得更加不稳定。在创新意识的指引下，大学生有能力在毕业之后，利用各种有利条件，根据所从事的工作不断完善自身的知识和能力结构，更好地达到完善自我和适应社会的目的，从而为终身教育打下坚实的基础。

3. 创新决定大学生的未来

创新是人的综合能力的一种外在表现，它是以深厚的文化底蕴、高度综合化的知识、个性化的思想和崇高的精神境界为基础的。创新思维的有与无，将决定一个人的发展前途；创新能力的高与低，将决定一个人的事业天地。古今中外，大凡在事业上有所建树、有所作为的人，可以说，都是创新思维能力很强的人。他们靠智慧、靠特色、靠创新、靠点子，开拓出了事业上的一片广阔天地。创新能力强，就能敢于说别人没有说过的话，敢于做别人没有做过的事，敢于思考别人没有思考过的问题。创新思维的水平，将决定一个人的勇气、胆识的大小，谋略水平的高低。准确了解、把握自己创新思维能力的大小及其表现形式，将有助于自己的发展定位和目标设计。

（二）创新型人才是大学生的发展方向

创新型人才，就是具有创新意识、创新精神、创新思维、创新知识、创新能力并具有良好的创新人格，能够通过自己的创造性劳动取得创新成果，在某一领域、某一行业、某一工作上为社会发展和人类进步作出了创新贡献的人。仅有创新意识和创新能力还不能算是创新型人才，创新型人才首先是全面发展的人才。个性的自由独立发展是创新人才成长与发展的前提，作为工具的人、模式化的人和被套以种种条条框框的人不可能成为创新型人才。当代社会的创新型人才，是立足于现实而又面向未来的创新人才。创新型人才的主要特点包括：

1. 强烈的创新意识

当前，我国正处于发展的重要战略机遇期，大力培育创新型人才，为建设创新型国家、国家创新体系和全面建设小康社会，提供坚强的人才保证和智力保障，显得尤为迫切和重要。从一定意义上说，创新型人才正以前所未有的时代需求承载着推进国家自主创新，在激烈的国际竞争中占据主动，实现中华民族伟大复兴的历史使命。因此说，创新型人才必须是有理想、有抱负的人，具备良好的献身精神和进取意识、强烈的事业心和历史责任感等可贵的创新品质。具备了这样一种品质，才能够有为求真知、求新知而敢闯、敢试、敢冒风险的大无畏勇气，才能构成创新型人才的强大精神动力。

2. 全面的创新素养

创新是一个探索未知领域和对已知领域进行破旧立新的过程，充满各种阻力和风险，可能遇到重重的困难、挫折甚至失败。人类科学技术发展到今天，要获得每一点进步相当困难。因此，创新型人才每前进一步都需要非凡的胆识和坚韧不拔的毅力，为了既定的目标必须始终不懈地进行奋斗，锲而不舍，遭到阻挠和诽谤不气馁，遇到挫折和挫败不退却，牺牲个人利益也在所不惜，不达目的誓不罢休，不自暴自弃，不轻言放弃。只有具备了这样的创新意志，才能不断战胜创新活动中的种种困难，最终实现理想的创新效果。

不畏艰难、勇于探索，是创新型人才的必备要求；独立个性则是进行创新性活动的前提，只有具备独立自主精神，不盲目追从，能独立思考判断，才能取得非凡成绩。从当今世界发展看，独立个性尤为重要，因为一个多变的时代、多元的社会要求有不同的人才来解决不同的问题，如果缺乏独立个性，不相信自己的力量而过分依赖环境和他人，就难以成功成才。

创新成果的出现往往需要多人共同努力。在诺贝尔奖开设最初的25年中，获奖者的工作中有41%是合作性的，到了1972年79%的获奖者由于合作而获奖。尤其是在知识爆炸的今天，任何人也无法收集和掌握每年约有10亿信息单位的信息量，没有任何一个个人可以单独从事一项社会创新工程和研究项目。因此，创新型人才要有较强的合作意识，善于整合多方力量、争取广泛配合，在团结协作中从事创新实践并获得创新成果。

创新型人才还应具有敏锐的思维习惯，掌握基本的创新方法与技巧，参与丰富多样的创新实践，总之，创新型人才需要具备全面的创新素养。

3. 扎实的知识储备

在人类知识越来越丰富和深奥的今天，要求创新型人才的知识结构既有广度，又有深度，只有通过知识的不断积累才能用更宽广的眼界进行创新实践。如果没有扎实的知识功底与合理的知识结构，就难以在既有知识体系基础上对其进行转化和整合，进而形成新的、有利于创新发生的知识体系。创新型人才只有有了深厚扎实的基础知识、精通本专业的知识技能并了解相邻及相关学科的知识，才能在不同学科之间进行科学合理的整合，避免在分析解决问题时出现单一性和直线式，从而较好地实现知识的正向迁移和转化，促成创新性成果的产生。事实表明，知识数量增大可使知识品种和类型呈现出多样性，思想也就相应地倾向于多元化，因而个体能产生丰富的联想、形成新的思路、提出多个设想，有助于创新。

一般来说，创新型人才应具备“新、专、博”的知识结构。“新”即掌握新的前沿性知识。目前各种知识的更新与转移速度加快，仅仅凭借个人原有的知识系统已难以满足创新的需要，创新型人才必须不断汲取新鲜的知识营养，这样才能跟上时代发展的步伐。“专”即在某一领域有较深造诣。面对无限的知识，精力有限的个人不可能成为各个方面的全才，因此立足某一领域并精通其知识是个体成长的必然要求。“博”即有广泛的知识基础。随着学科的交叉与渗透，许多事情和问题的解决需要运用不同领域的知识和方法，因此广泛获取知识并提升多角度分析问题的能力显得尤为重要。

视野延展

周世宁院士：创新人才的六个素质①

创新是人的潜能，对大多数人来说，都能在不同的岗位上作出创新的成绩，但是要做到这一点，也是不容易的，需要在素质上培养，在理论上学习，在实践

① 来源：《中国科学报》，2012-01-30。原文有删减。

中锻炼。我想就创新人才的素质这一方面，根据自身的体验，作一个简要的论述。

创新人才的素质应当具有以下六个方面。

1. 坚定的自信

为什么把自信作为素质的首要品质？这是由创新的特点来决定的，创新的关键是新，是做前人没有做过的事。从某种意义上讲，创新是个人行为，能不能成功，要看实践的结果，这里充满风险和困难，创新者必须对自己的选择和决定，具有坚定的信心，才能开始进行研究工作。在工作的过程中出现问题和失败是必然的，这里更需要坚定的信念，才能克服困难取得胜利，所以对创新者来说，需要自信，自信，再自信。在任何困难的情况下，都要坚信经过自己反复思考的奋斗目标是有科学依据的，是一定能实现的，这是创新成功的基础。

创新者必须要有强烈的创新愿望，时刻注意周围的新技术、新工艺和新事物，千方百计把它应用到工作中来，所以我们要勤奋学习，善于思考，勇于实践，因为创新思维一定要建立在科学的基础上，加上深入细致的实践，才能取理想转变为现实。根据我的体验，一项新的创造往往要经过几次失败，才能取得成功。不要把失败当成痛苦和打击，而要把它当成一个过程，所以在内心中要充满自信，相信自己的选择、分析和决策是正确的，要有坚强的心理素质，遇到困难和挫折，不动摇，不退却，这就是创新成功的道路。

2. 深厚的理论基础和广博的知识面

创新的想法必须建立在科学的基础上，特别是原始创新是建立在深厚的基本理论之上的，所以学习一定要好。要做到学深学透、学会学活是不容易的，但是一旦你真正掌握了理论，它就会显示出强大的力量，取得你事先难以想象的好结果。

技术的创新可分为两种类型：原始创新和移植创新。原始创新是根据基本理论从源头上创新，这需要深厚的基本理论知识，这个难度大，是很不容易的。移植创新是将其他领域中的新技术、新工艺，经过改造运用到自己的工作中来。这就需要广博的知识和丰富的联想能力以及灵活运用的经验和技巧。这两者都要求我们要勤奋地学习和善于深刻地思考，但是一般说来，移植创新是创新的主要方面，所以我们要努力扩大我们的知识面，在创新的道路上，不存在专业对口学习和应用的要求。

3. 强烈的创新愿望

对创新者来说，强烈的创新愿望是发现问题和提出问题的前提。创新人才的重要品质在于时刻关注着周围的新事物和技术进步，不断地学习，不断地探索是否可以引用到自己的工作中来，或者把它用到另一个领域。在我们的周围经常可以看到一些学习优秀、业务水平很高的国内外著名大学的毕业生，虽然他们工作良好，但缺少发明创造，没有发挥出自身的潜能，作出突出的成就，其中最重要的就是自身没有强烈追求创新的愿望。

丰富的想象力是创造发明的动力和源泉，而中国的传统思想是不利于创新的。如“标新立异”“异想天开”，都是贬义词；其他如“行高于众，人必非之”“木秀于林，风必摧之”“出头的椽子先烂”“枪打出头鸟”等中庸之道的思想都是不利于创新的。所以长期以来我国诺贝尔奖获得者极少，近几年国家自然科学奖一等奖和国家发明奖一等奖的连续空缺也说明了这一问题。

有些人抱怨生不逢时，不像科学处于发展初期，发明创造的机会多，认为现在研究问题的难度大。这是完全错误的。我认为发明的机会比比皆是，就在我们的身边，关键在于你去不去探索和实践。一个优秀的创新人才要善于从似乎无关的事物和现象中，抽理出它关键的机理和思路，并且加以扩展应用，这也是移植创新的重要途径。

4. 良好的分析能力和实践技能

世界上的事物都不是孤立存在的，是受到多种因素影响的，而各个因素又是时间、空间的函数，在一定条件下发展变化。这就给创造发明制造了困难，要做到少走弯路，首先要从宏观上分析我们的思路，是否合乎道理，是否科学可行。一个优秀的创新人才应具有从许多因素中，找出最关键的因素，分析它的运动过程和作用，然后加以控制和利用。关键因素有的是硬件，有的是软件，这里除了需要深厚的理论基础，也需要经验，是一个比较复杂的，也是很重要的问题。

5. 掌握正确的研究方法

首先要明确创新研究的目标和要求，然后选择技术途径。用作图分析法，在纸上列出各个影响因素，用不同颜色的线条勾画出各因素在时间、空间上的关系。用极限判别法分析各个因素的地位和作用，确定技术关键和关键因素，及其解决方案。进行简单的定性试验，看看设计思想是否对路，有没有重大的错误。进行小型的定量试验，进一步审查设计中有没有问题，然后加以总结。完善现有的实验方案和系统，再将成果应用于实际。推广研究成果，扩展其应用领域。

6. 健全的体魄和坚强的心理承受能力

在紧张剧烈的市场竞争环境中，每个人都在心理上承受着巨大的压力。繁忙的工作，复杂的问题，要求我们在任何情况下，都要保持乐观的情绪，具备敏锐的观察分析能力，没有健康的身体也是难以胜任的。

创新工作是一种尝试和探索，不可能一做就成，所以创新者要具有坚强的心理承受能力，要有坚韧不拔的意志，能够承受失败的挫折。从某种意义上来说，在创新的道路上，坚韧的意志比优秀的学习还要可贵，学习好的人容易找，而意志坚强的人难求，学习好、意志坚强的人是真正的优秀创新人才。要有坚强的心理素质，不把失败当成痛苦和打击，而把它当成一个过程，只要创新的思路正确，就一定能成功。另一方面，创新者也要能够承受成功和荣誉的压力，在名利面前保持冷静的头脑，这样才能做到与时俱进，再创辉煌。

同样地，在完成一项创新产品后，应努力加以完善和推向市场。这一点往往非常困难，因为生产和经营不是研究人员的强项，但在产业化过程中，会暴露出许多技术问题，需要不断地加以改进完善。对创新者来说，应该认识到这一工作的重要性，热情地做好这一工作，圆满地完成创新过程。

三、大学生应具备的创新素质

（一）无私无畏

创新是思前人未思、做前人未做之事，首先需要无私无畏的品质，即不为私利也不惧困难而敢于做破天荒去吃螃蟹的第一人。无私是对创新型人才进行创新的目的而言的，因为创新目的决定着创新的最终价值，只有创新活动超越个体私利才不致引起创新失当，对人类发展、社会进步具有积极意义。正所谓，“创新型人才比一般人具有更高的道德修养和更好的个性心理品质，具有为社会、为国家、为民族服务的意识和自觉性，为社会和他人的奉献精神和忘我精神，因为他们肩负着国家和民族的希望，需要具备比一般人才更高的社会责任感和使命感”。当然，无私并非否认个人利益，而是强调创新型人才通过创新活动实现个人价值时不为私利比如个人荣誉、经济利益所动，从而不顾创新成果可能带来的负面效应甚至是对人类造成危害进行不恰当的创新活动。无畏意味着在创新实践中要不畏艰难、勇于探索，是创新型人才进行创新活动的必备要求。创新是一项具有探索性的极其艰巨复杂的实践活动，因此创新型人才既要有敢于质疑、敢为人先、不怕打压、坚韧不拔的创新勇气，还要为之付出大量的时间精力，进行物质消耗和智力消耗甚至承担一定的经济风险、政治风险或舆论压力。通过考察科技发展史可以发现，一个新科学理论的提出往往会同传统观点相对立，这种对立不仅表现为科学本身发展的新旧冲突，而且还表现为与宗教势力或政权利益的对抗，因而通常会遭到嘲笑、污蔑和打击。因此，创新型人才需要具备无畏的品质，做到为了取得一项成果、验证一个结论孜孜以求、奉献一生甚至献出生命。

（二）独立个性

独立个性是进行创新性活动的前提，只有具备独立自主精神，不盲目追从，能独立思考判断，才能取得非凡成绩。美国心理学家推孟曾对 1500 名超智儿童的成才过程进行系统的追踪调查，并把其中 800 名男性中成就最大的 20% 与成就最小的 20% 进行比较分析，发现两者最显著的差别是他们的个性品质不同，成就最大者的个性品质明显高于成就最小者的。从当今世界发展看，独立个性尤为重要，因为一个多变的时代、多元的社会要求有不同的人才来解决不同的问题，如果缺乏独立个性，不相信自己的力量而过分依赖环境和他人，就难以成功成才。

（三）超常思维

超常思维是人们在思维活动中表现出来的敏锐性、前瞻性、开放性、多样性、独创性等思维品质，它往往与创新实践密切相连，让人们为把握事物本质、破解各种难题而主动独特地思考。有学者认为，超常思维可理解为“打破传统思维方式，突破传统观念，使思维具有超前性”。只有具备超常的思维，创新型人才才能在实践活动中摈弃偏见和成见，通过选择、突破和重构已有知识、经验、信息，对事物进行去芜存菁、去伪存真、由此及彼、由表及里地提选、加工和制作，进而以独特的认知模式把握事物的内在本质和规律，形成新的认识、新的判断、新的思路、新的结论。

（四）综合素养

个体创新能力与生理、心理等因素密切相关，但其知识结构往往起着决定性作用。如果没有扎实的知识功底与合理的知识结构，就难以在既有知识体系基础上对其进行转化和整合进而形成新的、有利于创新发生的知识体系。创新型人才只有有了深厚扎实的基础知识、精通本专业的知识技能并了解相邻及相关学科的知识，才能在不同学科之间进行科学合理的整合，避免在分析解决问题时出现单一性和直线式，从而较好地实现知识的正向迁移和转化，促成创新性成果的产生。事实表明，知识数量增大可使知识品种和类型呈现出多样性，思想也就相应地倾向于多元化，因而个体能产生丰富的联想，形成新的思路，提出多个设想，有助于创新。一般来说，创新型人才应具备“新、专、博”的知识结构。一是“新”，即掌握新的前沿性知识。目前各种知识的更新与转移速度加快，仅仅凭借个人原有的知识系统已难以满足创新的需要，创新型人才必须不断汲取新鲜的知识“营养”，这样才能跟上时代发展的步伐。二是“专”，即在某一领域有较深造诣。面对无限的知识，精力有限的个人不可能成为各个方面的全才，因此立足某一领域并精通其知识是个体成长的必然要求。三是“博”，即有广泛的知识基础。随着学科的交叉与渗透，许多事情和问题的解决需要运用不同领域的知识和方法，因此广泛获取知识并提升多角度分析问题的能力显得尤为重要。

（五）合作意识

创新成果的出现往往需要多人共同努力。在诺贝尔奖开设最初的 25 年中，获奖者的工作中有 41% 是合作性的，到了 1972 年 79% 的获奖者由于合作而获奖。尤其是在知识爆炸的今天，任何人也无法收集和掌握每年约有 10 亿信息单位的信息量，没有任何一个个人可以单独从事一项社会创新工程和研究项目。因此，创新型人才要有较强的合作意识，要善于整合多方力量、争取广泛配合，在团结协作中从事创新实践并获得创新成果。

（六）显现绩效

成为创新型人才，不仅要有极大的创新激情和强烈的创新欲望并以务实的态度和科学的方法进行长期不懈的创新实践，更要取得社会认可的创新成果，这是衡量创新型人才的最终标准。一个人具有创新精神和创新能力却没有创造出社会认可的成果，不能被称为创新型人才，充其量也只是潜在的创新型人才。

视野延展

当代大学生创新素质的现状

具有创新意识，但不善于利用和创造条件

创新能力的发展与创新行为的展出，都是建立在创新观念和创新欲望的基础之上的。大学生普遍具有创新动机，对创新有一定程度的认识，希望在学习中产生新思想与新理论，积极寻找新的学习方法，但由于学校创造性学习条件的局限及学生自身不善于创设和利用学校的现有条件，缺乏向知识经验丰富的教师或同学请教的勇气，往往不能把握本学科最新发展的动态和相关学科知识的横向关系，由此限制了学生创新能力的进一步发展。

思维相当敏捷，但缺乏创新性思维方式

随着知识和经验的积累，大学生的想象力逐渐丰富，思维能力尤其是逻辑推理思维能力有了很大程度的发展，思维相当敏捷；然而由于他们的知识面宽度不够，知识的吸收是独立的、互不相关的，出现“见树不见森林”的现象。机械地、片面地看待各科知识的结构，缺乏必要的合理整合，致使他们的思维方式往往是直线式，思考问题缺乏灵活性、全面性和深层次，处理问题的方式方法千篇一律，没有太多的新意和突破，最明显地表现在发言、作业、试卷、论文中，缺乏新意。

有创新的灵感，但缺少必备的创新技能

大学生经过不断的脑力劳动，大脑皮层下产生某些暂时性的神经联系，在特定因素的诱发和引领下，神经联系会彼此刺激，产生灵感。然而灵感往往是短暂的，昙花一现，此时若有较强的创新技能，会使灵感成为现实。创新技能是指创新主体的行为技巧的动作能力，包括新信息加工能力、动手操作能力、掌握和运用创新技法能力、创新成果表达能力及物化能力。我国学生长期受应试教育的影响，其应试能力较国外学生具有很大的优势，但在动手能力与运用创新技法的能力方面却远远弱于外国学生。

有创新的兴趣与热情，但缺乏毅力

创新过程并不仅仅是纯粹的智力活动过程，还需要以创新情感为动力，在智力和创新情感的共同作用下，创新才可能获得综合效应的能量。调查显示，大学生在兴趣的深度、广度、稳定性及效能上，都有相当的发展，但有待于进一步提高，这需要具有坚强的毅力。毅力是人类自觉确定目标，根据目标来支配、调节自己的行动，克服各种困难，实现自己目标的心理过程，是能动性和个体积极性的集中体现。大学生能够意识到毅力在创新活动中的重要性，但缺乏毅力，在实际工作中往往是虎头蛇尾、见异思迁，甚至放弃追求。

第二节　创新与创业

一、创新与创业的联系

创新既是一种意识又是一种过程；创业既是一种价值观又是一种实践活动。创业与创新紧密相关，与创新相比，创业更加明确地强调顾客导向，强调创造价值和财富。建立在创新基础上的创业活动更有可能获得成功并实现快速成长。创新与创业的内在属性与外在表现，都有着千丝万缕的联系。我们可以从两个方面来进行探讨：

1. 创新是创业的基础

创业者在进行创业时，重要的创业资源包括核心技术、创业知识、运作资金、创业团队、创新能力等，其中的创新能力具有关键性的作用。创业者在创业过程中需要具备创新意识和创新精神，需要独特和新颖的创新思维，产生出富有创意的独特想法，寻求解决问题的新的思路和方法，不断克服企业发展中的瓶颈和难题，最终才能够取得创业的成功。创新的重要价值就在于将潜在的知识、技术和商机转化为产品与服务，推向市场，创造财富，实现创业。

2. 创业的本质是创新

每一次创业能够取得成功，必然内在存在着价值创新。与一般劳动相比，创业更强调创造出创新性价值。当今较为典型的创业大多诉求创新带来的新价值，这些新价值通过技术、产品和服务等方式的变革更好地为消费者服务，促进社会的发展和进步。创业活动是一种开创性的实践活动，在创业实践活动中主体的主观能动性得到充分的发挥，这在本质上体现了创业是人们的一种创新性活动，即创业的过程就是不断创新的过程。

视野延展

小创意带来大收益[①]

1987 年，美国的两个邮递员科尔曼和施洛特无意中看到一个小孩拿着一种发亮光的荧光棒，这家伙能派什么用场呢？在胡思乱想中，两个人随手把棒棒糖放在荧光棒顶端。结果，光线穿过半透明的糖果，显现出一种奇幻的效果。

① 来源：《意林》，2010 年第 4 期。原标题：《怎样才能小赚 4.75 亿美元》（作者：高兴宇）。

这一小小的发现，让两人惊喜不已。他们为此申请了发光棒棒糖专利，还把这专利卖给了开普糖果公司。

奇迹由此开始。两个邮递员继续想：棒棒糖舔起来很费劲，能不能加上一个能自动旋转的小马达？由电池对它进行驱动，这样既省力又好玩。这种想法很快付诸实施。对他们来说，这种创造太简单了！旋转棒棒糖很快投入市场，并且获得了极大的成功。在最初的6年里，这种售价2.99美元的小商品一共卖出了6000万个！科尔曼和施洛特得到了丰厚的回报。

更大的奇迹还在后面。开普糖果公司的负责人奥舍在一家超市内看到了电动牙刷，虽有许多品牌，但价格都高达50多美元，因此销售量很小。奥舍灵机一动：为什么不用旋转棒棒糖的技术，用5美元的成本来制造一支电动牙刷呢？

奥舍与科尔曼、施洛特着手进行技术移植，很快，美国市场上最畅销的旋转牙刷诞生了，它甚至要比传统牙刷还好卖。在2000年，3个人组建的小公司卖出了1000万把该种牙刷！这下，宝洁公司坐不住了。相比之下，他们的电动牙刷成本太高了，几乎没有市场竞争力。于是，经过讨价还价，2001年1月，宝洁收购了这家小公司，首付预付款1.65亿美元，3个创始人在未来的3年内留在宝洁公司。过了一年多，宝洁公司便提前结束与奥舍、科尔曼、施洛特三人的合同。因为宝洁公司发现电动牙刷太好卖了，远远超出了他们的预料。借助一家国际超市公司，它已在全球35个国家进行销售。按照这种趋势，宝洁在三年合同期满后付给奥舍三人的钱要远远超出预期。最后经过协商，合同提前中止，奥舍、科尔曼、施洛特一次性拿到了3.1亿美元，加上原来1.65亿美元的预付款，共4.75亿美元。这是一个令人头晕目眩的天文数字，如果用卡车去银行拉这么多现金，恐怕要费上相当一番功夫！

奥舍、科尔曼、施洛特3个人不费吹灰之力，就赚取4.75亿美元。他们是凭借什么呢？小小创新？不错，这确实是直接原因，但同学们也有这小小创新，为什么一分钱没拿到？原因是你们是被动的，没有那三个人的创新意识。有了创新意识，就会获利吗？也不对，还要有眼光，既要有申请专利的眼光，还要有把专利投放市场的眼光，一个人，可以不去奢望那4.75亿美元，但不应该冷落技术创造、灵感创意这些成功的要素。

二、创新与企业发展

纵观当代企业，唯有不断创新，才能在竞争中处于主动，立于不败之地。创新是带有氧气的新鲜血液，是企业的生命。在全球经济一体化、信息化、网络化大的趋势下，科学技术日新月异，人类知识总量5年就将翻一番，经济生活瞬息万变，每一个企业和每一个企业家，都应当学会用世界的眼光从高处和远处审视自己，衡量自身，随时发现自己的弱点和缺点，通过改革和开放，迅速加以克服，以求赶上和超越。否则，随时都有被淘汰的可能。

（一）企业的技术创新

技术创新为企业创新活动的核心内容，它为组织的实施和过程管理提供必要的支撑和保障，越来越多的公司认识到了其重要性。世界上大的跨国企业每年的研发投入都高达数十亿美元，主要用于支持自己的强大研发机构和团队的创新实践，使企业保持旺盛的创新活力，在国际市场竞争中成为赢家。近些年来，我国的华为、海尔、联想等公司也加大了研发投入。更令人惊奇的是中小企业也中意技术创新，在市场竞争中获取高效益回报。技术上的创新在产品的生产方法和工艺的提高过程中起着举足轻重的作用。一方面技术创新提高物质生产要素的利用率，减少投入；另一方面又通过引入先进设备和工艺，从而降低成本。在企业的竞争中，成本和产品的差异化一直都是核心因素，技术的创新可以降低产品的成本，同样，一种新的生产方式也会为企业的产品差异提供帮助，如果企业能够充分利用其创新的能量，就一定能在市场中击败对手，占据优势地位。当然技术创新本身具有高投入、高风险性，因此在技术创新的过程中，必须通过建立良好的市场环境和政策条件，才能充分激发企业创新的内在动力，为企业创造最大价值。

技术创新也逐渐成为企业一项极其重要的无形资产，而企业作为利益分配主体，就意味着在照章纳税后，有权对技术创新收入进行自主分配。这样企业不仅可以有效补偿技术创新投入，而且还可以有效地激励研究与开发人员，尤其是对技术创新有突出贡献的人员实行特殊的报酬机制。再者，企业可以根据有效的经济原则，组建有效的研究和开发组织，按要素、贡献分配报酬，激励研究与开发的有效增长。

（二）企业的管理创新

管理创新是为了企业更有效地运用资源以实现目标而进行的创新活动。管理创新就是要引入新的管理思想、方法、手段、组织方式而实现的创新。美国管理学家哈梅尔（Hamel）将管理创新定义为：对传统管理原则、流程和实践的明显背离或对常规组织形式的背离。管理创新就是指以价值增加为目标，以战略为导向，以各创新要素（如技术、组织、市场、战略、管理、文化、制度等）的协同创新为手段，以培育和增强核心能力、提高核心竞争力为中心，通过有效的创新管理机制、方法和工具，力求做到人人创新、事事创新、时时创新、处处创新的创新活动或过程。管理上的创新可以提高企业的经济效益，降低交易成本，可以开拓市场，从而形成企业独特的品牌优势。

（三）企业的制度创新

企业制度创新是企业中的重要组成部分，是指一种更有效的约束本企业职员行为的一系列规则的产生过程，为企业技术创新的组织实施和过程管理提供支撑和保障。它通过激发企业职员的积极性和创造性，促进企业资源的合理配置利用，从而推动企业进步。企业之间的制度及相关知识基础的差异，使得企业很不容易模仿。

兰斯·戴维斯（Lance E.Davis）和道格拉斯·诺斯（Douglass C.North）认为制度创新的全过程包括五个主要的阶段，即形成“初级行动集团”阶段、“初级行动集团”提出制度创新方案的阶段、“初级行动集团”对已提出的各种创新方案进行比较和选择的阶段、形成“次级行动集团”阶段、“初级行动集团”和“次级行动集团”协作实施制度创新并将其变为现实的阶段，并认为这个过程是动态变化和发展的过程。同时，制度创新存在时滞效应，具体表现在以下几个方面：一是认识与组织的时滞，即从认识外部利润到组织初次行动团体所需要的时间；二是发明的时滞；三是“菜单选择”时滞，即搜寻已知的可替换的菜单和从中选定一个能满足初级行动团体利润最大化的创新的时间；四是启动时间时滞，即可选择的最佳创新和开始旨在获取外部利润的实际经营之间存在的时滞。

（四）企业的营销创新

营销创新是企业提升顾客价值，获得并维持竞争优势的有效途径。

营销创新是一个非常艰苦的活动过程，需要经营者有强烈的创新意识和坚韧不拔的创新精神以及系统的创新理论的指导。从目前我国企业营销实践看，受市场对接环境的影响，许多企业已具备了紧迫的创新意识，但其中大部分企业却不知从何做起，如何努力。笔者认为，我国企业在创新过程中可选择的创新策略很多，宜结合自身特点以及市场环境等多种因素灵活运用。通常，可供选择的创新策略主要有观念创新、市场创新、产品创新、服务创新和组织创新等。

所谓观念创新就是企业适应新的营销环境的客观变化而形成正确的认识或看法。由于它是企业开展营销活动的指导思想，或者说它支配着企业市场营销活动，所以，它是企业营销创新的灵魂。营销创新最终目的是通过更好地满足消费者需求获得更大的市场份额和更多的经济效益，可以说，营销创新有较强的目的性。正因为如此，消费者需求（即市场）的变化为企业营销创新指明了方向。

市场创新除了选择企业有能力进入并获得收益的目标市场这一内容以外，还包括新市场的进占与拓展等内容，因为新市场能给企业带来创新收益。

一个企业是否具有生命力，其重要的标志就是它的产品是否能够不断创新。不断地满足消费者不断变化的需求是企业营销创新的直接目的，为此，企业产品需要不断创新，产品创新是营销创新的核心内容。

服务作为一种特殊的产品，属无形产品，它与有形产品一样，也是市场客体的重要组成部分。

面对营销形势的新变化，企业必须着手建立战略联盟、调整营销机构、开展网络营销、强化营销沟通，实现营销组织的不断创新。因此，调整企业组织结构，消除部门之间的隔膜，提高营销效率和创新效率，相关职能部门共同致力于市场需求的满足就显得尤为必要。特别是，营销部门必须与研究开发等部门密切配合，及时沟通信息，这是在市场竞争日趋激烈的环境下企业制胜的关键。

（五）企业的文化创新

企业文化创新是指为了使企业的发展与环境相匹配，根据本身的性质和特点形成体现企业共同价值观的企业文化，并不断创新和发展的活动过程。企业文化创新的实质在于企业文化建设中突破与企业经营管理实际脱节的僵化的文化理念和观点的束缚，实现向贯穿于全部创新过程的新型经营管理方式的转变。面对日益深化、日益激烈的国内外市场竞争环境，越来越多的企业不仅从思想上认识到创新是企业文化建设的灵魂，是不断提高企业竞争力的关键，而且逐步深入地把创新贯彻到企业文化建设的各个层面，落实到企业经营管理的实践中。

企业文化是企业制度和企业经营战略的要求在员工价值理念上的反映，反过来，企业文化也会对企业制度的安排以及企业经营战略的选择有一种反作用，因为人的价值理念支配人的选择及行为。正是因为如此，所以企业文化的创新，必然会带来员工价值理念的创新，而这种价值理念的创新，会推动企业制度和经营战略的创新。由此可见，企业文化在企业制度和经营战略的创新上，是具有非常重要的意义的。

对企业来说，创新既是机遇，也是挑战。企业应该在国家政策的引导下，从企业的实际出发，进行大胆创新，把握创新的主动权，把握市场机会和技术机会，做出适合本企业的创新决策，不断提高创新水平，真正成为技术创新的主体，从而走上一条适合企业自身发展的创新之路，使企业始终保持旺盛的生机，不断取得新的发展。

视野延展

自主创新，海尔发展的不竭动力和源泉①

1984 年海尔集团刚刚创业时，是一个资不抵债、濒临倒闭的集体小企业，只有 600 多人，销售收入 300 多万元，亏损 147 万元。1985 年，海尔从德国引进了世界一流的冰箱生产线。一年后，有用户反映海尔冰箱存在质量问题。海尔公司在给用户换货后，发现库存的 76 台冰箱虽然不影响冰箱的制冷功能，但外观有划痕。时任厂长的张瑞敏决定将这些冰箱当众砸毁，并提出“有缺陷的产品就是不合格产品”的观点，海尔砸冰箱事件在为企业赢得美誉的同时，也反映出中国企业质量意识的觉醒，拉开了科技创新竞争的序幕。

1990 年，海尔冰箱开始进军德国，为了验证自己的品质，海尔人把冰箱揭掉商标，与同样揭掉商标的德国产品摆放在一起，进行全面质量检测，结果海尔一下子得了 8 个加号，得分最高，超过了德国利勃海尔。仅仅 6 年的时间，海尔就消化并吸收了 2000 余项国外冰箱生产技术，并将其转化为“海尔标准”，实现了海尔强大技术基础，对海尔实现自我技术创新打下了坚实根基。

海尔根据中国市场的需求，研制生产出第一台完全国产化的冰箱产品，此后，国内第一台分体组合式冰箱，世界第一台无氟、节能、大冷冻力三合一的

①来源：《科学文化评论》2007 年第 6 期。原标题：《发展中国家企业的创新国际化与技术跨越——对海尔集团的案例研究》（作者：窦伟、吴晓波、孙佳）。

抗菌冰箱等相继问世，使海尔技术创新步入新的台阶。于是，“海尔——中国造”响彻大江南北。

如今，海尔一发不可收，东南亚海尔、中东海尔、欧洲海尔……到目前，海尔已拥有30个海外制造基地和海外贸易公司。2004年，海尔实现出口创汇突破10亿美元，海外生产、海外销售突破10亿美元；在美国200升以下冰箱市场中海尔占30%以上的份额，居第一位。今年前4个月，海尔出口创汇和海外生产、海外销售比去年同期分别增长40%和50%。

在中国家电业此起彼伏的价格大战和你争我夺的利润追逐战中，张瑞敏冷静地提出“不打价格战，要打价值战”的独到的观点。他所说的价值战，就是以自己独特的追求自主创新技术的方式，实现企业、产品和市场价值，实现自主技术的扩张。这是海尔能够成为世界级品牌和世界级公司的核心基础。

综观海尔发展的历史，技术创新一直是其成长和壮大的主要动力。其成长轨迹对中国企业技术创新国际化进程有重要的启示作用。海尔技术创新国际化的过程大体经历了下列三个阶段：合资引进技术，建立自己的技术研究中心和发展体系，输出技术或在国外建立自己的研究与发展分支机构。如今，海尔每年的自主技术投入已经达到了年销售收入的6%。

第三节　创新思维的培养

各行各业，世界各国都越来越重视创新，但是怎样才能创新呢？要回答这个问题，我们认为关键从两个方面着手，这就是创新的思维和创新的方法。具有了创新的思维就有了创新的意识和想法，也就有了创新的原动力；拥有了创新的方法，也就有了创新的武器。这样一来创新就不是问题。

通常人们根据思维是否具有创新性把思维活动分为两种，一种是创新思维（或创造性思维、创造思维），另一种是重复性思维（或再现性思维、常规性思维）。重复性思维是一种比较普通的思维形态，它是对已经接收信息的重复和再现，大脑利用的仅是记忆和存储功能，这种思维模式是相对稳定的；而创新思维正好相反，是存储的信息根据需要（问题）的新加工，必须具有思维的创新性。

一、创新思维的阻力

影响创新思维发展的阻碍因素很多，既有主观因素也有客观因素。一般说来，影响创新思维的最主要阻力是存在于创新主体思维中形成的习惯和定式以及头脑中的传统的、固定的思想观念。

（一）思维定式

思维是人脑的机能。人们在认识事物时，由一定的心理活动所形成的某种思维准备状态，影响或决定同类后继思维活动的趋势或形成的现象，这就是通常所说的思维定式。在人的思维能力上，思维定式是一种重要的表现，是人们通过不断地学习和实践积累下来的经验和形成的自己独有的对世界和对客观认识、认知的规律、途径等方面的一种观点。它既有积极意义，也有负面性。这主要看每个个体如何对待自己和认识自己的思维定式，是自觉的认识、理解和运用自己的思维定式，还是根本不知道什么是思维定式以及思维定式的利弊。

思维定式对于解决常规性问题和例行性工作具有积极意义，它可以使人们在以往经验和模式的基础上驾轻就熟，快速地对问题作出反应。然而，对于创造性地解决问题，思维定式则只能成为一种阻力或障碍，它很容易造成某些主观框框，使人思路阻塞、思域狭窄，难以闪现出创新的灵感，这是思维定式可能导致的消极影响。

按预先设定心理状态的预期结果不同，思维定式分为积极的思维定式和消极的思维定式。

积极的思维定式：当面对问题发生时，相信采取某一行动一定会出现预期的结果，这种预先设定的心理状态是积极的思维定式。注意：思维定式产生的积极作用不同于积极的思维定式；积极的思维定式不一定都是正面的效应，存在正负两个方面的结果效应。

固守积极的思维定式会使企业付出不必要的代价。像当年秦池、爱多等很多中央电视台广告标王因为迷信品牌就是广告打出来的，只要有钱做广告就可以做好品牌，在如今这个广告媒体越来越分化、消费者越来越成熟的时候，仍然过于迷信单一广告的作用，结果巨额广告费用投进去却没有收到预期的效益，这是积极的思维定式付出的代价。

消极的思维定式：相信采取某一行动不会出现预期的结果，这种预先设定的心理状态是消极的思维定式。比如诸葛亮成功上演了一出“空城计”逼退司马懿，就是利用了司马懿的一种消极思维定式：诸葛做事一向谨慎，千万不可冒险进攻。

积极的思维定式往往来源于已往的成功经验，消极的思维定式往往来源于已有的失败教训，两种思维定式都会形成创造思维的障碍。过去成功的经验应用于现在，不一定还能成功；过去失败的事情，现在不一定还会失败。

在创新过程中，应特别注意思维定式的消极影响，尽量防止或减少已有的思维定式可能产生的束缚作用。要冲破思维定式，主要途径是有意识地进行反定式思维，即注意有意识地从原有定式不同的方向和角度进行思考。美国伯纳姆曾提出著名的“三问”，他认为对任何一件事情，都可以提出三个基本问题：一是能不能取消；二是能不能合并；三是能不能取代。

（二）传统观念

观念是内化于人脑潜意识中的观点和认识。人们在思维过程中，反复运用某种观点认识和思考问题，久而久之，这些观点和认识被积淀到大脑深层意识之中而达到了“无意识”状态，形成了一种约束性的一致观念，对人的认识活动起着巨大的制约作用。在人脑思维加工过程中，主体对材料的选择、组织，对问题的认识、评价，很大程度上取决于观念。历史上，每种观念的产生都是以当时的实践水平和历史文化发展为基础的，因而有它产生的根据和存在的合理性。当时代发展了，实践也随时代的发展而进步，深藏于人们头脑中的观念则不容易随实践和时代的改变而改变，成为一种思维的惯性力。这时，原本适时的观念就变成了过时的观念，这种观念一般称之为传统观念。传统观念是创新思维的重要障碍，它顽强地维护着它赖以存在的实践和社会基础，反对思维对现存事物的超越。受传统观念的影响，人们会因循守旧、墨守成规，用老眼光、老办法去面对新问题。所以说，传统观念是阻碍创新思维的重要因素，是创新思维的大敌。

另外，固定观念也会阻碍创新思维的发展。固定观念一般是说人们在特定的领域内形成的观念。在该领域内某种观念是适用的，一旦超出这个范围，它们就可能变得不再适用了。但是由于观念在思维中的惯性作用，人们总是习惯于用固有的观念去认识、评价面对的问题，而不管这个问题是否超出了原来观念的适用范围。在经验范围内解决那些常规性问题，是不需要思维创新的。但如果思维超出了原有的领域而进入一个新的领域，那么适用于原来领域的固定观念在新的领域中只能起排斥新思想、扼杀新观念的作用。

创新思维阻力根源于创新主体的心理模式，创新思维受到创新主体知识、经验和个人素质的制约。因此，克服创新思维的阻力既要善于质疑和勇于批判，克服胆怯心理，实现超越，又要加强对创新主体创新思维原理等方面的学习和训练。

对创新主体来说，克服创新思维阻力的主要途径有以下几个方面：首先，要善于质疑、勇于批判。由于创新主体不知不觉地受到传统观念、固定观念和思维定式等因素的支配，因此要想克服这些因素，就要求创新主体必须有反思传统，有善于质疑的精神和敢于批判的勇气，要怀疑批判别人，更要怀疑批判自己，只有通过不断怀疑和批判，才能使创新主体冲破固定框框的束缚，在怀疑批判中不断创新。其次，要克服胆怯心理，不断超越。破除传统习惯，突破权威型思维枷锁，是需要有勇气的。传统的、权威的东西同时也是为多数成员所承认和接受的东西。突破它们就意味着向多数人支持的东西挑战。而这种挑战本身又不能保证次次成功，相反却经常伴随着挫折和失败。因此，这就特别需要创新主体正确对待管理创新过程中的错误和曲折。要努力克服胆怯心理，不断实现思维方式的超越，如果处处怕犯错误，唯恐失败，就会陷于保守，就不敢突破原有的界限，也就谈不上开拓创新。最后，要努力学习创新思维的原理和方法，应用于自己的创新实践中。现代创造学总结出一些有用的原理和方法，能够帮助人们突破传统、习惯和思维定式，掌握了这些原理和方法，能够有效地帮助人们自觉地抵制和克服各种创新思维障碍。如创新的思维方法，就是打破人们通常思考问题的单一思维方式习惯，从各种不同的方面和角度进行思考。多向思维可以帮助创新主体打破思维定式，寻找到更多解决问题的新思路。如果创新主体能够善于运用这样一些方法，就可以自觉地抵制传统观念、固定观念及思维定式等的干扰，实现思维的不断创新。

视野延展

打破思维定式

有这样一道测试题：一位公安局长在茶馆里与一位老头下棋。正下到难分难解之时，跑来了一位小孩，小孩着急地对公安局长说："你爸爸和我爸爸吵起来了。"老头问："这孩子是你的什么人？"公安局长答道："是我的儿子。"

请问：这两个吵架的人与公安局长是什么关系？

据说有人曾将这题对100人进行了测验，结果只有2人答对。你是不是已经从婚姻、抚养和血缘等角度开始推测他们之间的关系，感觉是不是很复杂？

其实答案很简单：公安局长是女的，吵架的一个是她的丈夫即小孩的爸爸，另一个是她的爸爸即小孩的外公。为什么我们刚才把他们之间的关系想得很复杂呢？因为"公安局长""茶馆""与老头下棋"这些描述，使我们从以往的经验判断出发，为公安局长预先设定一个男性身份，这样就把简单的问题想得复杂了。这种预先设定的心理状态和惯性的思维活动就是思维定式。人们根据以往的知识和经验积累，逐渐形成一种判断事物的思维习惯和固定倾向，从而形成"思维定式"。

其次，"创造思维"这个叛逆的小孩，天生就不服"思维定式"妈妈的管教，时刻想挣脱她的束缚远走高飞，因而"创造思维"和"思维定式"又是一对生死冤家和宿敌。创造思维需要打破常规，而思维定式是一种固定的思维模式和思考习惯，常常对形成创造思维产生消极的作用。

思维定式可能都是在过去某一阶段的经验总结，是经过成功的经验或失败的教训验证的"正确思维"。但是当事物的内外环境变化时，仍然固守"正确的"定式思维却行不通了，甚至要吃大亏。

可见，不突破思维定式，就只能被原有的框架所束缚，就不可能激发出创造思维和取得新的成功。

二、创新思维的方法

创新思维使人能突破思维定式思考问题，从新的思路去寻找解决问题的方法。常用的创新思维有逆向思维、侧向思维、求异思维、类比思维、综合（集中）思维、发散（扩散）思维等方式。

（一）逆向思维

所谓逆向思维，就是指有突破常规考虑问题的固定思维模式，采用与一般习惯相反的方向进行思考、分析的思维方式。通俗地讲，就是倒过来想问题。

我们都学过“司马光砸缸”的故事。小孩落水会淹死，要救出落入水缸的小孩，常规方法是把人拉出水面。把一个小孩拉出水缸，对大人来说不成问题，但对还是少年的司马光来说却不是一件容易的事，弄不好自己还可能被对方拉下水。司马光考虑的不是常人想的“人离水能活”这一条方法，而是反过来“水离人，人也能活”这种思维方法，结果砸破水缸救出小孩，这就是一种逆向思维。

逆向思维可分为功能反转、结构反转、因果反转、状态反转等几种。

从已有事物的相反功能去设想和寻求解决问题的新途径，获得新的创造发明的思维方式即为功能反转。德国一工厂生产的一种纸因严重化水无法使用，按常规只能打浆返工。有个工程师考虑到化水原因是吸水性太强，能否专门用这种纸来吸水呢？经过“功能反转”制成了专用吸水纸，并申请了国家专利，增加了工厂收益。在日常生活中有许多用具的“缺点”往往是大家主攻的目标，但在不同使用场合，这些缺点有可能成为“优点”，想方设法扩大缺点，使之逆用，实现反转。

从已有事物的相反结构形式去设想和寻求解决问题的新途径的创造性思维方式属结构反转。如一般的门锁锁舌有斜口，这样关门比较方便，但却容易通过塞入硬片等方法把门撬开，防盗功能差，有人在门框上锁孔内侧焊个斜片，将锁舌改成方形，这样从结构上与原锁反转，关门照样方便，但由外往里撬门，由于锁舌是方形的就不易被撬开了，从而使防盗性能大大增强。

从已有事物的因果关系，反过来由“果”去发现新的“因”（现象、规律），寻找解决问题的方法就是因果反转。例如磁生电（发电机）⟷电生磁（电磁铁），声转电（话筒）⟷电转声（听筒）。

从已有事物的另一属性，反转过来，发现或创造一种新的产品或技术的方法称作状态反转。例如，日常生活中圆珠笔的漏油是一直难以解决的难题，人们认为是由于钢珠的磨损造成的，因而许多科学家、工程师、发明家都在考虑在强化钢珠硬度、耐磨性上花费极大精力，但处于当时条件下，材料上难以突破。难道除了提高钢珠硬度、耐磨性之外就别无他法了吗？日本一位发明家想了一条与常人不同的思路——钢珠磨损后笔要漏油，但如果钢珠磨损后笔管中已没有油可漏了，这个问题不就解决了吗？他买来大量圆珠笔，反复使用，统计出常用圆珠笔写了多少字、用了多少油开始漏油的规律，采用在管中定量灌油的方式解决了圆珠笔的漏油问题。不从常人强化钢珠的方向思考，而是从油上动脑筋，使难题得以解决。

总之，当思考的问题用常规方法得不到解决时，应考虑转换思考角度、缺点逆用等思维方式来重新思考，这是人们在创新时常用的方法。

（二）侧向思维

侧向思维与逆向思维一样，都是相对常规思维活动而言的。它们的区别在于：逆向思维在许多场合表现为与他人的思维方向相反，但轨迹一致，而侧向思维不仅在方向上，而且在轨迹上也有所不同，偏重于另辟蹊径。

在日常生活中常见人们在思考问题时“左思右想”，说话时“旁敲侧击”，这就是侧向思维的形式之一。在视觉艺术思维中，如果只是顺着某一思路思考，往往找不到最佳的感觉而始终不能进入最好的创作状态。这时可以让思维发散，有时能得到意外的收获，从而促成视觉艺术思维的完善和创作的成功。这种情况在艺术创作中非常普遍。达·芬奇创作《最后的晚餐》时，出卖基督的叛徒犹太的形象一直没有合适的构思。他循着正常的思路苦思冥想，始终没有找到理想的犹太原型。直到一天修道院院长前来警告画家，再不动手画就要扣他的酬金。达·芬奇本来就对这个院长的贪婪和丑恶感到憎恶，此刻看到他，转念一想，何不以他作为犹太的原型呢？于是他立即动笔把修道院院长画了下来，使这幅不朽名作中每个人都具有准确而鲜明的形象。在一定的情况下，侧向思维能够起到拓宽和启发创作思路的重要作用。

侧向思维一般在下述两种情况下常用：第一种情况是实现目标的途径相当明确，原有各种思维方式、思路、方法均可达到既定目标，但由于人的习惯思维，尽管原方法有优有劣，但往往总是死抱住一条路不变，在这种情况下就必须果断寻找新途径。例如要剪一圆纸板，通常先在纸板上画出一个相应直径的圆，再用剪刀仔细剪下，花费时间较长。有人想到用圆规画圆，把圆规的笔尖改装为小刀片，则成为一个很好的切圆片专用工具，不同方法解决了同一问题，还节省了时间。

第二种情况更为多用，为解决某一问题孜孜以求，朝思暮想，但按常规方法却难以完美解决，这时不妨转换一下思路，从与自己研究无关的领域中寻找解决的方法，或者请“外行”来参谋，出点子，或许很容易就能解决问题。例如大家比较熟悉的鲁班发明锯、莫尔斯发明电报就是这种思维的典范。

侧向思维是进行创新的有效思维方式，尽量利用已有新技术及邻近领域的成熟技术以图从别人想不到的角度观察、分析，达到解决问题的目的。

（三）求异思维

善于“标新立异”是发明家的共同之处。这就需要我们有一种求异思维，在常人习以为常的工具、用具、方法中标新立异，创出新品。求异思维的关键在于不受任何框架、任何模式的约束，能够突破、跳出传统观念和习惯势力的禁锢，从新的角度认识问题，以新的思路、新的方法创造人类前所未有的更好、更美的东西。日常所说的“出奇制胜”，就是求异思维，使“圆变方，纵变横，平面变立体，飞机入水，船上天”。例如手机制造，屏幕越来越大，功能越来越强，成本越来越高。有厂家推出功能减少、使用方便、价格低廉的手机，就是求异思维的结果。

求异思维的主要规律和方法是对比联想。对比联想常常与客观事物之间的对比、语言学中的反义词有关系，正如上面所说的方与圆、纵与横、平面与立体、红与蓝、黑与白、天与地、大与小、长与短、宽与窄、厚与薄、高与矮、多与少、导体与非导体、金属与非金属、正与负、强与弱、加与减、乘与除、交流与直流、脚与手，以及名词、动同、形容词等都是对比联想的素材，可用于开启求异思维的思路。

（四）类比思维

类比思维是一种逻辑思维方式，人们通过类比已有事物开启创造未知事物的创新思路。它把已有的事和物与一些表面看来与之毫不相干的事和物联系起来，寻找创新的目标和解决的方法。

常见的方式有：形式类比、功能类比和幻想类比等多种类型。

形式类比包括形象特征、结构特征和运动特征等几个方面的类比，不论哪个形式都依赖于创造目标与某一装置或客体在某些方面的相似关系。如鸟的飞行运动制成了飞机；飞机高速飞行时机翼产生强烈振动，有人根据蜻蜓羽翅的减振结构设计了飞机的减振装置。

功能类比是根据人们的某种愿望或需要类比某种自然物或人工物的功能，提出创造具有近似功能的新装置的方法，这种方法特别在仿生学研究上有广泛应用，例如鳄鱼夹、各种机械手等。

幻想类比是根据幻想中的某种形象、某种作用、运动装置进行发明创造的思维。例如《海底两万里》的作者幻想了一种能长时间在海底活动的潜艇，经过几十年的努力后制成的现代潜艇即是这种幻想的实施。当然，一项成功的发明也可以是以上多种类比的综合，如各种机器人的出现绝非是一种单纯的创造性思维所能奏效的。

培根有句名言："类比、联想支配发明。"培根把类比思维和联想紧密相连，有类比更需要联想，不论是寻找创造目标，还是寻找解决方法都离不开联想的作用。要用好类比思维，应该提高联想能力，特别是掌握相似联想，是用好这一思维的重要条件。

（五）综合思维

学习物理我们知道，不同方向的力能够产生合力。在发明创造中，同样可以把几个不同的主意融合起来，取其长处，相互补充，组合起来，用以解决一个难题或者完成一件作品，这就是综合思维，又称集中思维。

综合思维可以综合多种方法，对原理、设计、结构进行合理改进、互补、综合，达到理想目标。近年来普遍使用的"头脑风暴法"和常说的"三个臭皮匠，抵个诸葛亮"等就是这种思维的具体应用。

综合思维可在下列两种情况下使用：第一种情况是几个设想并无矛盾，分别可用在作品的不同部位，只需简单组合即可。另一种情况是几个设想集中在同一部位，相互之间各有长短，这时你就必须下一番功夫把它们各自具有的长处结合而消除弊端，就好像是几个分力使它们作用在同一直线上，你必须把它们合理安排，使它们能最大程度地达到你所想得到的效果。

（六）发散思维

围绕一个问题，突破常规思维的束缚，沿不同方向去思考、探索，寻求解决这一问题的各种可能性，由一点到多点的思维形式就叫做发散思维，又称扩散思维、多向思维、辐射思维。通常人们考虑问题，总是由提出问题的起点到解决问题的终点，喜欢按一条思路进行，走不通就打住，问题被搁置。也许，换一个思路从多个不同角度去考虑就能够很容易解决问题。思维扩散的范围愈广，产生的设想愈多，解决问题的可能性就愈大。面对一个新方法、新技术、新规律、新产品、新现象，对一个训练有素的创新者，他会考虑能否有其他更多的用途，制作更多类型的作品，设计新的装置，开创一个个新的技术种类，一项项新的系列化产品，一片片新的应用领域。

发散思维的常用操作方式有：材料发散，就是用某种材料为基点，设想它的多种用途，并对材料的各种专用特性进行研究、改进，达到要求的目标，如纸，可写字、包装、制作玩具、引火等；功能扩散，以某种事物的功能为扩散中心，设想这种功能的其他用途，如灯，可发热、发光、取暖、烘烤、发信号等；形态扩散，以某种事物形态（颜色、形状、声音、气味等）为扩散中心，设想出能被利用的各种可能性，如钉子，可钉木板（把两种材料连接，挂物体）、钉墙面（水泥钉）、钉塑料（热固化材料，补洞等用）、钉鞋（防滑）、做钉耙（工具）等。

发散思维与综合思维不同，综合思维由多点集中到一点，而发散思维是由一点扩散到多点。应用发散思维，首先应寻找合适的发散源，掌握发散源的科学原理、技术基础，寻找新的应用领域去创造、去发明、去制造社会所需要的新产品。1898 年，居里夫妇发现了放射性元素，自此以后，许多科学家采用他们的方法，又发现了一系列放射性元素，又有人在用途上动脑筋，使放射性由实验室走到工业、农业、医药、科研等领域，现在在育种、消毒、杀菌、治病、食品保鲜等方面都得到了广泛应用。

三、创新能力的提升

正如我们经常把创新与创业放在一起，创新型人才与创业型人才的区分也并不明确。作为大学生，在进行未来职业的选择时，并不是每个人都选择创业，但是我们每个人都应该努力成为创新型人才。现实中很多案例告诉我们，当你成长为一个出色的创新型人才时，创业只是水到渠成的事情。从能力的角度看，在现代人才的规格和素质要求中，创新能力被认为是一个人能力结构层次中最高层次的能力，具备不断创新的才能是未来人才素质的重要特征。可以说，创新能力将成为人们适应未来信息社会的急剧变化性和高度竞争性的一种生存能力，更是创业者披荆斩棘、开疆拓土时必须具备的核心能力之一。提升我们的创新能力，可以从以下几方面努力：

（一）培养创新个性

人没有个性，就没有创造性，就没有发展。创新个性就是在对待事物的态度方面，能具备从事创新活动所必需的、正常的、健全的心理。

一要树立远大理想和抱负，提高创新欲望。大学生要胸怀远大理想，要有立志为国家、社会作贡献的创新渴望。创新欲望越强烈，越利于激发创新激情与创新意识，活跃创新。

二要坚信自己具有创新能力。培养提高创新能力的首要心理条件，就是充分坚信自己具有创新潜能。坚定的创造信心，有利于增强锐意进取、百折不挠的意志，促进创新思维和创新想象的活动。

三要培养探索问题的敏感性。大学生要培养自己对新生事物的好奇心和观察问题的敏锐性，逢事多问几个为什么，不要对什么事都习以为常，安于现状。要能及时发现和抓住新生事物的苗头，把握创新机会。

四要善于开动脑筋，保持思维的独立性，养成独立思考问题、解决问题的习惯。一个缺乏独立思考能力，习惯于附和多数、人云亦云的人，是很难有创新意识和创新作为的。

五要保持良好的竞争心态，积极参与竞争，在竞争中进行自我激励。

（二）消除主观障碍

影响大学生创新思维发展的障碍包括：受传统观念的束缚、不加批判的学习和固执己见等。这些都是大学生需要克服和消除的。

传统的理论、观点和方法，往往束缚人们思想，如果大学生在思考问题时，总是过于轻信教科书和迷信学术权威的观点，不敢超越前人半步，常纳入别人的思维轨道，就会阻碍自己的创造性思维。大学生在学习探索活动中，要突破传统观念的束缚，敢于对传统学术观点大胆提出质疑。

任何创新都是在继承基础上进行的，广博的知识基础能促进人的创新思维活动。但是，如果大学生在学习过程中，只继承不批判，机械地照搬别人的知识，就不利于创造性思维的发展。因此，大学生应保持思维的批判性，在学习前人的知识时做到批判地汲取。批判就是否定，而否定就意味着创新活动的开始。

固执己见、偏见和过于依赖、谨慎、谦虚、病态的安全感等不健康心理，都会阻碍大学生创造性思维的发展，应加以克服。

（三）优化知识结构

必要的知识储备是创新活动的重要前提。著名的生理学家巴甫洛夫曾对青年们说："你们要在攀登科学顶峰之前，务必把科学的初步知识研究透彻。"大学生应注重知识结构的建构与优化，应做到：

努力学习和掌握渊博的基础理论知识，力求融会贯通、化知为智。

努力拓宽知识面的同时，强化知识的系统性和整体效应。大学生除了要学好专业知识，还应对社会、经济、政治、人文、管理等方面的知识有所了解，掌握与专业相关的学科知识和技术要领，并注重各学科知识间的交叉、渗透与融合。

不断进行大容量的新知识储备。大学生要注重对最新理论、最新技术和最新信息的了解，不断探求新的知识，努力掌握社会、文化、科技发展的最新动向。

（四）掌握创新方法

学习和掌握一些科学的创新理论和方法，是培养提高大学生创新能力的关键途径。

科学的创新理论和方法是科学家们在长期的科学创造实践中探索总结出来的，对大学生创新能力的培养提高具有很强的指导意义。

一要掌握辩证唯物主义世界观和方法论，遵循辩证唯物主义的认识路线，用正确的认识论指导自己的实践，避免在创新活动中走弯路、误入歧途，否则，真理可能从自己的鼻子底下逃走。

二要学习有关创造学原理，掌握创新活动的内在机制、基本过程和内容，学会如何进行创新，同时还应掌握从事学科研究的一般方法、技能和规律，以提高科研能力。

三要学会用创新思维方法，如求异思考、求同思考、反向思考、联想思考、类比思考等创新思维方法。

四要掌握创新技法，如移植创新法、逆向创新法、外向创新法和极端化创新法等一些科学的创新技法。

（五）参加创新实践

社会实践是人类能动地改造自然和社会的活动，人类的实践活动具有能动性、客观性和创造性等特点。可以说，一切创新的内容都来源于社会生活，来源于社会需求。在校大学生应充分认识社会实践对创新活动的重要性，多途径参加社会实践活动，如积极参加社会调查活动、社会实习活动、课外兴趣小组活动，以及亲自参与科研课题的研究工作等。大学生通过参加社会调查活动，有助于了解和掌握现实生活中出现的新问题、新情况和新需求；通过社会实习，有助于发现现有的理论、观点和研究方法在现实条件下遇到的新挑战，为寻找“创新点”，确立“创新选题”创造条件；通过亲自参加科研课题的研究，有助于大学生对学过的知识进行综合与深化，在科研中提升知识。

另外，在实践方法上，一方面要坚持实践内容和形式的多样性，以实现多侧面、多领域锻炼；另一方面要强调实践的创新性，提高实践的层次，每一次实践不能只简单地重复过去，只有在内容和形式上都比过去有所发展，有所突破，才能有所创新。同时，大学生还应注意提高对每次实践活动的利用率，注重在群体实践活动中相互学习、取长补短，提高自己。

视野延展

改变世界的乔布斯

史蒂夫·乔布斯被认为是计算机业界与娱乐业界的标志性人物，同时人们也把他视作麦金塔计算机、iPad、iPod、iTunes Store、iPhone 等知名数字产品的缔造者。

1976 年，乔布斯和朋友成立苹果电脑公司，他陪伴了苹果公司数十年的起落与复兴，深刻地改变了现代通信、娱乐乃至生活的方式。2011 年 10 月 5 日他因病逝世，享年 56 岁。

乔布斯被誉为改变世界的天才，他凭敏锐的触觉和过人的智慧，勇于变革，不断创新，引领全球资讯科技和电子产品的潮流，把电脑和电子产品变得简约化、平民化，让曾经昂贵稀罕的电子产品变为现代人生活的一部分。

到目前为止，世界上还没有哪个计算机行业或者其他任何行业的领袖能够像乔布斯那样举办过一场万众瞩目的盛会。在每次苹果推出新产品之时，乔布斯总是会独自站在黑色的舞台上，向充满敬仰之情的观众展示又一款“充满魔力”而又“不可思议”的创新电子产品，他的发布方式充满了表演色彩。计算机所做的无非是计算，但是经过他的解释和展示，高速的计算就“仿佛拥有了无限的魔力”。乔布斯终其一生都在将他的魔力包装到设计精美、使用简便的产品当中去。

苹果精神的缔造者乔布斯去世了。乔帮主经历过痛苦的失败和辉煌的成功，他短暂的一生给人类留下无限精彩，他的名字跟创新连在了一起，他也让人们知道，一个企业家，原来也可以让全世界如此顶礼膜拜。

拓展训练

一、画桥

材料准备：准备一幅画。这幅画中有一座跨过河流的桥，或者只有河流没有桥，这幅画只需有半张 A4 纸的大小。

1. 把你准备好的画粘贴在一张空白 A4 纸的上半部分。

2. 如果你的画中有桥，请用几分钟时间在 A4 纸的空白处画桥，尽可能反映出桥的大部分特征；如果你的画中没桥，请用几分钟时间在 A4 纸的空白处画出一种过河的方法。

3. 讨论：

画桥的学生请回答：

（1）你如何起笔作画的？你看到了什么？（分析）

（2）你清楚最有可能从哪里开始画画吗？

（3）你假定的桥的材料、架构和功能是什么？

（4）你是否遵循了某种已有的方案？先画出线条，再看看比例，然后添加一些线条？

（5）你觉得这个任务是清晰的还是模糊的？

（6）如果有一个模型可供参考，是不是更有帮助？

（7）你知道画到哪里就可以结束了吗？

画出过河方法的学生请回答：

（1）你如何起笔作画的？你看到了什么？

（2）你想到了你对桥的一些认识和了解吗？（以往经验的反思）

（3）你清楚最有可能从哪里开始画画吗？

（4）你假定的桥的材料、架构和功能是什么？

（5）你是否遵循了某种已有的方案？

（6）你想要创建一座什么样的桥？是为人服务的，还是可以用于小动物、汽车、火车通行的？

（7）你作出了什么假设？

（8）你是否做过多次尝试（试验）？

（9）你觉得这个任务是清晰的还是模糊的？

（10）没有一个模型做参考，是不是感觉难以完成这个任务？

（11）当你开始画画时，你知道你想要的桥最终会是什么样子吗？

4. 总结：

这是一个关于创业思维的练习，我们可以了解到创造性思维和预测性思维的差异，体会到这两种不同的思维方法。预测性方法的本质是一种过程型方法，意味着按照一种线性模式进行创业，即识别机会、开发概念、评估和获取资源、发展企业，然后退出。而创造性方法则关注撬动已有的与“触手可及”的资源和关系，充分发挥它们的杠杆作用，以此作为新企业发展的路径，而不是依据已有商业计划去发现和获取资源。创造性思维包括创业试验和多种选择的开发，强调的是利益相关者如何基于习得的经验创造性地重塑创业项目。

二、创意传球游戏

道具准备：1、2、3 号球。

参加人员：分组，每个小组约 20 人。

游戏规则：每个小组分别配有 1、2、3 号球。将球按 1、2、3 号的顺序从发起者手里发出，最后按此顺序回到发起者手里。

在传递过程中，每一人都必须触及球，所需时间最少的获胜。球掉在地上一次额外加 10 秒。

注意：能不能再快些？最快的可能只需要 0.58 秒！做了才能成功，但最终的成功不是因为你做了，而取决于你怎样去做。发挥团队智慧，集合团队的创意，一件不可能完成的事情奇迹般的成功了。要想成功唯有敢于超越自己的思维。

思考题

阅读教材，搜集资料，深入探索，认真思考并回答以下问题，注意说明你的理由，形成自己的见解。

1. 作为大学生，为什么要创新？

2. 创新型人才具有哪些特点？

3. “创业者，必是创新者。”你如何理解这句话？

4. 创新对企业发展的重要性，表现在哪些方面？

5. 创新思维有哪些方法？

6. 如何提升自己的创新能力？

实践活动

纸飞机竞赛

活动前准备：以个人或小组（不超过 4 人）为单位，设计并创造一架纸飞机。这架飞机需要能够承载一元钱的硬币，在空中飞行尽可能长的时间。注意：

- 你可以单独工作或组成最多 4 人的小组，与小组相关的唯一要求是你们的飞机设计必须使用与小组人员同等数量的标准尺寸纸张（例如，一个 4 人小组必须在其设计中创造使用 4 张纸的飞机）。
- 飞机必须被设计来运输一元的硬币，你可以选择使用硬币的数量和面值，唯一的限制是它们的总价值必须是正好一元钱。
- 你或小组需要准备 2 分钟的演讲，来说服你的同学相信你的设计最好。

活动开始：

1. 向同学们推销你的创意，时间严格限制在 2 分钟内。

2. 记录下你认为会在每个指标（距离和时间）上表现最佳的设计的投票。只允许在每个指标上投票给一个小组，但不要求在每个指标上都投票给同一小组。注意不能投票给自己。

3. 实际飞机测试。每小组找一个人投掷飞机，记录下飞行的时间和距离。

4. 请飞行表现不同的几个小组，分享他们设计的流程和心得。注意他们是如何把局限转化成机会，如何从失败中得到教训的。

- 你如何看待硬币的问题？将其视为负面局限吗？为什么？将其视为一个机会并将其纳入到设计中以改进飞机性能吗？
- 你如何努力让自己的设计和别人不同？
- 你试图在时间或距离上优化飞机或者二者兼得吗？
- 你制作原型并测试设计吗？

5. 讨论有效推销的特点。需要理解创业者以及对投资者推销的重要性。对于初创企业来说，投资者一般会注意创业者及其“推销”创意的能力，以及其演讲的能力和信心。

- 努力将你的设计“推销”给你的同学，感觉如何？最大的挑战是什么？
- 你如何决定投资？他们展示概念的方式有多重要？信心有多重要？演讲或创业者引人入胜的地方是什么？
- 你如何看待投票或不投票给你的人？为了改进你的演讲，你会做什么？

第三章　创业思维与创业精神

学习目标

1. 了解管理思维、创业思维与创造力的含义。
2. 能够建立起基本的创业思维。
3. 了解创业驱动力，能够理清自己的创业动机。
4. 了解创业目标的重要性，能够确定比较明晰的创业方向。
5. 感悟创业精神，培育自己的创业精神。

第一节 创业思维与创造力

一、管理思维

管理思维是社会组织的管理者为实现本组织的既定目标，在对其管辖范围内的人、财、物进行计划、组织、协调、控制过程中的心理智能活动。简言之，管理思维就是指与管理行为相伴而生的思考活动，亦即管理者在履行各项管理职能过程中的思考活动。

作为创业者，首先必须具备基本的管理思维，掌握必要的管理知识和技能，同时，在实践中能够将所学的知识和技能灵活运用于各项工作，从已有的成功和失败的经验教训中，从自身的实践参与中，逐步具备创业者的素养和能力。当然，中国的创业教育刚刚起步，还没有形成成熟的模式，创业也不是完全从教科书中可以学到的，财务、金融、战略规划等，需要不断实践积累，在交流与互动中完善。大学生创业者提升管理思维的重要性，表现在以下方面：

（1）以自我成长为中心，促进个人素质、知识、能力协调发展；

（2）以创业为导向，提升自己的创业胜任力；

（3）以管理学理论体系为基础，学习与实践相结合，掌握管理知识，进行创业实践；

（4）以管理实践活动为抓手，提高自己的团队合作能力、领导能力和解决实际问题的能力。

二、创业思维

创业思维可以从两个角度来理解，一是指创业者应该具备的思维方式，即创业的意识；二是通过研究成功创业者的行动，发现尽管其行动存在差异，但在思维方式上却具有显著的一致性，这是一种截然不同于一般管理思维的思维方式，称之为创业思维。

（一）创业意识

创业思维是创业者准备或正在实施创业的过程中的思考活动。主动的、积极的创业思维可以推动创业者的创业实践，是从事创业活动的强大内驱动力。

大学生创业的症结在于绝大多数人创业时对创业没有清晰的方向，在创业过程中缺乏来自环境的有益帮助。创业与在学校做研究课题不同，需要面对纷繁复杂的事物和关系。现今，我们每位大学生创业还需要更多的扶持，这不是手拉手的“搀扶”，而是需要一个能力的“支点”。

大学生通过课程、讲座、培训等方式，如通过“如何产生你的企业想法”“如何创办你的企业”“如何发展你的企业”“什么是风险投资”“如何组织团队”等课程，进行创业思维、创业能力的训练，可以产生创业想法，增强创业的信心。

要想取得创业的成功，创业者必须具备自我实现、追求成功的强烈的创业意识。强烈的创业意识，能帮助创业者克服创业道路上的各种艰难险阻，将创业目标作为自己的人生奋斗目标。创业的成功是思想上长期准备的结果，事业的成功总是属于有思想准备的人，也属于有创业意识的人。

（二）区别于管理思维的创业思维

创业思维是一种行动导向的方法，体现了实用主义的哲学思想，认为新的投入（知识、信息、资源、网络和行动）会拓展我们对机会的认识，强调创业团队中所有成员的共同创造。诺贝尔经济学奖得主赫伯特·西蒙教授的关门弟子 Saras D.Sarasvathy 经过十余年的研究总结，提炼了创业思维的五大原则，对于创业者具有重要指导作用。

1. 二鸟在林，不如一鸟在手

按照这种原则，创业并非起始于对机会的识别和发现，或者预先设定目标，而是首先分析你是谁，你知道什么以及你知道谁，即了解你自己目前手中拥有的手段有哪些。创业行动应该是手段驱动，而不是目标驱动；创业者应该运用各种已有手段或手头资源来创造新企业，而不是在既定目标下寻找新手段。

2. 可承受损失

创业者必须首先确定自己可以承担的损失以及愿意承担的损失有多大，然后才投入相应的资源，而不是根据创业项目的预期回报来投入资源。在采取每一步行动之前，创业者都应该只付出自己能够承担并且愿意负担的投入，否则就跟赌徒差不多了。在考虑投入时，应该综合权衡各种成本，包括金钱、时间、职业和个人声誉、心理成本和机会成本等。

3. 吸引更多的人加入进来

寻找愿意为创业项目实际投入资源的利益相关者，通过谈判、磋商来缔结创业联盟，建立一个自我选定的利益相关者网络，而不是把精力花在机会成本分析上，更不要做竞争分析。联盟的构成决定创业目标，随着联盟网络的扩大，创业目标也会不断发生变化。

4. 柠檬水原则

西方有一句谚语：“如果生活给了你柠檬，就把它榨为柠檬汁。”这实际上是要求创业者以积极的心态主动接纳和巧妙利用各种意外事件和偶发事件，它们在创业途中无法避免，不应消极规避或应付。在创业过程中，你采取的行动很可能不会带来你期望的结果，这时需要友好对待，否则将会错失某些重要的东西。很多时候，意外同时也意味着新的机会。当然，意外也可能意味着问题。如果可能，解决这个问题，你的解决方案会变成你的资产。假如这个问题会永久存在并且你无法排除，那么它将成为你采取下一步行动的已知事实基础。

5. 飞行导航员原则

创业者不应该把主要精力花在预测未来上，而是要采取行动。未来取决于你现在做了什么，很多看似不可避免的发展趋势或许是可以改变的，但前提是你得采取行动。当然，并非全部创业者都要采用创业思维来开展行动，毕竟不是所有创业活动都会面临高度不确定性。很多时候，需要把管理思维和创业思维结合起来。

三、创造力

顾名思义，创造力就是创造的能力。我们应该认识到：正常的人都具有创造潜力，只是由于一系列主客观因素的影响，这种潜力没有充分地表现出来。从创业的角度来看，创造力是创业时代的原动力，可以从如下几个方面来理解：

（1）创造力是正常人在科学发现、技术发明、技术创新、文艺创作、经营创业等创造性活动中形成和表现出来的各种积极的个性心理特征的总和，它决定了产品的水平和数量。

（2）创造力不是个别天才人物所独具的神秘能力，而是每个正常人与生俱来的潜能，通过培训可以大幅度地被激活和提升。

（3）创造力是在创造活动中形成的，先天的某种禀赋只为创造力的形成提供前提，环境、实践、教育和主观努力对创造力的形成和发挥都有重大影响。

（4）只有在特定的创造性活动中，创造力才会充分表现出来，即使是具有很高创造力的人也不会在任何活动中都表现出创造性品质。

（5）创造力是指有利于实现创造目标的积极的心理特性，而无能、无为、保守、悲观等消极表现则不属于创造力的范畴。

（6）创造力的基础是知识。知识分两大类，一类是基础知识、专业知识和交叉学科知识，另一类是属于创造技能和创造技法方面的。创造技能综合反映人的智力技能、感情技巧和动作技能的综合水平，目前我国大学生总体创造技能水平高，但动手操作能力欠佳。创造技法是解决问题的路径和利剑，人类最有价值的知识是方法的知识，掌握技法，创业就业者将会受益终身。

（7）创造欲望和创造思维是创造力的核心，它们是个人开发创造力的具体表现。

（8）学生的个性品质包括奉献精神、独立精神、合作精神、学习精神和心理结构、能力结构等，这些都会影响其创造力的发挥。

（9）哲学思维是攀登科学顶峰的指路灯，提高创造力始终离不开加强对哲学基础理论的学习。

（10）健康的体魄、外语能力和表达能力同样是培养大学生创造力不可缺失的条件。

第二节　创业驱动力

一、创业驱动力

创业动机是指引起和维持个体从事创业活动，并使活动朝某些目标迈进的内部动力。它是鼓励和引导个体为实现创业成功而行动的内在力量，是推动个体或群体从事创业实践活动的内部动因，是使主体处于积极心理状态的一种内驱力，常被形象地称为创业驱动力。

一般来说创业驱动力包括实现创业想法、获得成就认可、成为成功人士、实现财务自由、彰显人生价值，等等。根据美国学者艾克·奥提奥（Erkko Autio）等人的研究结果，创业的动机大体上可以归为以下四类：对成就的需要、对独立性的偏好、控制的欲望、改变家庭和个人的经济状况。

我国大学生的创业动机根据各个时期的社会状况、思潮观念的不同而呈现出不同的特点。在当今社会，创业活动对经济与社会的推动作用、对眼前生活的颠覆与改变有目共睹，创业者不仅通过创业为自己积累了大量的财富，同时也在创新与实践之间搭起了一座积极的桥梁，对大学生起着示范感召的影响。对大学生来说，如何把青春的激情转变为创业行为的驱动力，需要我们在日常的学习和生活中逐渐培养，我们可以着重关注以下两个因素。

一是个人成长因素。个人的价值追求是创业中重要的驱动力，一般表现为个体的冲动，当个人对自己的人生成就具有较高的期望时，创业作为一种职业选择就会对人产生强大的吸引力。此时，选择创业会为个人带来强烈的满足感。

二是团队合作因素。团队互补性越强，合作程度越高，创业者的创业冲动就越强。团队合作精神能够充分调动并发挥每一位合作人的热情，吸引其他人加入到团队中来；在强大的团队中，每一个人的个人能力得到放大，原本依靠个人不能完成的事情，在团队中会非常顺利地完成，在这种情况下，个人的价值追求会被唤起，会激发团队整体的创业驱动力。

视野延展

马斯洛需求层次理论

马斯洛需求层次理论可以帮助我们更好地理解行为动机，对照自己的实际情况，去探索创业驱动力。此处做一个简要的介绍。

马斯洛需求层次理论，亦称“基本需求层次理论”，是行为科学的理论之一，由美国心理学家亚伯拉罕·马斯洛于1943年在《人类激励理论》论文中所提出。

按马斯洛的理论，个体成长发展的内在力量是动机。而动机是由多种不同性质的需要所组成，各种需要之间，有先后顺序与高低层次之分；每一层次的需要与满足，将决定个体人格发展的境界或程度。

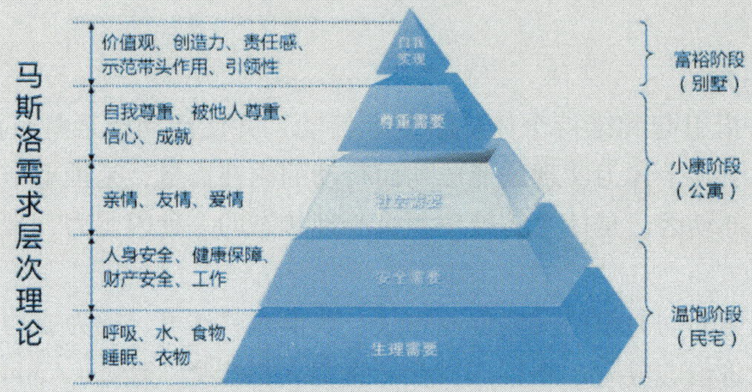

马斯洛认为，人类的需要是分层次的，由低到高。它们是：生理需要、安全需要、社会需要（一般也译为“归属与爱”）、尊重需要、自我实现需要。

1. 生理需要

生理需要是人类为了维持生命最基本的因素，也是需要层次的基础。若衣食住行、空气和水等都得不到满足，人类的生存就成了问题。马斯洛认为，当这些需要还未达到足以维持人们生命之时其他需要将不能激励他们。他说：“一个人如果同时缺少食物、安全、爱情及价值等，则其最强烈渴求当推对食物的要求。”

2. 安全需要

当一个人的生理需要得到一定满足之后，他就想满足安全的需要。即不仅考虑到眼前，而且考虑到今后，考虑自己的身体免遭危险，考虑已获得的基本生理需要及其他的一切不再丧失和剥夺。例如：要求摆脱失业的威胁，要求在生病及年老之时生活上有保障，要求工作安全并免除职业病的危害，不希望接触严格的监督及不公正的待遇，希望干净和有秩序的环境，希望免除战争和意外的灾害，等等。

3. 社会需要

当生理及安全需要得到相当的满足后，社会需要便占主导地位。人类是有感情的动物，他希望与别人交往，避免孤独，希望与伙伴和同事之间和睦相处，关系融洽；希望归属于一个团体以得到关心、爱护、友谊和忠诚。人之所以要归属于一个整体，是因为人们有一种把自己信念相同的人找出来的倾向，以此来肯定自己的信念，特别是当一种信念岌岌可危时尤为如此，这时他们便聚在一起，并试图对所发生的事态及他们的信仰达成一个共同的认识。社会需要比生理和安全需要来得细致，每个人之间的差别性也比较大，它和一个人的性格、经历、教育、信仰都有关系。

4. 尊重需要

当一个人开始满足归属感的需要以后，他通常不再满足于做群体中的一员，而是开始追求自尊和受人尊重需要的满足。尊重需要可以分为两个方面：其一，内部尊重需要。就是希望自己有实力，能胜任，能独立自主；对知识、能力和成就充满自豪感和自尊心。其二，外部尊重需要。即希望别人尊重自己的人格和劳动，对自己的工作、人品、能力和才干予以承认并给予公正的评价；希望自己在同事间有较高的地位、声誉和威望，从而得到别人的尊重并发挥一定的影响力。

5. 自我实现需要

这是人类最高层次的需要，当尊重需要满足以后，自我实现的需要就成为第一需要。自我实现的需要就是实现个人的理想和抱负、最大限度地发挥个人潜力并获得成就，实现自我价值。它是一种“希望能成就他独特性的自我欲望，希望能成就其本人所希望成就的愿望”。这种需要往往是通过胜任感和成就感来获得满足的。

马斯洛认为，在人的心理发展过程中，五个层次的需要是逐步上升的，具有递进的规律性。一般地说，当低级的需要得到满足以后，就失去了对行为的刺激作用，这时追求更高一级的需要就成为驱使行为的动力。但也不要过于拘泥地理解各需要的顺序。我们决不能以为只有当人们对食物的欲望得到了完全的满足，才会出现对安全的需要；或者只有充分满足了对安全的需要后，才会滋生出对爱的需要。因为并不是说在你处于生理需要这一层次的时候，安全需要就不存在，它们是同时存在的，可能生理需要此时是70%，而安全需要只有15%，只有满足了生理需要才会继而更多考虑安全需要。

二、创业的目标

对于创业者而言，创业之前的思考是非常必要的，你对自己的目标有没有系统的思考，有没有和自己的人生规划结合起来，你有没有问过自己你为什么要创业，你是否有足够的决心，你想要完成怎样的目标，你做了什么样的创业准备等。这些系统的思考，会让你重新审视自己对创业的内心看法。

不同的创业目标，将对创业活动带来不同的影响。例如一部分创业者认为，创业就是为了要享受，或者过上奢华的物质生活及满足自己的各种享受。很多人有了钱就开始肆意挥霍，什么事情都敢做，不顾社会道德，失去了社会良知。这些都应该被唾弃，这些都不是正确的创业目标。一个人创业的目标不纯正，那么就可能走上歧路，他也不可能走得很远。

正确的目标应该和正确的人生观、世界观和价值观结合在一起，要同社会道德紧密结合，要和家庭幸福结合在一起，要阳光而充满活力，要不仅仅关注小我，还要造福他人和社会。正确的创业目标应该把个人的前途命运同国家的前途命运结合起来，把个人的奋斗融入社会的奋斗之中。正确的创业目标包括四个层次：

第一，满足个人的自我成长要求，实现自我价值。创业是一个人实现自我价值的途径之一，让自己不断成长，获得新的人生体验这是最基本的。

第二，惠及亲人和朋友。由于自己的创业，不断努力的成就，赚取阳光下的财富，能够让家人过上幸福安逸的生活，让他们享受生活，享受生命的快乐。创业也能去不断帮助朋友，帮助自己身边的人，这样才是真正开心的事。

第三，惠及社会和大众。一个创业成功者，应该把社会责任当作自己的责任，当自己有能力的时候，去帮助那些需要帮助的人，帮助弱势群体，通过自己的奋斗，惠及更多的人。

第四，造福国家、民族和人类。为国家的发展、民族的发展、世界的和谐发展作出自己的贡献。一个创业者的目标的层次定得越高，他的成就就会越大，企业就会越持久。

创业者要为自己制定明确的目标，以鼓励自己为之奋斗，这其中包括财富目标，但不应仅仅定位在赚钱上，而应该树立综合的创业目标，以时刻激励自己去发挥自己的潜能和创造力，成为一名成功的创业者。

视野延展

从天才少年到30岁破产①

王晨昀是网星点康创始人，网星商城于2011年创建，2012年12月28日正式改名为“网星点康”，王晨昀说要把网星点康做成“健康产品领域的大众点评”。

网星点康这几年来借着健康产业兴起的趋势快速发展，王晨昀对大健康的趋势判断非常明晰，并且有执行力。让人无法想象的是，这位思维清晰的成功创业者，在几年前曾经“癫狂”过——他曾因管理无度而荒废事业，因为挥霍无度而导致自己在三十岁时把几千万元身家毁于一旦，只能靠借钱度日。

虚荣与无度

王晨昀这么描述自己的而立之年：“对于自尊心和极要面子的我，实在是一生难忘的打击。”

王晨昀15岁开始互联网创业，被人们称为“网络传奇少年”，18岁就赚到数千万元，后来卖礼品、卖健康商品让他赚取了更多财富。王晨昀的故事就像传说中互联网创业故事一样美好，他自己也在美梦中不断膨胀，直到它像泡沫一般破裂。王晨昀描述那段疯狂的日子：“那时我虚荣心爆棚，感觉能够看懂绝大部分的项目，时间利用非常好，安排能够很合理。于是拿着多年的积蓄作为

① 来源：http://www.iheima.com/top/2014/0911/145597.shtml. 原标题：《连续创业者王晨昀自述：从天才少年到30岁破产，创业必须专注》。

天使投资人到处投资，一共投了19个项目，除了电子商务、互联网外，还包括旅游、珠宝、影视传媒、女子学院，等等，自己又不去管理这些公司，不去与员工开会，和股东开会也很不尽心，长时间不进公司。同时外面又瞎玩，开豪车，请了司机、3个美女助理……”

曾经王晨旳以认识各路大咖为荣。美国那些上市的中国概念股的公司里，大概至少有一半公司的创始人是王晨旳认识的。以前每年王晨旳都会在上海搞一场全国的互联网大会，每次都至少1000人参加，还搞了一堆华而不实的组织、商会——这就是曾经的王晨旳。

生活中没有美梦，最终王晨旳受到了该有的“惩罚”。“结果被有些投资公司的CEO架空掉，资金链也断掉……最后我把自己所有车子、房子都卖光，甚至连父母唯一一套房子都卖掉了。”不专注让王晨旳失去阵地，作为一个连续创业者，他曾经失去了创业者最该有的专注和谦虚。

专注才能成功

王晨旳现在已经开始专注于自己的事业，曾经的失败让他反思，他说：“我已经有差不多2年多没有见过什么人了，一直是两点一线地忙事业，公司—家里—家里—公司。的确生意上有很大起色，不但在10个月内还清了债务，还能够让我在真正意义上沉淀下来。”

王晨旳现在所有饭局、酒局、社交活动几乎都没有了。现在的王晨旳，结束掉所有的其他公司，该退出的退出，该退股的退股。只有一个公司，一个项目，就是网星点康——健康领域的大众点评。王晨旳准备在这个领域里专注十年，公司所有人挤在一个小办公室内，商住两用楼里——不再追求高大上。

关于创业，王晨旳说：“从15岁创业至今18年时间了，33岁，马上就要34岁了。这么多年，一直在创业，连续创业。这么多年经历了很多，几乎一个人在创业过程中的每个环节（除了上市和退市）都经历过了。要说帮助当然有很多，现在创业我心态更平和，人脉也足够，经验也足够。以前的创业经验也能让我减少很多的试错走弯路的过程。”

王晨旳总结创业感触，有以下几点：

专注，要集中所有的时间、精力、资源、人脉做一件事。譬如我现在只做网星点康一个公司，其他再好的项目，再有诱惑的项目，也不去关心。

盈利，必须保证公司能盈利。网星点康目前依靠投资商的钱不盈利，但在电子商务事业部这块是有收入的。

自己必须在第一线，这也和我以前的创业经历有关，我以前的公司自己长时间不去，有自己被人架空的事例。所以创始人必须去公司，不能做甩手掌柜。

最重要的是不能浮躁、不能虚荣，脚踏实地地做好每一件事情。很多人创业失败，是因为公司以外的事情的拖累，譬如过多的社会活动，譬如业余太花时间精力的喜好。

编者点评：对于一艘盲目航行而没有目的地的船来说，任何方向的风都是逆风，再充足的马力也失去意义。如果你的汽车没有目的地，油箱再满也起不到任何作用。公司也一样，目标意味着其存在的价值和努力经营的方向，如果没有或者失去目标，那公司将永远困在前进的迷雾当中被对手超越。

第三节　创业精神

一、创业精神的内涵

（一）创业精神的含义

创业精神通常被人们称之为企业家精神，它是创业者在创业过程中表现出来的诸多精神品质的概述。关于创业精神包含的内容，有很多说法。大多数经济学家都认为：创业精神是在各类社会中刺激经济增长和创造就业机会的一个必要因素。20 世纪的经济学家约瑟夫·熊彼特，将创业精神看作是一股“创造性的破坏”力量。新古典经济学的奠基人马歇尔认为，企业家精神是一种个人特征，包括“果断、机智、谨慎和坚定”“自力更生、坚强、敏捷并富有进取心”“对优越性的强烈渴望”。经济学家坎迪隆和奈特认为：冒险是企业家精神的天性。

从更广泛的意义上看，创业精神并不局限于经济范畴。哈佛大学商学院将创业精神定义为“追求超越现有资源控制下的机会的行为”。他们认为，创业精神代表一种突破资源限制，通过创新来创造机会的行为。创业精神隐含的是一种创新行为，而不是一个特别的经济现象或个人的特质表现。谭劲松教授的观点：企业家精神是一种特殊的思维倾向，一种独特的世界观，一种积极的冒险精神以及自我实现和完善的终极手段。华为公司创始人兼总裁任正非则用狼性来比喻创业精神：企业发展就是要发展一批狼。狼有三大特性：一是敏锐的嗅觉；二是不屈不挠、奋不顾身的进攻精神；三是群体奋斗的意识。

（二）创业精神的作用

创业精神是发自创业者内在的一种精神，决定了创业是否会发生，决定了创业过程中在遇到问题的时候能否持续坚持，并最终取得成功。就个人层面而言，创业精神决定了企业发展速度的快慢，决定了企业发展方式，决定了个人创业成就的大小。从国家层面来讲，我国处于全面建成小康社会的决胜阶段，全民创业精神影响着如何实施创新驱动发展战略，使国家富强、人民幸福、社会和谐。因此，创业精神对创业至关重要。创业精神蕴含着一种力量，这种力量是源源不断、蓬勃向上的。常常表现为勇于创新、敢于冒险、善于合作、主动进取、意志坚韧，等等。这些品质显然不是在一朝一夕之间就可以提升的，需要在日常的学习与生活中有意识地培养，潜移默化地铸就。

（三）创业精神的来源

创业精神的来源主要有两个方面。一方面，来源于创业者主观上强烈的创业意愿与兴趣。创业者在正式创业前，在个人创业兴趣、成功价值观衡量标准、他人创业事迹、就业选择、经济发展变化、国家政策鼓励等多方因素影响下，会产生强烈的创业意识与动机。在这种创业意识的引导与影响下，创业者会不断赋予自己正能量，充分发挥自身潜能，调动有利情绪投身创业活动，即使面对风险与挫折，他们也能不断提示自己要坚持不懈、持之以恒。

另一方面，来源于创业者的客观实践。创业者追求理想与价值的实现是产生创业精神的主要来源之一。创业活动是不断参与社会实践的动态过程，为了企业的生存与发展，在激烈的竞争中胜出，创业者必须不断调整、充实、提高企业经营管理策略，以适应市场的需要。企业的不断发展离不开技术更新、产品更新，这种更新则源于企业领导者的意识创新。随着企业的不断发展，创业者的创业精神也会不断进步与提升，由量变累积逐步发生质的飞跃。

视野延展

首富的价值观[①]

“哈佛、耶鲁不如敢闯敢干”，“清华、北大不如胆子大”。从哈佛大学的演讲台到中欧国际工商学院的演讲台，王健林一再重复这样的句子。“王健林成功学”里，“创新，胆子大，敢闯敢试”排名第一，这是他的人生信条和价值观中最重要的一部分。

26年前，34岁的大连市西岗区人民政府办公室主任王健林接手了万达集团的前身——大连市西岗区住宅开发公司，这份闯劲为今天的万达商业帝国拉开了序幕。

他说自己不唯上、不唯书、不唯外国，怎么敢想就怎么敢做，“这是最重要的，没有这一点可能什么事都不行”。

光有胆量还不够，还要有坚持精神。王健林说，所有的创新都面临失败，都会有完善的过程，很多人经过一次或者几次失败就放弃了，只有执着地坚持，

① 来源：搜狐公众平台 2016-3-22。原标题：《王健林：清华、北大不如胆子大》

最终才能成功。

在王健林看来，中国现在缺生产资料等很多要素，但最缺的是企业家。而对于中国大学生的创业率，他显得忧心忡忡：“不到1%，是世界平均水平的十几分之一。而美国大学生有30%多，全世界平均百分之十几。这么低的创业率怎么可能出企业家？怎么可能成就梦想？”

王健林想告诉现在的年轻人，光有梦想不够，还要勇敢地迈出创业第一步，正如他经常提到的一句话：“清华、北大不如胆子大，你如果去试了，也许一半成功一半失败，但不试，成功的机会是零。”

二、创业精神培育

（一）强化创业意识

创业者在正式创业前，在个人创业兴趣、成功价值观衡量标准、他人创业事迹、就业选择、经济发展变化、国家政策鼓励等多方因素影响下，会产生强烈的创业意识与动机。在这种创业意识的引导与影响下，创业者会不断赋予自己正能量，充分发挥自身潜能，调动有利情绪投身创业活动，即使面对风险与挫折，他们也能不断提示自己要坚持不懈、持之以恒。创业者在创业实践活动中，不断扩展自己的视野，不断调整、充实、提高自己的能力，其创业精神也会不断进步与提升，由量变累积逐步发生质的飞跃。

（二）保持正向思维

“正能量”指的是一种健康乐观、积极向上的动力和情感，是社会生活中积极向上的行为。我们每个人都应该用“正能量”的思维去思考、去行动，创业者尤其如此。正向思维，既是一种处事的心态，也是一种处事的方法。创业从来不是一帆风顺的，难免遇到许许多多的曲折，需要我们具备强大的心理承受能力，懂得必要的心理调适方法，找到疏通自己心理困惑与焦虑的渠道。如果没有一颗忍耐孤独、直面挫折的强大心脏，又怎能够骄傲地迎接创业成功的辉煌与喜悦？

（三）培养创新能力

创新是创业精神的核心。德鲁克认为，企业家精神中最重要的就是创新。他认为，创业者不仅仅单纯指在经济活动中从事创新活动的人，无论他是做什么的，无论他是工人、农民、政府高官或者就仅仅是学生，只要他在创新，那么我们都可以称之为创业者。这种对于创业者的理解虽然有些夸大，但是这正是德鲁克强调的创新的意义。大学生要勇于有意识地突破前人，突破书本，突破老师，多参加创新创业的体验和实践活动，充分发挥自己的禀赋和潜能。

（四）提升整体素养

知识、能力与素质，反映我们的品质，决定我们的行动，也影响我们创业精神的养成。所以我们有必要从多方面提升整体素养，从而培育创新精神。例如，诚信是创业者的立身之本，亦可称为创业精神的基石。在创业者修炼管理艺术的所有原则中，诚信是绝对不能妥协的原则。市场经济是法制经济，更是信用经济、诚信经济。没有诚信的商业社会，将充满极大的道德风险，人为抬高交易成本，造成社会资源的巨大浪费。再如，越来越多的创业者选择团队创业，处理好团队成员之间的关系，打造良好的合作氛围，成为每一个创业者的必修课。合作，亦可称为创业精神的精华。尽管伟大的创业者表面上常常是一个人在表演，但真正的创业者必定是擅长合作的，而且这种合作精神需要扩展到团队的每个成员中。

（五）育成创业人格

人格特征对创业者来说是非常重要的。意志力、决策力、影响力等能力的提升与创业人格的养成是相辅相成的。作为创业者，应该主动树立足够高远的理想。一个具有强烈吸引力和使命感的梦想、目标，可以带领我们走得更远。比尔·盖茨在创业之初的梦想就是让每个家庭都能用上互联网；飞机的发明源于福特兄弟“人类也能在天空中像鸟一样飞翔”的梦想。历史上许多伟大的企业都是起源于创业者的一个伟大的梦想。坚强的意志，也是创业成功的有力保障。对信念的坚守、对事业的专注、对诱惑的拒绝，这些精神将帮助我们化解创业路上的风雨险阻，可以帮助我们走得更高。

视野延展

创业者都是冒险家

创业的过程绝不可能是一帆风顺的，如果没有无与伦比的创业精神，是无法在激烈的竞争中胜出的。只有经得起环境考验的人，才算是真正的强者。创业过程中，一定存在压力和困难，重要的是你能不能以一颗坚强的心去面对。创业之路实际上很残酷，就如马云所说：“对所有创业者来说，永远告诉自己一句话：从创业的第一天起，你每天要面对的是困难和失败，而不是成功。我最困难的时候还没有到，但那一天一定会到。困难是不能躲避的，也不能让别人替你去扛，任何困难都必须你自己去面对。”

美国安利公司董事长史提夫·温安洛先生曾讲过一个故事，阐述了他对创业精神的理解。温安洛 12 岁那年，父亲带着他们一家六口人到美国西部寻找机会，“当时坐的车是一部有 10 吨重、铁皮打造的小巴”。在前进的路上，一座摇摇欲坠的桥横跨在陡峭的峡谷上。“父亲是工程师，我们很信任他，但那个桥破旧得似乎能被一只停在上面的苍蝇压垮。”父亲停下车，查看了一下地形，他将车倒退了 100 米，然后加足马力，全力以赴地飞跃了那座破桥。“我当时坐在父亲旁边，今天我能站在这里，就是告诉大家我是达标的。”温安洛风趣而自信地说：“创业是要冒风险的，当然前提是盘算清楚，一旦决定，就要加快速度，勇往直前。”

有风险才有回报，风险越大，得到回报的机会也就越大。创业者在采取行动之前都冒着巨大的风险，换言之，选择成为创业者，必然是勇敢的冒险家。盲目的冒险没有好结果。有 4 种方法，可以让你在冒险的时候走正确的路。

1. 不要害怕失败

失败是必须的。社会告诉我们要害怕失败，但是我们还没有失败之前，绝对不要害怕失败。是个人都会犯错，时不时的犯错在所难免，关键是我们如何看待失败。失败给我们制造了机会，让我们吸取教训，让我们可以避免下一次的失败。而且成功路上没有失败，那么成功的取得也变得没有意思了。与其说害怕失败，不如开心地面对失败，因为它帮助你走向目标。

2. 不要惧怕成功

很多时候，不仅仅是失败会把创业者吓跑，来自成功的压力也会让创业者感到恐惧。从小人们就教育我们成功来之不易，不是所有人都可以成功，成功也意味着更多责任和义务。不少人因为这样或那样的原因，不愿意接受挑战，对出人头地感到害羞。但是请注意，所有人都应该成功。当你下一次想躲避风险的时候，想想那些没有躲避的人他们创业都快要成功了。

3. 不要被别人的质疑干扰

当你选择创业的时候，必定会有人对你的行为表示质疑，有时还会把你自己也绕进去。有些人的质疑只是单纯的嫉妒，但更多的是他们做不到，他们也害怕。我的建议是鼓励你验证一下他们所言是否属实，再做决定。但是绝对不要让质疑爬进自己的脑子里，不要让质疑的思想侵蚀你成功的欲望。

4. 计算风险

其实盲目冒风险的情况很少见，误打误撞的事也时有发生。就像做选择题，蒙对的几率也很大。但是如果你在做选择的时候多加思考，你选对的几率会更大，这跟创业一个道理。创业确实有风险，但是你仔细计算风险，并且合理地规避风险，选错的几率就小很多。

拓展训练

一、创业的第一天

假如你刚刚开始自己创业，今天是创业的第一天。你想成功，希望企业能发展壮大，肯定不愿意破产。你已经把自己的所有钱都投入到启动资金中，甚至借用了父母的积蓄。

你对产品和市场都有很好的创意，觉得这一切都很激动人心，看好它的发展潜力，可惜资金有限，如果必须马上启动，那么首先应该关注哪一点？时间该如何分配？作为创业者，你该优先考虑哪些因素呢？

你的回答没有对错之分，旨在让你的“创业思维”活跃起来。首先认真思考创业起步阶段真正该关注哪些因素。

二、拼图与做被子

准备材料：拼图玩具（每组 1 个，每个 300 个碎片）、织物碎条（大约每个人 6 条）、2 个房间（拼图房：房间内有与小组相同数量的桌子，桌上放着拼图；织物房：房间内只有 1 张大桌子，上面杂乱地堆放着很多不同颜色、纹理和尺寸的布条）。

1. 分组：学生分组，5—7 人一组。

2. 拼图：在拼图房，以小组为单位，开始拼图，要求越快越好。

3. 5 分钟后，每个小组都被抽调出一个志愿者进入织物房。要求他们完成新任务：构建一床被子的设计。这些人被告知：他们被任命为被子领导者，每个人需要在房间中选择一块空地独立设计一床被子造型，原材料就是从桌子上选择的 6 块布条，不能多拿或少拿，选择后不能更换。志愿者不需要把布条缝起来，只需按照自己的想法把布条摆放在地上进行创造。在后面的时间里，参与拼图练习的其他人会陆续进入这个房间并加入到他们当中进行被子设计。

4. 每隔 3 分钟，拼图房就要出来一位“志愿者”进入织物房，被告知可选择 6 块布条并加入他们想加入的任何一个已经有人在忙碌的织物房。随着更多人的加入，一些被子变得越来越大并且更具创造力。很快，所有的参与者都从进行拼图活动转为从事被子制作了。

5. 在所有人都走出了拼图房并进入织物房时，要求他们在 2 分钟内完成被子设计。

6. 集体讨论以下问题：

（1）有多少人更喜欢拼图？为什么？

（2）有多少人更喜欢设计被子？为什么？

（3）领导者：被子设计是如何形成的？

（4）团队成员：为什么选择某个小组而非其他小组？

（5）从拼图游戏转移到被子设计的感觉如何？

（6）两种练习分别需要何种类型的思维？

7. 结论：尽管参与者并没有意识到，但他们其实刚刚经历了一场从一般管理思维到创业思维的转换。

思考题

阅读教材，搜集资料，深入探索，认真思考并回答以下问题。注意说明你的理由，形成自己的见解。

1. 如何理解管理思维与创业思维的不同？

2. 我们应该如何培养自己的创业思维？

3. 大学生的创业动机具有哪些显著特点？

4. 我们应该如何管理自己的创业目标？

5. 创业精神中最重要的精神是什么？

6. 创业精神具有哪些作用？

实践活动

每个人都有创造力

行动前你需要明白：每个人都有创造力。尽管在我们的文化中艺术家通常被认为是最具有创造力的人，但是创造这种行为实际上是每个自然人天生所具有的潜能。这个活动将让你发现自己的天生创造力，建议和同学组成团队共同完成。

选择一种艺术形式（戏剧、绘画、雕塑、诗歌、音乐等），通过各种途径（找专家学习、报培训班、上网络课程等）去学习这种艺术。你的学习需要持续 1 个月，每周不少于 5 小时。你的目标是：开发出一个有创造性的艺术作品。

1 个月后，每个团队要使用选择的艺术形式进行一场展示（表演）。

最后，每个人要提交一份不少于 3000 字的反思报告来回答以下问题：

1. 在开始创造之前，你有哪些与这种艺术形式创造相关的假设？你现在对这种艺术性的创造感觉如何？

2. 描述在创造过程中有挑战性的某个方面或某一个时刻。

3. 你认为这种艺术体验与创业思维和创业行动之间的关联性如何？

下篇　实践篇

有些时候，生活会拿起一块砖头向你的脑袋上猛拍一下。不要失去信仰。我很清楚唯一使我一直走下去的，就是我做的事情令我无比钟爱。你需要去找到你所爱的东西。对于工作如此，对于你的爱人也是如此。你的工作将会占据生活中很大的一部分。你只有相信自己所做的是伟大的工作，你才能怡然自得。如果你现在还没有找到，那么继续找，不要停下来，全心全意地去找，当你找到的时候你就会知道的。就像任何真诚的关系，随着岁月的流逝只会越来越紧密。所以继续找，直到你找到它，不要停下来！

你们的时间很有限，所以不要将它们浪费在重复其他人的生活上。不要被教条束缚，那意味着你和其他人思考的结果一起生活。不要被其他人喧嚣的观点掩盖你真正的内心的声音。还有最重要的是，你要有勇气去听从你的直觉和心灵的指示——它们在某种程度上知道你想要成为什么样子，所有其他的事情都是次要的。

——乔布斯[1]

① 这段话出自 2005 年 6 月 12 日乔布斯在斯坦福大学毕业典礼上的演讲。乔布斯，苹果公司创始人，著名企业家。

第四章　创业者与创业团队

学习目标

1. 了解创业者的概念，明确创业者通常具备的素质和能力。
2. 了解创业动机的含义，培养积极的创业驱动力。
3. 掌握提升创业者素质与能力的基本方法。
4. 了解创业团队 5P 要素，认知团队创业的优势。
5. 领会创业团队组建的原则，掌握创业团队组建的方法。
6. 把握创业团队管理的基本策略，能够有效实施管理。

翻转课堂

应该请谁加入团队

王鑫的一个太阳能电池项目在全国创业大赛中获了大奖，并由此萌生了创业的想法。他想开一家公司，做生产型研发和技术验证，并且希望能以技术发明人的身份持有公司的一部分股份，作为公司的技术负责人在公司工作。但如何开公司，王鑫没什么经验，又不想在社会上找人。所以，他找来了几位同学，想一起商量一下该怎么办。请根据视频中几位同学在讨论过程中的不同表现，判断王鑫应该请谁加入他的创业团队。

观看案例视频后，你有什么感想？小组充分讨论，得出观点。

____

____

____

观看点评视频（或听讲），记录专家（或授课教师）的观点。

____

____

____

第一节　创业者

一、创业者的概念

“创业者”一词由法国经济学家坎蒂隆（Cantillon）于1755年最早引入经济学的领域。1880年，法国经济学家萨伊（Say）将创业者描述为将经济资源从生产效率较低的区域转移到生产效率较高区域的人，并认为创业者是经济活动过程中的代理人。到上世纪90时代，美国经济学家熊彼特提出：创业者应为创新者，具有发现和引入更好的能赚钱的产品、服务和过程的能力。可见，创业者的概念随着时代的发展逐渐地在演变。换句话说，关于“创业”的理解尚且多种多样，关于“创业者”的概念必然也有很多理解。

在欧美的经济学研究中，普遍将创业者定义为“一个组织、管理生意或企业并愿意承担风险的人”。在当代中国，随着创业大潮的风起云涌，“创业者”一词被赋予了更广泛的含义，有狭义和广义两种。狭义的创业者指参与创业活动的核心成员，是创业队伍的灵魂人物，如乔布斯、马云。广义的创业者是指参与创业活动的全部成员，如参与到乔布斯或马云的创业活动中的人，也都是创业者。

在创业者的范畴内，大学生创业者是一个鲜明且独特的存在。大学生创业者常常指那些有理想、有胆识、有抱负，对个人价值与社会价值有强烈渴望的在校大学生和毕业大学生。大学生在学校里学到了很多理论性的知识，具有较高层次的技术优势，一些风险投资家往往就因为看中了大学生所掌握的先进技术，而愿意对其创业计划进行资助。大学生思维活跃，充满激情，是最具创业活力的人群。当代大学生有创新精神，有对传统观念和传统行业挑战的信心和欲望，而这种创新精神也往往造就了大学生创业的动力源泉，成为成功创业的精神基础。大学生还可以在创业的过程中，提高自己的综合能力，增长社会实践经验，给予我们未来的职业成长之路更多的养分。

二、创业者的素质与能力

人是创业成功的第一要素，而创业者则发挥核心作用。创业活动是由创业者主导和组织的商业冒险活动。要成功创业，不仅需要创业者富有开创新事业的激情和冒险精神，面对挫折和失败的勇气和坚韧，以及各种优良的品质素养，还需要具备解决和处理创业活动中各种挑战和问题的知识和能力。

探索创业者需要具备的素质与能力，可以从成功创业者的身上去挖掘其特质。

这方面的研究很多，说法庞杂。著名管理学家拜格雷夫将创业者所需要具备的素质归纳为10D模式，即理想（Dream）、果断（Decisiveness）、实干（Doers）、决心（Determination）、奉献（Dedication）、热爱（Devotion）、周详（Details）、机遇（Destiny）金钱（Dollar）、分享（Distribute）。

在对创业者的研究中，关于成功创业者的RISKING素质模型①被广泛引用，如图4-1。

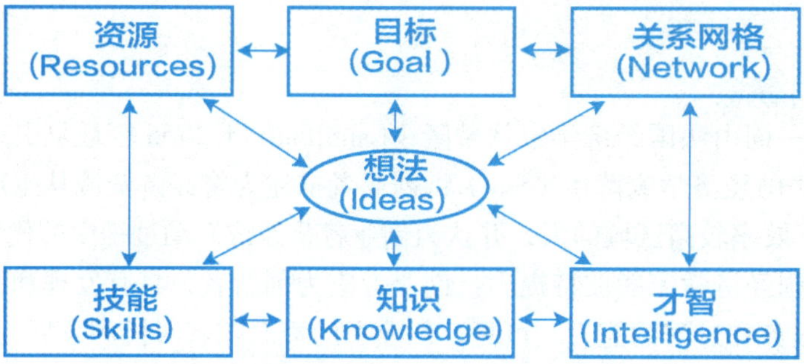

图 4-1　RISKING 模型

RISKING模型比较全面地展现了创业者需要具备的素质和能力，该模型也可用于评价创业者选择创业时哪些方面有优势，哪些方面有待弥补提升。具体释义，见表4-1。

表 4-1 RISKING 素质模型的要素及释义

首字母	要素	释义
R	资源（Resources）	包括人力、物力和财力在内的一切能应用于创业中的有形或无形的力量。最重要创业资源：好的项目、资金和人力资源。
I	想法（Ideas）	创业设想应具市场价值，能在一定时期产生利润。 具有现实可行性，能付诸实践。 应具新意，有创新，能抓住市场空间。
S	技能（Skills）	主要指创业者所需的专业技能、管理技能和行动能力等，如果个人不完全具备，但是团队之间能够形成技能互补，也是不错的能力组合。
K	知识（Knowledge）	主要指创业者所必须的行业知识、专业知识以及创业相关知识。例如商业、法律、财务等知识。良好的知识结构对创业者的视野开拓、才智发挥具有很高的价值。

① 该模型被广泛引用，但出处不明确，一般认为是来自我国管理学家丁栋虹的研究。

续表

I	才智（Intelligence）	主要指创业者的智商与情商，具体表现为观察世界、分析问题、思考问题和解决问题的能力。
N	关系网络（Network）	创业者需要良好的人际亲和力和关系网络，包括合作者、服务对象、新闻媒体甚至竞争对手。
G	目标（Goal）	创业方向和目标必须明确，并作出准确的市场定位，集中精力和资源朝着特定目标前进，认准了目标，执着于目标。

视野延展

伟大创业者的七个特质①

特质一：不屈不挠

创业是一场距离超长的马拉松赛，过程中充满了不确定性，只有排除艰难险阻才能取得最后的胜利。创业者不会因为比别人有更好的机会而赢得市场，也躲不过一些不可避免的错误。不屈不挠是创业最重要的品质。许多人创业都会遭遇到许多次失败，甚至每周都会遇到好几次。当失败发生时，就要重新开始。

特质二：激情

可能有些人会下意识地认为钱是成功创业者创业的动力。但实际上绝大多数创业者创业是出于他们对新产品、新服务的热情，或抓住了一些解决难题的机遇。他们这样做不仅可以让消费者买到物美价廉的产品，还能让人们过上更加舒适、安逸的生活。大多数创业者都有一种改变世界的信念。激情是支持创业的内在驱动力，它也是让创业者愿意不断付出的基础。

特质三：能承受不确定性

这种经典的特质如果用通俗的话来说，就是对风险的承受能力——能够承受不确定性带来的恐惧，并且能够承受潜在的失败。对恐惧的控制能力也是一项最重要的创业者特质。在恐惧中你可以选择放弃，也可以战胜它继续前行。

特质四：远见

有预测未知机遇的能力，同时也能预测他人不能预知的事情，这是创业者必备的特质之一。创业者的好奇心会帮助他们辨识出一些被忽略的市场机遇，这种好奇心会使其走在创新和一些新兴领域的前列。创业者能想象出另一个世界，把自己的远见有效地转化为一种切实可行的业务，随之就会吸引到投资人、客户和员工。创业者会碰到许多唱反调的人，为什么？因为创业者看到的未来和他们不一样，在未来还没有呈现之前创业者就已经预见到了。

①来源：《创业邦》2014年Z1期（作者：Joe Robinson）。

特质五：自信

自信也是创业者的关键特质。创业者必须坚信自己的产品是全世界需要的，发现市场机遇然后开拓新市场，在创业的过程中还要不断推翻现有的、普遍认可的东西。研究者将这种特质称为一种源自特殊使命的自信。有了这种信念，就算世界充满风险，创业者也可以做好充分的调查，有足够的信心完成任务，并把风险减到最小。

特质六：灵活性

实际上，创业的生存规则也像生命物种一样，都是建立在适应周围环境的基础上的。公司最终推出的产品或服务很可能不是你最初的计划。因此，灵活性会有助于创业者适应市场环境，应对大众多变的喜好。创业者必须心甘情愿地忠于自己，告诉自己“这是不可以的”，必须围绕着市场的变化进行调整。

特质七：打破常规

创业者存在的意义之一即否定已有传统智慧。实际上，简单来说，创业就是打破常规。据百森商学院的一项报告显示，只有13%的美国人最终可以进入到创业者的行列。做别人没有做过的事情，是创业者的一种天性，也是他们内在动力的源泉。

三、创业素质与能力的提升

立志创业的大学生，不妨通过以下途径和方法提高自己的创业素质与能力。

（一）通过学习积累创业知识

一个创业者，在具备了强烈的创业意识和较高的创业素质时，还应该有丰富的创业知识的积累。创业知识是与创业密切相关的知识，致力于创业的大学生应该有意识地去获取和学习，只有充分准备创业知识，才能在创业的路途上得心应手。创业知识包括与创业相关的法律知识、管理知识、经营知识以及与创业相关的专业知识等。

创业者除了在创业课堂中了解创业知识外，还可以通过专业学习拥有一门过硬的专业知识，在创业过程中将受益无穷；在大学图书馆通常能找到创业指导方面的报刊和图书，广泛阅读能增加对创业市场的认识；大学社团活动能锻炼各种综合能力，这是创业者积累经验必不可少的实践过程。

当下与创业相关的媒体资源越来越丰富，很多进行孵化或投资活动的公司也会提供与创业有关的资讯。书籍、杂志、网站、微博、公众号，都可以成为我们了解创业知识的渠道。多关注与创业有关的政策、新闻，或成功创业人士的案例，既可扩大我们的视野，也将帮助我们更好地理解创业。

创业或商业活动是无处不在的。你可以在你生活的周围，找有创业经验的亲戚、朋友、同学、网友、老师交流。在他们那里，你将得到最直接的创业技巧与经验。更多的时候，这比看书本的收获更多。你甚至还可以通过邮件和电话拜访你崇拜的商界人士，或咨询与你的创业项目有密切联系的商业团体，你的谦逊总能得到他们的支持。

（二）通过实践积累创业经验

真正的创业实践开始于创业意识萌发之时，大学生的创业实践是学习创业知识的最好途径。创业实践学习主要可借助学校举办的某些课程的角色性、情景性模拟参与来完成，例如积极参加校内外举办的各类大学生创业大赛、创业计划书大赛、发明专利展赛、工业设计大赛等。利用课余、假期参加兼职打工、求职体验、参与策划、参与市场调研、试办公司、试申请专利等活动，也可以帮助我们提升创业的实践能力。

微软公司总裁比尔·盖茨曾说："我不认为一定要在创业阶段开办自己的公司。为一家公司工作并学习他们如何做事，会令你受益匪浅，打好基础对我们非常重要。"大部分成功的创业者创业前都有过为别人工作的经历，这种经历使他们对本行业情况了然于胸，在复杂的人际关系中游刃有余，整合资源的能力大大提高，并有可能积累到人生第一笔创业资金和人脉，这些直接构成了创业者所需的宝贵的创业资本。

对多数大学毕业生来说，进入一个大型企业或外资公司是一个不错的选择，因为这样的企业相对来说比较正规，各方面保障措施和制度比较健全。但对准备创业的大学生而言，进入一个小公司可能会得到更好的锻炼。如果对创业的目标行业没有经验积累，最好先去找这种行业的某个企业打工，哪怕半年、三个月，完成一定的积累，真正地深入其中去了解行业，提升自己的创业能力。

视野延展

创业者需要学习的课程[①]

在商学院的模式中，创业者善于制定资产负债表、现金流预测和商业计划。他们梦想着盈利预测，并期盼着公司上市的那一天。这仅是重新设想世界的工具箱的一部分：它们不是创业者的代表性特点。商学院的问题在于，它们受控于并迷恋于事物的现状。它们鼓励你更深入事物的现状。它们会把你改造成为一个更好的企业人的范例。我们确实需要优秀的管理和金融技能，但我们也需要富有想象力的人。

因此，除了创业学等商学院的课程以外，这里还有9门需要创业者学习的课程。

讲故事。用不同的方法想象世界，并与他人分享这种远景的重要工具不是会计学，这更多的与讲故事的能力有关。讲故事强调的是你和你的公司的不同之处，而商学院强调的则是循规蹈矩。

①来源：新浪网 2010-06-23。原标题：《商学院从来不会教你的 10 门创业必修课》。

关注创造力。对于任何一位创业者而言，将创造力最大化和营造一个鼓励人们提出创意的氛围是很关键的。这意味着要建立开放的结构，这样才能对公认的思维发出挑战。

成为一位善抓机会的搜集者。当创业者沿着街道行走时，他们会展开联想，看看他们所看到的东西如何能与他们所做的事情联系起来。它可能是包装、一个词汇、一首诗或不同行业的某些东西。

根据乐趣和创造力来衡量公司。商学院着迷于衡量，结果是精于计算的毕业生相当多，但往往在业绩上进展甚微。在公司或其他地方，最重要的因素是不可数量化的。

做到与众不同，但看上去可靠。如果你与众不同，你将脱颖而出。但不要在那些可以区分成功与失败的人身上冒险，尤其是如果你是一位试图从银行贷款的女性——这就是我最初被拒贷的原因。

对创意充满激情。创业者希望自己创造的生计是源自于他们所着迷的创意；不一定是企业，而是生计。当单纯的挣钱泯灭了创意以及创意背后的愤怒，你就不再是创业者了。

让你自己一直具有愤怒感。不满会促使你希望对此做些事情。如果你不够愤怒，以至不希望新的远景出现，那么寻找新的远景就毫无意义了。

相信自己和自己的直觉。创业精神和疯狂之间有着并不明显的界限。疯狂的人会看到并感觉到别人看不到和感觉不到的东西。然而，你必须相信任何事情都有可能。如果你相信它，你周围的人也会相信它。

有自知之明。你不需要清楚每件事情怎么做，但你必须对自己足够诚实，知道你自己不具备的素质。

第二节　创业团队

一、创业团队的构成要素

创业团队，就是由少数具有技能互补的创业者组成的团队，创业者为了实现共同的创业目标和一个能使他们彼此担负责任的程序，共同为达成高品质的结果而努力。

团队创业有利于分散创业的失败风险；通过团队成员之间的技能互补可提高驾驭环

境不确定性的能力，从而降低新创企业的经营失败风险；更为重要的是，团队创业具有更强的资源整合能力，能同时从多个融资渠道获取创业资金等资源，保证创业企业的成功。

没有团队的创业企业也许并不注定失败，但是要建立一个没有团队仍具有高成长潜力的企业却是十分困难的。一般而言，个人创业型的新企业成长较慢，因为风险投资者在投资新企业时，都会将团队因素列为重要的评估指标，而不愿意考虑这种个人创业型的投资。

现代企业活动已经是非纯粹的追求个人英雄的行为，事实上成功的创业个案大都与是否有效发挥团队作用密切相关。虽然每一个创始人可能都有完全掌握新企业发展的欲望，并希望所有成员都能在他的指挥下行事，不过许多调查显示，团队创业成功的几率要远远高于个人独自创业。

团队有几个重要的构成要素，总结为5P。

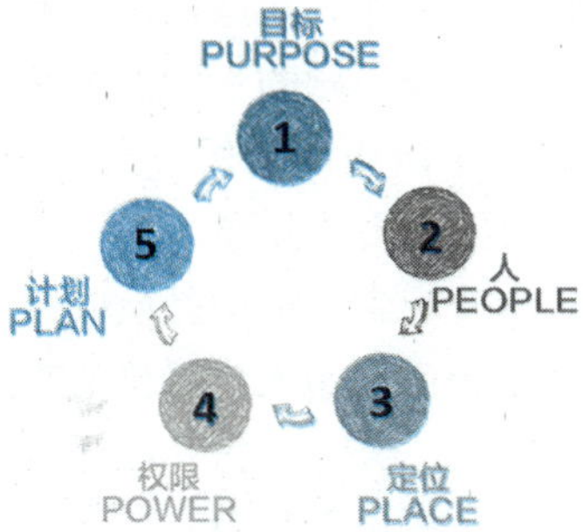

图 4-2　团队 5P 要素

（1）目标（Purpose）。创业团队应该有一个既定的共同目标，为团队成员导航，知道要向何处去。没有目标，这个团队就没有存在的价值。

（2）人（People）。人是构成创业团队最核心的力量，在一个创业团队中，人力资源是所有创业资源中最活跃、最重要的资源。应充分调动创业者的各种资源和能力，将人力资源进一步转化为人力资本。

（3）定位（Place）。定位包含两层意思：一是创业团队在企业中的定位。创业团队在企业中处于什么位置？由谁选择和决定团队的成员？创业团队最终应对谁负责？创业团队采取什么方式激励下属？二是个体在创业团队中的定位。作为成员在创业团队中扮演什么角色？是制订计划还是具体实施或评估？是大家共同出资，委派某个人参与管理，还是大家共同出资，共同参与管理，或是共同出资，聘请第三方（职业经理人）管理？在创业实体的组织形式上，是合伙企业还是公司制企业？

（4）权限（Power）。创业团队当中领导人的权力大小与其团队的发展阶段和创业实体所在行业相关。一般来说，创业团队越成熟，领导者所拥有的权力相应越小，在创业团队发展的初期阶段，领导权相对比较集中。高科技实体多数是实行民主的管理方式。

（5）计划（Plan）。计划有两层含义：一是目标最终的实现，需要一系列具体的行动方案，可以把计划理解成达到目标的具体工作程序；二是按计划进行可以保证创业团队的顺利运行，只有在计划的操作下，创业团队才会一步一步地接近目标。

一般来说，创业团队构成的要素之间相互影响、相互作用，缺一不可。它们共同保证了创业团队有共同的价值观、统一的目标和标准，创业团队成员负有共同的责任，创业团队成员的才能互补，创业团队成员愿为共同的目标作出奉献。

二、创业团队组建的原则

创业团队的组建应遵循以下三点原则：

（一）志同道合、价值观相近

目标对创业团队非常重要。所谓“志同”就是有共同的奋斗目标，“道合”则表现为创业团队成员的性格、个性、兴趣特征，这些都会影响团队的稳定性。在创业初期，大家同甘苦、共患难，怀着满腔热情工作。在这种情况下，团队成员性格上的差异、个性上的差异、兴趣爱好上的差异和处理问题的不同态度就容易被掩盖，从而表现出相同的行为方式。而一旦企业发展到某个阶段的时候，由于个性冲突导致的矛盾就会激化，使创业团队出现裂痕，严重的还会导致团队分裂。

在一个创业团队中，成员的价值观念和道德品质决定了今后企业文化的形成。甚至可以说，企业文化的最初源头就是企业创始人自身价值观念和道德品质的体现。有的人诚信为本，有的人利益至上；有的人“天下兴亡，匹夫有责”，具有极强的社会责任感，有的人“事不关己，高高挂起”，只求独善其身。一个人的价值观念很难改变，因此，在创业团队形成之前，必须通过深入的交流和充分的了解，使价值观念相近、个人素质较高的人一起组成团队，这样创业成功的可能性更大。

（二）个体优势互补、知识结构互补

创业者之所以寻求团队合作，其目的就在于弥补创业目标与自身能力间的差距。只有当团队成员相互间在知识、技能、经验等方面实现互补时，才有可能通过相互协作发挥出“$1+1>2$”的协同效应。

在一个创业团队中，成员的知识结构越合理，创业越可能成功：纯粹的技术人员组成的公司容易形成技术为王、产品导向的情况，从而使产品的研发与市场脱节；全部由市场和销售人员组成的创业团队缺乏对技术的领悟力和敏感性，也容易迷失方向。因此，在创业团队的成员选择上，必须注意人员的知识结构，技术、管理、市场、销售均不可或缺，并应充分发挥个人的优势。

（三）明确责权利、进入与退出机制

在团队成员确定以后，团队的组织结构就可以基本确定了。组织结构的设计归根结底是组织中个体层次需要与组织目标相协调的问题，是个体价值发挥与群体绩效达成的问题。为了避免创业团队在今后的组织行为中因为利益分配、企业决策等方面产生分歧，在创业团队形成之初，必须通过章程或者协议的方式，确定发展目标、业务领域、

出资及退股原则、利润分配方法、分歧解决原则，等等。尤为重要的是，创业团队要有好的分配制度，不仅充分照顾到现有团队成员的利益，还要考虑吸收新的成员或者员工时的股份再分配。

创业过程是一个充满了不确定性的过程，团队中可能因为能力、观念等多种原因不断有人离开，同时也有人要求加入。因此，在组建创业团队时，应注意保持团队的动态性和开放性，使真正完美匹配的人员能被吸纳到创业团队中来。

视野延展

永远与最靠谱的人并肩作战①

性格决定人生，性格亦决定了投资的成败。我们也可以通过一个人的投资风格能看出一个人的性格。投资和人生有时候是遵循同样的道理的。

巴菲特每年都会同大学生进行座谈。在一次交流会上，有学生问他：您认为一个人最重要的品质是什么？巴菲特没有正面回答这个问题，而是讲了一个小游戏，名为“买进你同学的10%”。

巴菲特说：现在给你们一个买进你某个同学10%股份的机会，一直到他的生命结束。你愿意买进哪一个同学余生的10%？

你会选那个最聪明的么？不一定。你会选那个精力最充沛的么？不一定。你会选那个官二代或者富二代么？也不一定。当你经过仔细思考之后，你可能会选择那个你最有认同感的人，那个最有领导才能的人，那个能实现他人利益的人，那个慷慨、诚实，即使是他自己的主意，也会把功劳分予他人的人。然后你把这些好品质写在一张纸的左边。

巴菲特说：现在再给你一个机会，让你卖出某个同学的10%，你又会选择谁？

你会选那个成绩最差的人么？不一定。你会选那个穷二代么？也不一定。当你经过仔细思考之后，你可能会选择那个最令人讨厌的人，不光是你讨厌他，其他人也讨厌他，大家都不愿意和他打交道。因为此人不诚实，爱吃独食，喜欢耍阴谋诡计，喜欢背后说人坏话，喜欢过河拆桥、落井下石，等等。然后你把这些坏品质写在那张纸的右边。

当你仔细观察这张纸的两边，你会发现能力强不强并不重要，是否美若天仙也无所谓，成绩好不好根本没人在乎。左栏那些真正管用的品质，全都是你可以做到的，只要你愿意行动，你就能拥有这些品质。而那些坏品质，没有一件是无法更改的，只要你有决心，你一定能改掉。如果你能够做到左栏写的，摒弃右栏那些，你就会成为人人愿意买入10%的人，更好的是你自己本就

①来源：微信公众号“创业咖”2015-12-14。.

100%地拥有你自己了。

我提到以上这个故事，是因为身边就发生了一件很有趣的事情。朋友T君遇到了几个搞游戏开发的朋友，他们搞了一款游戏准备自己成立公司自己运营，但苦于缺乏投资，找了半年没找到投资商。于是拉T君入伙，准备一起找投资商。T君凭借自己多年的人脉关系，很快就找到了一家很大的投资集团愿意入资。其实这个项目不太，总共也就只有几百万元的规模，对于那家投资集团而言是非常非常小的项目，但他们之前没搞过游戏，所以准备先试试水。可是那几个人发现，既然已经找到了投资人，T君就变成多余的人了，何苦还要分给他股份呢？于是他们踢走了T君，准备自己去签署合同。

你作为一个投资人，这样的合同你敢签么？投资人怕的就是变来变去。你在最后关头将中间人一脚踢走，准备自己吃独食，这种事儿你能干，其他事儿你也会干出来，既然你这个人不可靠，那么具体你有多少能力、本事，都不重要了，因为反正也不会同你合作。投资其实投的是人和团队，最重要的就是可靠，其次才是专业技能。水平不行还可以花钱雇更强的人，如果此人不可靠，那就彻底没办法了。

小时候喜欢看三国，几乎人人都知道，在武将之中能力最强的就是吕布，俗话说："人中吕布，马中赤兔。"但是后来被称为"武圣"的并不是吕布，而是关羽。因为关羽具备了两个身为武将最重要的品质"忠"和"义"，吕布则是个三姓家奴，谁势力大就投靠谁。同样都被曹操抓住了，吕布原本还想找刘备求情，结果刘备对曹操说了一句："君不见丁原、董卓之事呼？"于是曹操就把吕布给咔嚓了。关羽投降之后，曹操对他大力投资，关羽也是知恩图报，先是斩颜良诛文丑，解白马之围，后又华容道放了曹操。曹操的投资有了很大的回报。如果曹操是个投资人，那他肯定是个顶级PE（私募基金）投资人，因为他懂得看人。

诚信不仅是一种品行，更是一种责任；不仅是一种道义，更是一种准则；不仅是一种声誉，更是一种资源。就个人而言，诚信是高尚的人格力量，是人与人之间相互信任的基础。一个靠谱的人，往往更容易得到信赖和尊重。

三、创业团队组建的方法

组建创业团队一般要经过以下六个步骤：

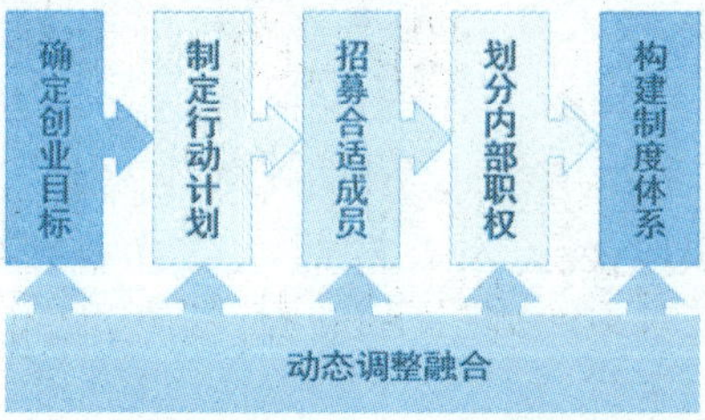

图4-3 创业团队组建方法

（一）确定创业目标

创业团队的总目标就是要通过完成创业阶段的技术、市场、规划、组织、管理等各项工作实现企业从无到有、从起步到成熟。总目标确定之后，为了推动团队最终实现创业目标，再将总目标加以分解，设定若干可行的、阶段性的子目标。

（二）制定行动计划

在确定了一个个阶段性子目标以及总目标之后，紧接着就要研究如何实现这些目标，这就需要制订周密的创业行动计划。行动计划是在对创业目标进行具体分解的基础上，以团队为整体来考虑的计划。行动计划确定了在不同的创业阶段需要完成的阶段性任务，通过逐步实现这些阶段性目标来最终实现创业目标。

（三）招募合适成员

招募合适的人员也是创业团队组建最关键的一步。关于创业团队成员的招募，要注意适度规模、精简高效。适度的团队规模是保证团队高效运转的重要条件。团队成员太少则无法实现团队的功能和优势，而过多又可能会产生交流的障碍，团队很可能会分裂成许多较小的团体，进而大大削弱团队的凝聚力。一般认为，创业团队的规模控制在2—12人之间最佳。过多的成员也会加重创业成本的负担，所以还是要尽可能地保持组织的精简，把较少的人放到适当的位置，发挥最高的效率。

（四）划分内部职权

为了保证团队成员执行行动计划、顺利开展各项工作，必须预先在团队内部进行职权的划分。创业团队的职权划分就是根据执行行动计划的需要，具体确定每个团队成员所要担负的职责以及相应所享有的权限。团队成员间职权的划分必须明确，既要避免职权的重叠和交叉，也要避免无人承担造成工作上的疏漏。此外，由于还处于创业过程中，面临的创业环境又是动态复杂的，不断会出现新的问题，团队成员可能不断出现更换，因此创业团队成员的职权也应根据需要不断地进行调整。

（五）构建基本制度

创业团队制度体系体现了创业团队对成员的控制和激励能力，主要包括了团队的各种约束制度和各种激励制度。一方面，创业团队通过各种约束制度（主要包括纪律条例、组织条例、财务条例、保密条例等）指导其成员避免做出不利于团队发展的行为，实现对其行为进行有效的约束，保证团队的稳定秩序。另一方面，创业团队要实现高效运作要有效的激励机制（主要包括利益分配方案、奖惩制度、考核标准、激励措施等），使团队成员能看到随着创业目标的实现，其自身利益将会得到怎样的改变，从而达到充分调动成员的积极性、最大限度发挥团队成员作用的目的。要实现有效的激励首先就必须把成员的收益模式界定清楚，尤其是关于股权、奖惩等与团队成员利益密切相关的事宜。需要注意的是，创业团队的基本制度应以规范化的书面形式确定下来，以免带来不必要的混乱。

（六）动态调整融合

完美组合的创业团队并非创业一开始就能建立起来的，很多时候是在企业创立一定时间以后随着企业的发展逐步形成的。随着团队的运作，团队组建时在人员匹配、制度设计、职权划分等方面的不合理之处会逐渐暴露出来，这时就需要对团队进行调整与融合。由于问题的暴露需要一个过程，因此团队调整融合也应是一个动态持续的过程。如图 2–3 所示，团队的调整与融合工作专门针对运行中出现的问题不断地进行调整直至满足实践需要为止，特殊情况下也需要对创业目标作出适当的调整。在进行团队调整融合的过程中，最为重要的是要保证团队成员间经常进行有效的沟通与协调，强化协作效果，推动团队的建设与完善，保障创业活动的进行。

视野延展

创业团队中的“黄金组合”

《西游记》中由唐僧率领的取经团队被公认为是一支“黄金组合”的创业团队。

阿里巴巴集团董事长马云尤其推崇这支团队，认为它是最完美的团队，四个人的性格各不相同，却又同时有着不可替代的优势。比如说，唐僧慈悲为怀，使命感很好，有组织设计能力，注重行为规范和工作标准，所以他担任团队的主管，是团队的核心；孙悟空武功高强，是取经路上的先行者，能迅速理解、完成任务，是团队业务骨干和铁腕人物；猪八戒看似实力不强，又好吃懒做，但是他善于活跃工作气氛，使取经之旅不至于太沉闷；沙僧勤恳、踏实，平时默默无闻，关键时刻他能稳如泰山、稳定局面。

但是，创业路上并没有那么巧的机缘，能幸运地集聚到这样四个不同性格的人。所以，如果只能从这四个人中挑选出两个人来作为创业成员的话，你会挑选哪两位？

这其实是牛根生在“我能创未来——中国青年创业行动”活动现场对俞敏洪和马云提出的一个问题。俞敏洪选沙僧和孙悟空，马云选择了沙僧和猪八戒。两人都选择了耿直忠厚的沙僧，但是关于另一个人选，两人的选择却很有意思。

一向语不惊人死不休的马云这样解释他为什么选择猪八戒：“最适合做领袖的当然是唐僧，但创业是孤独寂寞的，要不断温暖自己，用左手温暖右手，还要一路幽默，给自己和团队打气，因此我很希望在创业过程中有猪八戒这样的伴侣。当然，猪八戒做领导是很欠缺的，但大部分的创业团队都需要猪八戒这样的人。”

俞敏洪不赞同马云的选择，他认为猪八戒不适合当一个创业伙伴，猪八戒是很能搞活气氛，让周围的人轻松起来，但是缺点也很突出，就是不坚定，需要领袖带着才能往前走。而且猪八戒既然没信念，哪好就会去哪，哪有好吃的就往哪去，很容易在创业过程中发生偏移，企业有钱时会（大赚一笔后）离开，企业没钱时也很可能会弃企业而去。而孙悟空就不会这样，他是一个很理想的创业成员。俞敏洪列举了他的理由：

他（孙悟空）的优点很明显：第一，有信念，知道取经就是使命，不管受到多少委屈都要坚持下去。第二，有忠诚，不管唐僧怎么折磨他都会帮助他一路走下去。第三，有头脑，在艰难中会不断想办法解决。第四，有眼光，能看到别人看不到的机会和磨难。

当然，孙悟空也有很多个人的小毛病，会闹情绪，撂担子，所以需要唐僧必要时念念紧箍咒。但是，在取经路上，孙悟空所起到的作用是至关重要的。如果将西天取经比喻成一次创业过程，孙悟空就是其中不可或缺的创业成员。

新东方的创业团队就有些类似于唐僧的取经团队。徐小平曾是俞敏洪在北大时的老师，王强、包凡一同是俞敏洪北京大学西语系 1980 级的同班同学，王强是班长，包凡一是大学时代睡在俞敏洪上铺的兄弟。这些人个个都是能人、牛人，俞敏洪曾坦承：论学问，王强出自书香门第，家里藏书超过 5 万册；论思想，包凡一擅长冷笑话；论特长，徐小平梦想用他沙哑的嗓音做校园民谣，他们都比我厉害。

所以，新东方最初的创业成员，个个都是“孙悟空”，每个人都很有才华，而个性却都很独立。俞敏洪敢于选择这帮牛人作为创业伙伴，并且真的在一起做成了大事，成就了一个新东方传奇，从这一点来说，俞敏洪是一个成功的创业团队领导者。他知道新东方人多是性情中人，从来不掩饰自己的情绪，也不愿迎合他人的想法，打交道都是直来直去，有话直说。因此，新东方形成了一种批判和宽容相结合的文化氛围，批判使新东方人敢于互相指责，纠正错误；宽容使新东方人在批判之后能够互相谅解，互相合作。这就是新东方人的特点：大家互相之间不记仇，不记恨，只计较到底谁对谁错谁公正。

这种源自北大精神的自由文化，是俞敏洪敢用“孙悟空”，而且是多个“孙悟空”的前提条件，这是新东方成功的关键因素之一。而另一个关键因素就是俞敏洪本人所具备的包容性，从这一点来讲，俞敏洪的身上有唐僧的影子。唐僧坚韧而正直，领导了四个本领十分高强的徒弟（其中一个是龙王三太子变成的白马），这些徒弟无论是齐天大圣、天蓬元帅、卷帘大将还是西海龙王三太子，个个都不是省油的灯，硬是在唐僧领导下，取得了真经，完成了任务，各人也都洗除了罪孽，修成正果。而俞敏洪同样带领着一帮比他厉害的“牛人”，不仅将新东方从小做大，还完成了让局外人都为之捏了一把汗的股权改制。最令人意料不到的是，俞敏洪居然还将新东方带到了美国的资本市场，成为中国第一个在海外成功上市的民营教育机构。这份成绩虽然还不能定义为最终的胜利，但是仍然有着非同寻常的意义，即它告诉了人们，对于中国教育来说，一切价值正有待重估。

同学们，如果是你来选择创业伙伴，你会如何选择呢？

四、创业团队管理的策略

与成熟企业相比，创业团队的管理有一定的特殊性。虽然有统一的目标，但由于创业的未知性比较大，风险性比较高，导致创业团队的稳定性相对较差，比较脆弱。所以从管理策略的角度看，可以侧重从以下几个方面进行创业团队的管理。

（一）凝聚核心价值观，强化共同使命

创业团队只有对价值观的认识相近，才能向着共同的使命团结奋进。我们不能要求团队成员在创业一开始就必须达到统一的认识高度，应该不断强调强化创业的目标，尽可能得到每一位成员的认同。

价值观的内化，首先在于团队领导者或核心成员的以身作则、言行一致。还要不断把价值观向其他成员灌输，同时建立、健全和完善必要的规章制度，特别是相应的激励和约束机制，使团队既有价值观的导向，又有制度化的规范。

（二）树立团队精神，共忧患共进步

团队精神往往是一个创业团队的核心竞争力。团队精神可以使每一个团队成员自发地、热情地参与到创业的活动中，并主动把个人的发展与团队的未来捆绑在一起，这样成员就会热烈期望团队，真心关心团队，并与团队成为利益共同体，甚至是命运共同体。

危机和忧患意识是团队精神形成的外在客观环境。不管我们承认与否，没有压力的创业活动是不存在的，世界500强每年排名的变化就说明了这一点。“我们的公司离破产只有12个月”，这是著名的微软公司总裁发出的声音。

（三）用沟通化解矛盾，用制度约束行为

通常情况下，创业企业由于人员少，下属和领导的沟通是比较方便的，沟通不应该成为薄弱环节。然而事实上，一些创业企业的领导的思想并不开放，以“一家之主”自居，因此也就不注重与员工沟通。久而久之，员工认为既然自己的意见不被采纳，也就没有沟通的必要了。我们应该意识到：集体的创造力往往比个人的创造力要强得多。要想让员工说出真心话，真心为企业付出，前提是要保持上下级的沟通顺畅，用开放的心态去听取意见和建议，平等对话，及时反馈，才能解决掉工作中产生的矛盾，保障团队协作力的正常运转。

对于创业团队人员分工，管理的架构一般都比较粗放，很多事情都是一起决策，共同实施，但一定要注意落实责任，权责明确，必要时打破部门分工，协同作业。在实践中不断优化创业团队的运行机制，解决好决策权限分配问题，做好激励机制，以及建立绩效评估体系，并且要不断依据企业的发展和环境的变化作出调整。

（四）营造归属感，合理分享财富

对大多数管理者来说，缺少的不是理智，而是情感。员工归属感就如同企业的生命，对创业团队来说，尤其如此。凭借归属感，员工不仅可以释放出潜在的巨大能量，

而且还可以发展出一种坚强的个性；凭借归属感，员工可以把枯燥乏味的工作变得生动有趣，使自己充满活力；凭借归属感，可以感染周围的同事，让他们理解你、支持你，拥有良好的人际关系；更重要的是，凭借归属感，可以感染顾客，实现更成功的业绩。今天，工作的目的不仅仅是生存，而是通过工作获得成就感。员工工作的目的包括有一份满意的薪水，快乐地工作和有一个好的工作环境。其中最重要的就是在企业中能快乐地工作。环顾四周，总是对员工们板着面孔、高高在上的创业者越来越少，而“远景规划者”“煽情高手”“团队的服务者”却大受欢迎。

创业团队应该具有这样的意识：与帮助企业创造价值和财富的人一起分享财富。关于如何分配创业收益的问题，往往很难在创业活动的初始阶段就被制订出来并加以实施，不过团队成员应该达成共识，即在创业活动的一定周期内，根据贡献程度分配利益。在衡量每一位团队成员的贡献率时，需要充分考虑创始地位、所起作用、所供资源、岗位职责等多种因素，更重要的是，团队成员之间要多沟通、多协商，努力达成对各项贡献价值的一致意见，并且保持充分的灵活性，以适应今后的变化。

视野延展

马云和他的十八罗汉

阿里巴巴是由马云在1999年一手创立的企业对企业的网上贸易市场平台，目前已经成为全球最大的电子商务平台。阿里巴巴是借着全球互联网和电子商务的迅速发展而快速扩张的，然而，阿里巴巴的成功也是马云从一开始18人的小团队开始的。现在回头去看阿里巴巴保存的一段录像，会觉得很有意思。录像记录的是1999年春阿里巴巴刚成立时，在杭州湖畔花园马云家，马云妻子、同事、学生、朋友共18个人围着马云，听马云慷慨陈词：从现在起，我们要做一件伟大的事情。我们的B2B将为互联网服务模式带来一次革命！

类似的话在1998年底的北京，马云已经讲了一次。当时，在下定离开北京回杭州的决心后，马云和跟随着他从杭州到北京打拼的兄弟们说：“我近来身体不太好，打算回杭州了。你们可以留在这里，在北京的收入也非常不错；你们在互联网混了这么多年，都算是有经验的人，也可以到雅虎，雅虎刚进入中国，是家特别有钱的公司，工资会很高，每月几万元的工资都有；也可以去刚刚成立的新浪。这几条路都行，我可以推荐。反正我是要回杭州了。”

接着马云又说：“你们要是跟我回家二次创业，工资只有500元，不许打的，办公就在我家那150平方米里，做什么还不清楚，我只知道我要做一个全世界最大的商人网站。如何抉择，我给你们三天时间考虑。”

像当年离开中国黄页一样，马云的决定又一次在他的团队里引起轩然大波。所不同的是这次没人哭。大家讨论时，很多人不能理解马云的决定，也有人坚决反对这个决定。不过，5分钟后，所有人都表达了一个共同的意愿，跟着马云回杭州。

1999年是中国互联网的第一波高峰时期，有经验的互联网从业人员是稀缺资源，很容易找到高薪工作，与500元相比，月收入上万元还是很有诱惑力的。至于为什么这些人会一致地选择跟随马云南下，日后马云的一次内部讲话多少能说明一些问题。“现在互联网江湖很昏暗，谁也不知道未来是什么，这个时候你可以去找一份收入不错的工作，但很可能你几年后还得换地方。现在我们用一支团队的力量在这片江湖里拼杀，十几个人在一起还有什么可怕的，拿着大刀片子往前冲即可。”

财经作家郑作时为此感慨：“这一团队和马云之间建立了超越利益之上的联系，既然几万元的月薪都可以放弃，那还有什么力量可以让他们分开。”。、

关系再好的团队，由于朝夕相处，不免还是有磕磕碰碰的地方。从创业一开始，马云团队就定下了一些原则，从某种意义上说，这些原则是马云团队最终并肩走得足够远的保证。

这些原则中，与团队有关的最重要的一条是解决矛盾的原则：从一开始，马云和他的创业伙伴就定下原则说，团队中任何两个人发生矛盾，必须由他们自己互相面对面地解决。只有在双方都认为对方无法说服自己的情况下，才引入第三者作为评判。

简单、开放议事原则的提出和确立，对于阿里巴巴团队的建设至关重要。它使阿里巴巴基本杜绝了“办公室政治”，大大减少了交流沟通成本，减少了内耗，大大增强了团队的凝聚力和战斗力。

不要小看这个原则，对一个创业团队来说，矛盾是不可避免的，但如何解决矛盾是一个问题，在马云团队看来，办公室政治在于矛盾的不断累积。

如果没有这个原则存在，没有这个原则长期坚持而自然形成的简单开放的价值观，阿里巴巴十八罗汉打天下的故事很有可能不能圆满，至少华星时代的创始人风波很难过去。

2000年，成功拿到高盛等500万美元的风投后，阿里巴巴从湖畔花园拥挤的居民楼搬到华星大厦宽敞的办公楼。随着空间环境的变化，阿里巴巴创业者们的心态也发生了微妙的变化。

搬到华星之后，随着公司正规化建设的开始，划分部门、明确分工都是自然而然的事，而有了部门就得有负责人，于是提干就是顺其自然的事。在18个创始人中，第一批提干的有3人：孙彤宇、张英和彭蕾，职务都是部门经理。于是原来的18个创业者分成了两拨：4个官和14个兵。从北京EDI时代起，这支团队就习惯了只有一个头，那就是马云，其他人都是平等的兵。湖畔花园时代也是如此。到了华星时代，这种人们已经习惯了的现状突然改变了。

搬到华星大厦不久的一个晚上，马、张、孙、彭之外的十几个创始人来到一家名为名流的咖啡馆聚餐。大家一开始说好不谈工作只叙旧，但谈着谈着就说到公司说到工作，所有的不解、疑惑和怨气都发泄出来了，一直谈到半夜。

团队里的老大哥楼文胜首先倡议："说了这么多，屁股一拍就走，于事无补，我们应该写出来送给马云。"大家纷纷响应。于是由楼文胜执笔，大伙儿补充，整整写了一大张纸。

散伙之后，楼文胜回家将这份东西整理成一封写给马云的长信，然后发给了马云。第二天傍晚，马云收到信后立即把18位创始人召集到一起，大家围着圆桌坐下后，马云说："今天大家不用回去了，既然你们有那么多怨恨，很多人有委屈，现在当事人都在，都说出来，一个个骂过来，想哭就哭，所有都摊在桌面上，不谈完别走！"

那天的会从晚上9点开到凌晨5点多。那是一次彻底的宣泄，也是一次彻底的灵魂洗礼。会上许多人情绪激动，许多人失声痛哭。整整一夜，这些跟随马云浴血奋战了少则两年多则五年的老战友，吵过、喊过、哭过之后，一切疑虑都已消散，一切误解都已消除，一切疙瘩都已消解。

华星时代创始人风波的导火索是那封写给马云的信。事后十八罗汉之一的吴泳铭说："我们能写出来告诉马云，说明我们是一支很好的团队。"如果那14位创始人不这样做，而是任其发展，让误解和矛盾蔓延下去，那么18位创始人团队的分崩离析是早晚的事儿。

拓展训练

一、你有几分创业特质

许多人都希望拥有一份属于自己的事业，做一个创业者。你是否适合创业？有无创业潜力？做这个测试看一看吧。

1. 本测试由一系列问句组成，请根据实际情况，从是和否中选择最符合自己特征的答案。在选择时，一定要根据第一印象回答，不要作过多的思考。

如果你还没有工作经历，可把下表中的"工作"理解为社会实践或学习任务。

序号	问题	是 / 否
1	是否曾经为了某个理想而设下两年以上的长期计划，并且按计划进行直到完成？	
2	在学校和家庭生活中，你是否能在没有父母及师长的督促下，就可以主动地完成分派的工作？	
3	是否喜欢独自完成自己的工作，并且做得很好？	
4	当你与朋友在一起时，你的朋友是否常寻求你的指导和建议？你是否曾被推举为领导者？	
5	求学时期，你有没有赚钱的经验？你喜欢储蓄吗？	

续表

序号	问题	是/否
6	是否能对个人兴趣专注地投入连续 10 个小时以上?	
7	是否有习惯保存重要资料，并且井井有条地整理，以备需要时可以随时提取查阅?	
8	在平时生活中，你是否热衷于社会服务工作?你关心别人的需要吗?	
9	是否喜欢音乐、艺术、体育以及各种活动课程?	
10	在求学期间，你是否曾经带动同学，完成一项由你领导的大型活动，比如运动会、歌唱比赛，等等?	
11	喜欢在竞争中生存吗?	
12	当你为别人工作时，发现其管理方式不当，你是否会想出适当的管理方式并建议改进?	
13	当你需要别人帮助时，是否能充满自信地要求，并且能说服别人来帮助你?	
14	在募捐或义卖时，是不是充满自信而不害羞?	
15	当你要完成一项重要工作时，总是给自己足够的时间仔细完成，而绝不会让时间虚度，在匆忙中草率完成?	
16	参加重要聚会时，你是否准时赴约?	
17	是否有能力安排一个恰当的环境，使你在工作时能不受干扰，有效地专心工作?	
18	你交往的朋友中，是否有许多有成就、有智慧、有眼光、有远见、老成稳重型的人物?	
19	你在工作或学习团体中，被认为是受欢迎的人物吗?	
20	自认是一个理财高手吗?	
21	是否可以为了赚钱而牺牲个人娱乐?	
22	是否总是独自挑起责任的担子，彻底了解工作目标并认真完成工作?	
23	在工作时，是否有足够耐心与耐力?	

续表

序号	问题	是 / 否
24	是否能在很短时间内，结交许多朋友？	

现在请根据自己的回答打分，选择“是”得 1 分，“否”不记分。

2. 统计分数，计算你有几分创业特质。

以下观点仅供参考，无须尽信。无论你得了多少分，都应该继续认真学习创业知识，努力提升自己的创业素质与能力。

0—5 分：目前不适合自己创业，应当训练自己为别人工作，并学习技术和专业。

6—10 分：需要在旁人指导下创业，才有创业成功的机会。

11—15 分：非常适合自己创业，但是在否的答案中，必须分析出自己的问题加以纠正。

16—20 分：个性中的特质，足以使你从小事业慢慢开始，并从妥善处理中获得经验，成为成功的创业者。

21—24 分：有无限的潜能，只要懂得掌握时机和运气，将是未来商业巨子。

二、选举最佳团队

1. 制作招募海报。

假设你想寻找合伙人共同创业，创办一家快餐连锁企业，请拟一份征集合伙人的广告，并制作招募海报。注意以下几个方面：

（1）你是召集人，不一定是领导者；

（2）创业的初始目标、计划；

（3）你掌握的资源，及你需要的资源；

（4）所需伙伴的数量和特点；

（5）你对股权分配、团队管理的设想；

（6）有吸引力的回报，及可能的风险；

（7）其他你认为需要说明的问题。

2. 三分钟演讲。

张贴你的海报，并用三分钟演讲宣传你的优势，吸引同学加入你的团队。

同学共同评估，选出几位最具吸引力的同学做团队创建者，其他同学自愿加入其中一个团队。

3. 评估初始团队。

同学们从以下四个方面，分析哪个团队组成更好；每项 25 分，哪个队的分数最高；落后的队谈谈将如何赶超对方。

（1）团队成员的目标一致；

（2）团队成员的优势互补；

（3）团队成员的性格、兴趣都很契合；

（4）团队成员的价值观念。

4. 确定团队成员。

团队创建者组织团队内部成员，就以下四个问题进行讨论，不必一定得出统一结论，团队创建者有权根据成员们的态度，决定其去留（必须增加人或减少人）。

（1）团队中的权威领导问题

（2）团队成员间的相互信任问题

（3）处理不同意见或矛盾的机制

（4）合理分配股权、分享利益

然后抽签选择团队中的任一成员，对本团队作出最后调整（必须增加人或减少人）。注意此环节中只能增加被其他团队删减的人，被删减的人也应主动寻求其他团队加入，避免出现无队情况。

5. 团队集体展示。

经过前面的步骤，团队成员已确定。团队内再次讨论，完成下表，并进行集体展示。

团队名称	
设计 LOGO	
团队口号	
团队愿景	
项目描述	
团队领导者	
团队成员及分工	
团队管理制度	

6. 选举最佳团队。

最后所有同学重新评估这几个团队，选举出表现最完美的最佳团队。

思考题

阅读教材，搜集资料，深入探索，认真思考并回答以下问题。注意说明你的理由，形成自己的见解。

1. 创业者必须完全具备创业的素质与能力才能去创业，对吗？

2. 知识渊博、兴趣广泛的人，更容易创业成功吗？

3. 小 A 是一名大三男生，在与“富二代”争爱过程中败于情敌，于是萌生创业念头。你如何评价小 A 的创业动机？

4. 一个优秀的创业团队中一般应有哪些角色担当？哪几个是必须有的，哪几个不那么重要？（贝尔宾博士提出团队中存在 9 种角色，分别是：协调者、推进者、创新者、信息者、监督者、实干家、凝聚者、完成者、专家）

5. 你有什么办法，可以找到并说服马云（或其他创业名人）做你的创业合伙人？

6. 梁山好汉就是否招安争执不下，如果你是这个团队的领导者，是否有好的管理办法，既能作出比较合理的选择，又能解决争议，得到大家的赞同，并且保证团队成员不流失？

实践活动

电影中的创业者

很多电影都是根据创业者的真实经历改编的，通过观看这些电影，可以了解其创业历程，感悟其创业精神。这里给同学们推荐几部优秀的创业题材电影：

史蒂夫·乔布斯

中国合伙人

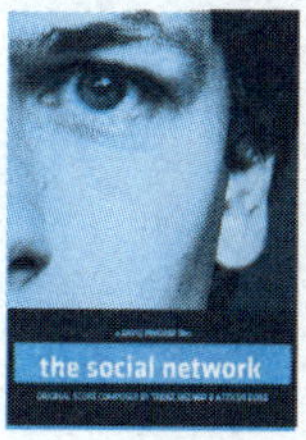

社交网络

亿万少年的顶级机密

任选一部创业电影观看，然后回答：

1. 成功创业者具备哪些素质和能力？

2. 成功创业团队具有哪些特点？

和其他同学进行交流，先总结出尽可能多的答案，再试着讨论这些答案的重要程度，并进行排序。

第五章　创业机会识别

学习目标

1. 了解创业机会的概念与特征，理解创业机会的来源。
2. 掌握识别创业机会的方法与技巧，能够识别创业机会。
3. 了解创业机会的评价框架，掌握评价创业机会的方法。

翻转课堂

加盟项目如何选择

一位大学生因为不希望过朝九晚五的上班族生活，打算通过加盟项目的方式开始自己的创业之路。经过一段时间的考察和准备，有两个加盟项目纳入了他的考虑范围，然而，就在他去其中一家洽谈具体加盟事宜的时候，意外地遇到了自己的师兄，他的师兄也给他推荐了一个自己已经加盟的项目。面临众多的创业机会，他应该作出什么样的选择？

观看案例视频后，你有什么感想？小组充分讨论，得出观点。

观看点评视频（或听讲），记录专家（或授课教师）的观点。

第一节　创业机会认知

一、创业机会的概念与特征

（一）创业机会的概念

美国经济学家柯兹纳（Kirzner）认为，创业机会是未明确市场需求或未充分使用的资源或能力。潜在的消费者可能很清楚自己的需要、兴趣或问题，也可能不明确自己的需要。即使消费者不清楚他们想要什么，当创业者把新产品推荐给他们并向他们说明产品的好处时，他们也能够识别这个新产品给他们带来的价值。和有发展潜力的新能力或新技术一样，未得到充分利用的资源也有为潜在消费者创造和传递价值的可能性，尽管这种新价值的形式还不确定。

随着市场需求被创业者精确定义出来，未得到利用或充分利用的资源也被更精确地定义为潜在的用途，创业机会就从其最基本的形式中发展起来，形成了一个商业概念。这一概念的核心观点是如何满足市场需求或如何利用资源。这一商业概念在创业者的开发下将变得更加复杂了，包括产品或服务（提供什么）、市场（提供给谁）、供应链、市场营销、经营（如何将产品或服务提供给市场）等。我们可以总结为：创业机会是有利于创业的一组条件的形成情况。

（二）创业机会的特征

蒂蒙斯认为，创业机会的特征是具有吸引力、持久性和适时性，并且伴随着可以为购买者或者使用者创造或增加使用价值的产品和服务。

（1）吸引力。创业者所选择的行业，即创业者所要提供的产品和服务，对于消费者来说应该是具有吸引力的，消费者愿意消费该产品和服务。

（2）持久性。创业机会应当具有持久性，能够得到进一步的发展，具体来说，市场能够提供足够的时间使创业者对创业机会进行开发。创业者进行创业机会分析时，应把握创业机会的这一特征，以免造成对资源和精力的浪费。

（3）适时性。适时性与持久性相对。创业机会存在于某个时间段，在这个时间段进入该产业是最佳时机，这样一个时间段被称作“机会窗口”。换句话说，创业机会具有易逝性或时效性，它存在于一定的空间和时间范围内，随着市场及其他创业环境的变化，创业机会很可能消失和流失。

（4）创造顾客价值。创业机会来源于创意，创意是创业机会的最初状态。创意是一种新思维或者新方法，是一种模糊的机会，如果这种模糊的机会能为企业和顾客带来价值，那么它就有可能转化为创业机会。

（三）商业机会与创业机会

商业机会是指存在于某种特定经营环境条件下，企业可以通过一定的商业活动发现、分析、选择、利用，并为企业创造利润和价值的市场需求。《21 世纪创业》的作者蒂蒙斯教授提出，好的商业机会有以下四个特征：

（1）它很能吸引顾客；

（2）它能在你的商业环境中行得通；

（3）它必须在机会之窗存在的期间被实施；

（4）你必须有资源（人、财、物、信息、时间）和技能才能创立业务。

可见，创业机会必然是商业机会，但商业机会未必是创业机会。商业机会与创业机会之间并不存在截然的界限，对二者进行比较，是要强调创业机会独有的价值或者利润创造特征，突出其创新性、变革性。

第一，创业机会常常需要重新组合资源，而商业机会的范畴更广，涵盖所有优化组合资源的可能性。

第二，创业机会是一种独特的商业机会，它往往会表现为超越现有情况的全盘变化甚至颠覆性变化，而商业机会只是蕴含于局部或全盘变化之中。

第三，创业机会具有持续创造超额经济利润或价值的潜力，而其他商业机会只可能改善现有利润水平，这也是创业机会与商业机会的根本区别所在。

视野延展

创业的机会窗口

一个具体的创业机会，其存在的时间是短暂的。杰弗里·蒂蒙斯在他的著作里描述了一般化市场上的“机会之窗（Window of Opportunity）”。一个市场在不同时间阶段，其成长的速度是不同的。在市场快速发展的阶段，创业的机会随之增多；发展到一定阶段，形成一定结构后，机会之窗打开；市场发展成熟之后，机会之窗就开始关闭。选择那些机会之窗存在的时间长一些的市场机会，创业企业可获利的时间也可长一些，取得成功的概率就大一些。这样的机会，其期望价值自然高一些。

所谓机会窗口，即特定商机存在于市场之中一定的时间跨度。市场规模和机会窗口的长度构成了风险和回报的基础。机会的时间跨度越大，市场规模越大，机会窗口越大，创业者才越可能抓住这个机会。否则，创业者可能无法抓住这个机会。

产生创业机会窗口的原因主要有三点：第一，一些因不均衡冲击产生的机会常常被其他冲击带来的新机会所取代，而现有机会就会结束。第二，即使没有发生新的冲击，竞争也会耗尽机会的利润。带来机会的信息一开始不对称性显著，随着有关机会的信息逐步扩散，这种不对称性逐渐消失。当创业者开发机会时，他们将机会内容以及如何追求机会的信息传递给其他人。尽管这样的模仿一开始使得机会得到承认，但也制造了竞争，使差异消失。当其他创业者进入到达一定的比例，新进入者的收益超过成本，创业利润被越来越多的人分享时，人们追求机会的刺激就会减少。第三，在机会开发的过程中，有关机会的信息在资源所有者之间扩散，资源所有者可以根据创业者提高资源价值的行动，提高资源的价格以分享一部分创业利润。总之，信息的扩散和利润诱惑的减少，将降低人们追求某具体机会的动力。

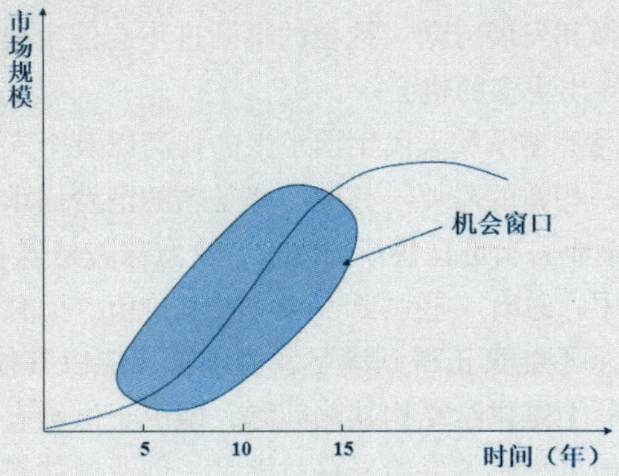

如上图，第一个阶段是机会窗口尚未开启的阶段，市场发展不快，前景也不明朗，但竞争者少，创业者往往拥有先入者优势，但风险较大；第二个阶段是机会窗口开启到关闭的阶段，这时市场进入了快速增长阶段，市场规模不断扩大，可以稳定盈利了，但市场竞争比较激烈，进入门槛逐渐提高，利润率逐渐降低了；第三阶段市场已基本成熟，趋向于稳定，市场规模增长放缓，外部企业很难再进入，机会窗口基本关闭了。

创业者在机会窗口的哪个阶段进入市场，很大程度上决定了创业的成败。成功的创业者往往能在机会窗口尚未开启的第一阶段就先人一步地抓住它，并毫不动摇地坚持发展，不能急功近利，追求短期效益。

机会窗口敞开时间的长短对于创业成功十分关键。机会窗口并不是永远打开的，有的机会窗口打开时间很长，有的则非常短。美国的一项对创业投资的研究调查发现，当机会窗口的时间短于 3 年，新事业投资失败率高达 80% 以上；如果机会窗口的时间超过 7 年，则几乎所有投资的新事业都能获得丰厚的回报。具体到机会的开发利用时，创业者当然希望机会窗口存在的时间长一些，可获利的时间也长一些。这个周期的长短取决于许多因素。首先，建立限制其他创业者模仿的机制，如商业秘密、专利保护或垄断合同，这些都可以延长机会的生命。其次，减缓信息扩散的速度。最后，如果其他人无法模仿、替代、交易或获得稀有的资源，也可以通过减少过剩，延长机会的持续时间。

二、创业机会的来源

创业机会既可能是自然生成的，也可能是需要创业者自己去创造的，且多数是后一种情况。创业者要想赢得创业机会，那就需要搞清并关注创业机会的来源。创业机会主要来源于环境和技术的变化。

（一）环境的变化

外部环境对创业者来说是可变的，也是不可控的，既包含创业发展的机遇，也包含可能面临的挑战。创业者要善于发现和把握对自身有利的环境因素，积极利用环境机会。

宏观的环境因素包括社会文化、社会习俗、社会道德观念、社会公众的价值观念、工作态度以及人口统计特征等。变化中的社会因素影响社会对企业产品或劳务的需要，也会改变企业的战略选择和发展方向。社会的不断进步会催生很多新的需求，或改变人们对于创业的看法，诱导出更多的机会。

随着经济的发展，经济建设和人民生活水平的提高以及个人消费意识和企业经营意识的变化，必然会产生一些新的需要。其中一些是新的消费需求，一些是中间性消费需求。相应地，就需要有企业去满足这些新的需求，这意味着是创业者可利用的商业机会。

市场供求平衡过程中，总有一些供给不能实现其价值，而只能以“伪均衡价格”低价售出；也总有一些需求不能真正得到满足，需求者只能以其他商品来近似地“满足”自己的消费欲望。这实际上是供给结构缺陷问题，即由于供给有缺陷，迫使人们放弃自己真正的需求，而用其他可得到的供给来将就满足。创业者如果能发现这些供给结构性缺陷，同样可以找到可利用的商业机会。

改革开放以来，存在这样一种现象，即沿海学国外，内地学沿海。这种学习模式的原因在于沿海与国外、内地与沿海，其差距不外乎是产品上的、技术上的、产业上的、商品经济发达程度上的，或者是市场经济制度完善程度上的。只要我们经常将本地区、本企业与先进地区或国家相比较，看看别人已有的哪些东西我们还没有，这“没有的”就是差距，其中即可能发现某种创业机会。

（二）技术的变化

创业的技术机会是指由于技术进步、技术变化带来的创业机会，包括现存技术的规范或性能有改进的可能性，也包括全新技术的出现和应用。由于新的技术突破，就为创业者提供了创业的“技术来源”，这些技术来源有可能触发创业机会。

技术的发展推动新技术的诞生，技术推力表现为科学和技术的重大突破，从而创造全新的市场需求，或是激发市场潜在的需求。技术创新的需求并不是由市场产生，而是由拥有技术专利的创新主体按技术的功能适用性进行创新，从而间接地满足市场上存在的某种需求或在市场上创造新的需求。在经济发展过程中，许多重大的技术创新成果，如尼龙、人造纤维、核电站、半导体等都属于这一模式。技术突破往往意味着新产品的出现。

技术进步可以创造新的市场，产生大量新型的和改进的产品，改变创业企业在产业中的相对成本及竞争位置，也可以使现有产品及服务过时。技术的变革可以减少或消除企业间的成本壁垒，缩短产品的生产周期，带来比现有竞争优势更为强大的新的竞争优势。对于创业者来说，能正确识别和评价关键的技术机会与威胁是至关重要的。

技术融合是指沿外延机会将不同领域的现有技术进行融合集成，形成新的生产能力。在技术发展的不同阶段，技术机会是不一样的，在一项技术的萌芽阶段或成长的初期，多数创新是重大的技术突破，如晶体管代替真空管、集成电路取代分立元件等。随着新技术与新产业的不断发展，在进入成长期或成熟早期以后，技术创新从产品创新转向工艺创新，突破型技术创新让位于渐进型技术创新，技术机会从内涵更多地转向外延，技术融合逐渐占主导地位。

技术会在国家之间、地区之间和企业之间发生扩散，产生技术扩散有两个原因：一是存在着技术势差，二是存在着模仿学习者潜在利益的刺激。技术扩散可以包括技术贸易、技术转让、技术交流、技术传播等活动。由于技术的扩散，创业者在本国、本地区和本行业率先采用了扩散技术，能够获得技术上的优势，发现创业机会。

技术转移一般需要通过技术贸易来完成，技术贸易又称有偿技术转让，或技术的商业转让，是相对于技术的无偿转让而言的。在现实生活中，绝大多数涉及产品和生产技术的转让都是通过有偿方式进行的。技术贸易的基本内容是专利使用权、商标使用权和专有技术使用权。

技术引进是创业企业外部获得先进适用的技术的行为，包括引进技术，以及技术服务、配套设备、管理方法、先进人才等。通过技术引进能够弥补创业企业在技术方面的差距，提高技术水平，填补技术空白，获得发展的良好机会。创业者通过对引进技术的消化、吸收与改进，也能够形成技术机会。创业者可以进行创造性模仿、消化、吸收引进技术，减少对技术提供方的依赖，实现更大的经济效益，甚至在新旧技术结构的相互适应下形成新的技术结构。创业者还能形成自我研究开发的能力，进而根据市场需要，通过自主的研究和开发，进行改进创新。后续开发能够促进创业者对技术的消化，并建立自我发展的能力，是建立技术机会的重要途径。

三、创业机会的类型

根据创业机会来源的不同，我们可以把创业机会分为问题型创业机会、预测型创业机会、组合型创业机会。

（1）问题型创业机会，指的是顾客现有需求或尚未解决的问题而产生的着眼于实际的创业机会。

（2）预测型创业机会，指的是基于环境的动态变化，对顾客的潜在需求预测而产生的着眼于未来的创业机会。

（3）组合型创业机会，是指基于环境变化、顾客需求、创新变革、市场竞争等多种因素，为创造顾客新价值而产生的，且通常是由多项技术、产品或服务组合而成的创业机会。

根据创业机会的识别难度，我们又可以把创业机会分为模仿型创业机会、挖掘型创业机会、创造型创业机会。

（1）模仿型创业机会，指的是与现有商业机会类似，能够比较明显地辨识出来的创业机会。其前提条件是市场中现有的机会非常明显。

（2）挖掘型创业机会，指的是还需要创业者去进行挖掘、比较难辨识的创业机会。这类机会的一般特点是商业链条的某一部分处于未知或模糊状态，难以发现。

（3）创造型创业机会，指的是完全要靠创业者创新创造，几乎无法辨识的创业机会。这种创业机会的整个商业链条都是不明朗的，不过，在这种情况下，对创业者的机会识别能力要求也特别高。

视野延展

一个创业失败者的自述[1]

大学毕业寻求商机

我是学工科的，大学毕业后一直从事本专业的技术工作。而市场经济时代，社会变化很快，我所从事的行业不景气，我总感觉到面临下岗失业的危险。可是，我的年龄、专业在求职上没有任何优势，所以我不打算继续找工作，而是想自己做点什么。我所在公司上网很方便，时间也很充裕，于是我成天泡在网上寻找商机。网络上铺天盖地的加盟广告，每个项目我都觉得不错，都让我蠢蠢欲动，可是逛街时发现大部分的加盟店经营情况并不好，网上也有很多论坛说加盟陷阱太多，于是我不敢贸然投入大量资金。

一个偶然的机会，我在一个本地网站的二手市场上发现有人要转让一批饰品，出于好奇，我跟那人联系问了问情况。起初我并没有想买，因为我毕竟毫无这方面的经验。谁知两天后那人又给我打电话，热情地说让我先看看货，迫于情面和女人的爱美心理我答应了。

那人是一个很有气质也很精明的南方妇女。她说要出国，所以想把刚从广州精心挑来的饰品转让出去。据她介绍，做饰品利润非常高。非典时期利润是最少的时候，但就是那时，每月的纯利还有2000多元。她的说法很让我动心。我随后又看了看她带来的样品。那些样品很精致，当然标价也很高。她说可以按照标价的二折转让给我，这样的话无论我怎么卖都不会赔钱的。听了这话，我真的动心了。可是，我告诉她我现在没有店铺。她听了以后又给我推荐了两个地方，并说她马上就要出国，要我抓紧时间决定，还有别人也在跟她联系。

于是，我就去了她推荐的一个地方。那里是一个国际商业中心。市场组成大部分是小商铺，面积也就四五平米，月租金一千元左右。这样的条件我觉得

①来源：《大众商务》2005年第07X期。原标题：《我的麦城之痛》（作者：黄晓娟）。

还可以接受。正巧的是这里还有几家空房，都写着转租。我试着联系了几家，有一家位置不错，租金也较低。其实，我也怀疑过这里是否生意不好，可是问了几家店主，他们都说现在刚开业没多久，商铺嘛，肯定要养一段时间的，这个商厦有政府的投资，不会垮的。我想想，觉得这个说法还是有道理的，反正我做兼职，也不靠这个买卖吃饭，只要不赔钱就行了，先在这练练呗。

万事俱备开始创业

别的准备好了，现在就剩下人的问题了。我每天是要上班的，雇人又不知根底，找谁呢？我想到了待业在家的小姑子，她那么聪明能干，先帮帮忙肯定没问题。跟她一谈，她马上就同意了，说好先帮帮忙，等理顺以后再雇人。

万事俱备，我觉得上天可能在帮忙吧，什么事都这么顺利，注定我要干这行了。我马上接收下那批饰品并租下店面。谁知，我刚付完钱，小姑子却通知我她要准备考试，帮不了忙了。

这是给我的第一个打击，可是箭已在弦，不得不发了。我只能是硬着头皮走一步算一步了。小姑子不来，大不了就是雇个人呗。但是第二个打击随后就来了。在办进场手续的时候，商厦宣称二楼是服装商场，不能经营饰品。转租的时候房东和租户都告诉我合同上写的是经营服饰，包括服装和饰品，而且当时也有其他人在经营饰品，我就没有深究。现在管理人员告诉我，他们正在清理那些不守规定的摊位。我的心凉了一半，难道我白交租金了吗？好多人劝我先干着再说，反正现在还没管。租金已交，也只好这样了。

租房后正赶上我去杭州出差，于是顺便采购了一些饰品，也采购了少量的睡衣、肚兜等，以防真的不让卖饰品我无法应付。等我回来，已经是两周之后了。时间就是金钱呐！我草草装修，把货物上柜。看着那些精美的货物，我还是很有信心的。刚开始没有雇员，我和老公就下了班轮流去，虽然辛苦点，但是能够做成生意还是很高兴的。白天的时候想到店里正关着门，心里就火烧火燎的，于是贴出了招聘广告。人可是大事。

好在没几天，就有人介绍了个小姑娘给我。我看了看，感觉小姑娘条件还不错，就雇用了她。有了人我就省心了，什么事都有人顶着，我就是没事去抽查一下，看看缺货去附近的批发市场上点货。我发现，总有人问我店里没有的东西，比如指甲油、假睫毛、唇油、钥匙链等，应顾客需求我都上了点。两个月下来一盘点，每个月都要亏损一两百元，我认为生意刚开始，也没有太介意。

谁知道，这个商厦的情况每况愈下，过了七、八月份的旺季，顾客越来越少。这个商厦的开发商是地产商，他们在开盘时炒作得非常厉害，买商铺的人甚至连夜排队，然而商铺卖出后他们就不再宣传。商厦都开业半年了附近住的人竟然还有不知道的。而且由于商铺大部分都卖给了个人，由业主进行出租，给管理上带来很大困难，到后来根本无法管理。另外，由于开始大家对商厦的期望值很高，租金也定得很高，相应的货物的价格就水涨船高，而附近居民的购买力和层次并不高。这也是造成人们望而却步的原因之一。

随着客流量日渐减少，商户的商品开始积压，大家情绪十分低落。一些商户在秋冬季还在卖夏天的衣服，有的商户干脆退场，有的商户没退场却也总是关着门，而开着门的商户又打牌、下棋，总之不务正业。商场的这种情况使客流量更加稀少，如此形成恶性循环。到后来，商场的摊位租金降到300元，可是我赔钱赔得更厉害了。那时我连服务员都雇不起了，因为雇人比关着门还要赔钱。商厦此时门可罗雀，成天空荡荡的，只有几个摊主在聊天。在这种情况下，就是想赔钱甩货都没有人搭理。合同到期后，90%的商户已经撤场。我也无法再继续支持下去，只得带着一堆货物收场，到现在我的手里还剩下一堆精美的但已经过时的饰品。

生意失败得到教训

这场生意我持续了半年，赔掉了几千元钱，不过，我从中也积累了不少经验和教训。总的来说有以下几点：第一，选择项目一定要谨慎，尤其是涉足自己不了解的行业，最好有行家指导，要多做调查研究。第二，对于饰品来说一般不要接手转让的，因为再好的饰品都有时尚性，过了时就一文不值。第三，做买卖最重要的是选址。要仔细考察地理位置，还要考察客流量以及附近居民的购买能力，还有一点，就是考察物业的管理能力。千万不能租那种产权和经营权都出售给个人的商铺。如果一个地方同时有很多商铺转让，一定不能租。第四，开始上货不要求全求多，再全也会有人需要你没有的东西，而上太多的货就会占压资金，而且太全的话还会形成杂乱的感觉。第五，创业并不是容易的事，不是你雇个人干就能赚钱，至少在先期要付出很多的精力和时间，因此兼职创业要有足够的时间和自由度才能考虑。要审时度势，见好就收。如果是自己无法控制的原因造成经营不好，马上止损撤退另谋高就还能避免更大损失。

第二节　创业机会识别

一、创业机会识别的过程

创业机会识别的过程，是创业者对内自我剖析和对外环境把握的一个过程，我们可以通过三个阶段来初步识别创业机会。

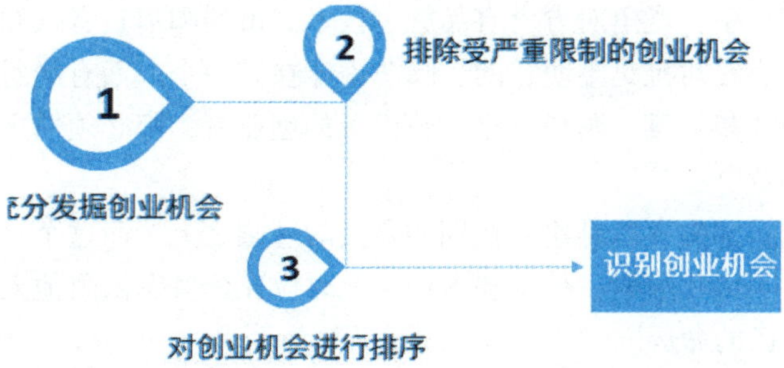

图 5-1　创业机会识别的过程

（一）充分发掘创业机会

从创业机会来源的不同视角，创业者结合个人与环境特征，充分发掘创业机会，之后将每个创业机会写出来。这一部分可以由创业者或在创业团队内部进行头脑风暴，列出尽可能多的创业机会。记住，不要轻易否定任何一个看上去不起眼的机会，很多惊人的创意都来源于创业者一瞬间的灵感。

（二）排除受严重限制的创业机会

有些具有严重限制的创业机会，是无须考虑的，应及时排除。常见的严重限制包括：

政策限制：国家明确规定的民间投资者不能进入或有较大进入限制的领域。

不够环保：作为创业者，应该承担一定的社会责任，尽量不要去触碰底线，在进行一些工业或生产项目时，要衡量环保状况是否可控，或者是否有办法解决，这也是为了避免后续的麻烦。

易燃易爆：此类项目必定会增加生产、储备、运输、销售的难度和风险，并时刻受到有关部门的监督，安全风险过高，所以要慎重考虑。

资源紧缺：项目所必需的原料、材料、辅助材料绝对量日益减少，或者被垄断组织控制，获取难度过大。这里的资源紧缺，也可以指创业者由于自身的局限，对特定资源的获取无能为力，而又没有办法通过其他方式进行整合，导致创业难以开展和持续。

消费能力过低：如果你的产品或服务是面对一个消费能力过低的群体，又不可能在短时间内形成规模，盈利是困难的，可能需要你从长计议。

缺乏突出优势：要么是技术的，要么是成本的，或者功能、特色、模式、创新程度、技术含量……总之，与同类项目相比，你的项目如果“一无是处”，那开发该项目的意义就不大了。

需要转变观念：观念的转变往往需要时机，例如如果不是雾霾肆虐，口罩的销量不会发生大的变化。如果你的产品或服务，一定要以转变消费者的观念为前提，那就要做好面对巨大难度的市场、长短未知的等待等难题。

启动资金过大：在没有前期运作过程，不能充分证明项目的优势的时候，最好不要指望私人股权资本和职业投资机构给你投资。这样的故事虽然确实存在，但发生的几率很小，除非你有巨大突破的技术或创意。

直接面对强大对手：竞争对方已有品牌、技术、市场和消费者认知，密集地占据你所在的地盘，与其直接对抗是不明智的，除非你能在某一个方面有绝对突出的优势。就像所有想挑战 BAT（指百度、阿里巴巴、腾讯）的创业者，都必须慎重考虑如何避开与这三大巨头的直接竞争。

严重依附他人：你的存在是建立在别的存在的基础之上，而这个“别的存在”又是自己不能控制的，不论是原料、技术和市场，此时应充分考虑依附他人带来的风险，最好还是能掌握“自己的命运”。

最后我们应注意：存在以上问题的创业机会，不是绝对不能进入，也不是注定会创业失败。大学生创业者要根据自己的实际情况和能力进行判断，操作难度远远超过自己的控制范围的，理论上就不应该予以考虑。当然，也可以以此为目标，不断学习，积累资源和经验，等到恰当的时机再进入。

（三）对创业机会进行排序

在排除了具有严重限制的创业机会后，我们得到了若干个比较好的创业机会。我们不可能开发自己所有的好创意，所以应该根据一定的标准，对创业机会进行排序，从而深入地识别这些创业机会。

关于创业机会的评价方法，后文将做详细的介绍。在此处识别创业机会时，可以主要依照两个标准进行排序。一是市场需求，市场需求必须是直观而具体的，至少要符合五点：正当的、恒久的、潜在的、有支付能力的、客户目标清楚的；二是自身优势，包括专业的知识、经验的积累、拥有的资源、独有的强项、特别的兴趣等。将每一个创业机会按照这两个标准进行评估，符合的内容越多且分布越均衡，就是需要我们重点考虑和优先选择的创业机会。

二、影响创业机会识别的因素

创业机会识别过程是一个不断调整、反复权衡的过程。不同的创业者可能会关注不同的创业机会，即使是同一个创业机会，不同的人对其评价也往往不同。在影响机会识别和开发的各项因素中，主要可以分为两个方面，即机会的自然属性和创业者的个人特性。

机会的特征是影响人们是否对之进行评价的基本因素。创业者选择这项机会是因为相信其能够产生足够的价值来弥补投入的成本，创业机会的自然属性很大程度上决定了创业者对其未来价值的预期，因而对创业者的机会评价产生重大影响。

对于机会识别来说，更重要的因素应当来自创业者的个人因素，这是因为从本质上说，机会识别是一种主观色彩相当浓厚的行为。事实上，即使某一机会已经表现出较好的预期价值，但是并非每个人都能从事这一机会的开发，并且坚持到最后的成功，因此创业者的个人特征对于机会识别来说更为重要。

创业者与机会识别相关的个人特征包括：自信心、觉察力、风险感知、知识水平、社会网络等。

自信心：成功的创业者需要有执着的信念，并且能够坚持他们的事业直至最后成功。创业者的自信能够提升其对机会与风险的感知能力，降低错过好机会的风险。

觉察力：创业者渴望成功、渴望机会，这就驱使他比其他人格外留意信息，更加善于从大量的信息中快速提取与自己创业相关的进行思考。对周边事物的觉察力的差别，就意味着对创业机会的识别力的不同。

风险感知：机会评价与创业者的风险感知显著相关，而创业者的风险感知又取决于创业者的自信心、控制力、承受能力等因素。如果你对风险毫无意识，那在你眼里所有的机会都是好机会，你就难以发掘出真正属于你的创业机会；如果你对风险过于抗拒，那么你将举步维艰，因为没有任何的创业机会是不具有风险的。

知识水平：创业者更加关注与他们已经拥有的信息、知识相关的机会，并且创业者拥有的知识将在技术开发、机会识别、机会开发三个方面影响机会的发现。

社会网络：社会网络是创业者宝贵的资源，它影响着创业者对机会的识别、对机会的开发，影响着创业的整个过程。拥有大量社会网络的创业者与单独行动的创业者在机会识别上有显著的差异。

以上这些个人因素并非彼此独立存在，在某种程度上，它们彼此之间也存在一定的相关性。影响创业机会识别的因素，也不仅仅限于以上这几点。总之，创业者应该全面提升自己的素质与能力，这可以帮助我们更好地识别创业机会。

三、识别创业机会的技巧

可以通过多种方法和技巧识别创业机会，这里介绍两种常见的识别技巧，很多要点其实已经在前文中有所介绍，毕竟创业机会的识别是建立在对创业机会概念、特征、来源、类型以及影响因素的了解基础之上的，对创业机会的内涵认识得越深入，越容易抓住创业机会。大学生可以从以下这些层面进行思考和探索，逐渐明晰适合的创业机会。

（一）通过市场对比识别创业机会

1. 现有市场机会和潜在市场机会

市场机会中那些明显未被满足的市场需求称为现有市场机会，那些隐藏在现有需求背后的、未被满足的市场需求称为潜在市场机会。现有市场机会表现明显，往往发现者多，进入者也多，竞争势必激烈。潜在市场机会则不易被发现，识别难度大，往往蕴藏着极大的商机。

2. 目前市场机会与未来市场机会

那些在目前环境变化中出现的市场机会称为目前市场机会，而通过市场研究和预测分析它将在未来某一时期内实现的市场机会称为未来市场机会。如果创业者提前预测到某种机会会出现，就可以在这种市场机会到来前早做准备，从而获得领先优势。

3. 全面市场机会与局部市场机会

全面市场机会是指在大范围市场出现的未满足的需求，如国际市场或全国市场出现的市场机会，着重于拓展市场的宽度和广度。而局部市场机会则是在一个局部范围或细分市场出现的未满足的需求。在大市场中寻找和发掘局部或细分市场机会，见缝插针、拾遗补缺，创业者就可以集中优势资源投入目标市场，有利于增强主动性，减少盲目性，增加成功的可能。

4. 行业市场机会与边缘市场机会

行业市场机会是指出现在某一个行业内的市场机会，而在不同行业之间的交叉结合部分出现的市场机会则被称为边缘市场机会。一般而言，人们对行业市场机会比较重视，因为发现、寻找和识别的难度系数较小，但往往竞争激烈，成功的几率也低。而在行业与行业之间出现“夹缝”的真空地带，往往无人涉足或难以发现，需要有丰富的想象力和大胆的开拓精神，一旦开发，成功的概率也较高。

（二）探寻创业项目的常见路径

所有的创业行为都要落实在一个个具体的创业项目之上。创业项目的寻找和选择至关重要，在探寻创业项目时要舍得花功夫。

1. 解决他人的困难

别人的困难往往就是企业成功的机会。企业通过为他人提供有益的服务、为他人解决工作和生活中的困难可以获得正当合法的盈利。譬如，北大方正公司创始人王选先生为解决印刷行业困难，发明了激光照排系统，一举创业成功；有人针对大城市中的三口之家，夫妻两人上班经常为接送孩子上学和孩子吃饭的事发愁这一困难，开办托教服务项目，投资少、见效快，也取得了成功。

2. 解决已有商品存在的问题

市场上销售的商品总会存在这样或那样的问题。有的样式呆板，有的颜色单一，有的在功能和性能方面不够完善，有的在结构方面不够合理，等等。创业者经过调查分析，针对这些商品存在的问题，进行改进、完善、提高，以此作为创业项目往往成功率很高。比如，美国迪斯尼乐园的创始人迪斯尼，就是针对当时市场上卡通影片存在的问题，通过改进技术创业的。

3. 透视热销商品背后的商机

以热销商品为导向，认真分析热销商品背后隐藏的商机，再选定创业项目进行经营。例如，当看到市场上鸡蛋热销时，分析预测鸡蛋热销背后隐藏的商机：一是马上会兴起养鸡热，二是当养鸡热兴起后，鸡饲料将会供不应求。因此，既不去卖鸡蛋也不去养鸡，而是跳过两个阶段去生产鸡饲料。这样当养鸡热兴起后，自然就会财源滚滚。

4. 分析市场供求之间的差距

从宏观上看，任何产品或服务的市场需求总量和市场供给总量之间往往都会存在一定的差距。通过调查分析，若发现哪个产品或服务的市场供给不足，就可以从中找到创业机会，选定创业项目。市场需求不仅是多样化的，而且是不断变化的。因此，即使有时市场供求总量平衡，但结构也会出现不平衡，这样就会有需求空隙存在。创业者通过分析供需结构差异，也可以从中发现创业机会，选定创业项目。比如，我国饮料市场的供求状况总体上是供过于求的。但广东三水酒厂厂长李经纬先生，当年创业时就是在这供过于求的市场状态中，通过分析供需结构差异发现了创业机会，开发出运动保健饮料，起名“健力宝”，一举打开市场，不断发展壮大为今天的健力宝公司。

5. 尝试科学的市场细分

所谓市场细分，就是根据整体市场上顾客需求的差异性，以影响顾客需求和欲望的某些因素为依据，把某种商品的整体市场划分为若干个消费者群的一种市场分类方法。通过市场细分划分出的每个消费者群就是一个子市场。每个子市场都是具有相同或类似需求倾向的消费者构成的群体。因此，属于同一子市场的消费者对同一商品的需求极为相似；分属不同子市场的消费者对同一商品的需求则存在着明显的差异。因此，进行科学的市场细分有利于发现市场机会，选定目标市场，确定创业项目。

视野延展

企业家眼中的未来创业趋势①

柳传志：最看好的还是内需消费领域

联想集团有限公司董事局名誉主席柳传志近日表示，联想控股最看好的还是内需消费领域。中产阶级的增加、中国人消费意识的改变、政府的提倡鼓励等都会给消费领域带来机会，并认为这些领域的发展总体上会比较平稳，外界影响的主要是业务模式创新的挑战，像农业食品、医疗服务、互联网的消费服务、出行服务、金融服务等多个领域。

柳传志介绍：“联想之星”重点看 TMT、医疗健康，也会积极布局人工智能、智能机器、互联网改造传统产业、生物技术、医疗器械这样的前沿领域，联想控股 VC 业务的理念是“事为先，人为重”。

任正非：四面八方喊响“创新”“颠覆”就是葬歌

华为技术有限公司创始人任正非认为是不是互联网公司并不重要，华为的精神是不是互联网精神也不重要，这种精神能否保证企业活下去是最最重要的。

他对于互联网思维有自己的理解，一是应该踏踏实实地用互联网的方式，优化内部供应交易的电子化，提高效率，及时、准确地运行；二是应踏踏实实地夯实基础平台，让端到端的实施过程透明化，以免误导青年员工；三是不要动不动就使用社会时髦语言“颠覆”，不要妄谈颠覆性，谁要颠覆这个世界，那最后他自己先灭亡；四是不要盲目创新，发散了公司的投资与力量，同时坚持稳定可靠运行，保持合理有效、尽可能简单的管理体系；五是坚信自己的价值观，坚持合理的发展。

① 来源：亿欧网 2016-01-03。原标题：《回首 2015，十位大佬眼中的 2016 或未来的创业趋势》。

马化腾：下一个时代，可能通过视网膜、脑电波沟通

腾讯董事会主席马化腾一直推动着“互联网 +”行动计划发展，马化腾近日表示，腾讯将继续积极推进“互联网 +”行动计划，帮助缩小不同地区之间的数字信息鸿沟，也将不断探索分享经济等新型的网络经济模式，推动网络经济创新发展。在手机之后，下一个时代是汽车、穿戴设备还是更神奇的 AR、VR？可能以后不再需要用手机，通过视网膜就可以沟通，也可能是脑电波。

马化腾认为每隔大约 20 年，就可能有一次大的技术更迭。从大型机到 PC 的演变，从 PC 到移动终端设备，每一次终端的演变都会对整个信息业态，甚至对整个经济的业态产生重大影响，推动改变。

马云：成功者必须要有“利他”思维，从 IT 向 DT 转型

阿里巴巴集团董事局主席马云近日多次表示，目前正进入从 IT 向 DT（数据处理技术 Data Technology）的转型，IT 和 DT 巨大的差异，在于思想上的差异，重要的差异就是成功者必须有“利他”思想，IT 时代是让自己强大，DT 时代是让别人强大。马云提到“新实体经济”，他认为，互联网的技术正在发生天翻地覆的变化，社会的进步谁也阻挡不了，大家说实体不行，其实实体也不错，中国需要创业、创新、创造。未来他除了关心互联网商业外，更关心“happiness and health”，娱乐和健康。

李彦宏：移动互联网大幕已到高潮，传统行业仍然是经济支柱

百度公司创始人、董事长兼首席执行官李彦宏对于中国互联网未来的判断如下，他认为中国经济可能有两种结局：一是以后所有企业只剩下传统主流产业和互联网平台类型公司；二是传统产业真正拥抱互联网，找到提升核心竞争力的正确按钮。

李彦宏在传统企业和互联网企业发展趋势问题上，认为不论是中国经济还是世界经济，最主流的产业其实不是互联网产业，而是教育、医疗、金融、汽车、房产等代表经济支柱的主流产业。十年前互联网大幕拉开，第一幕是 PC 互联网已结束，以移动互联网为中心的第二幕已经拉开且已到高潮。李彦宏指出，在这些产业拥抱互联网过程中，直到现在仍然处于一个比较迷惘的阶段。

刘强东：未来 20 年中国品牌的崛起

京东商城创始人、董事局主席兼首席执行官刘强东近期表示，中国未来 20 年会出现巨大的竞争，就是中国品牌的崛起，未来 20 年就是全球化的中国品牌崛起的时间，也只有走到那一天，中国才是一个真正的全球化的国家。对于创业者来讲，任何时候出现困难，刘强东希望大家第一时间反思：自己的商业模式和团队有没有问题。如果经过思考，您能够确定商业模式没有问题，团队也没有什么大问题，剩下唯一要做的一定是坚守，坚守，再坚守，一定要坚守到最后不能再坚守的时候。

2016 年，京东集团将建成冷链物流配送网，即冷链、仓储和配送的物流网络，同时准备用两年时间打造“一村一品”，希望通过“品质 + 品牌”的方式，能够把真正农村比较好的东西打造成一个品牌，靠品牌实现农民的溢价。

徐新：只投资消费品品牌、零售连锁、消费互联网

今日资本创始人兼总裁徐新近日表示，她在全民创业和万众创新的大环境下只投资三个领域，一是消费品品牌，二是零售连锁，三是消费互联网。如果说其他人可能投100个项目来赌赛道，她认为自己是在赌赛手，她更看重具有狼性的企业家。

在她看来，这些人一般有几个特点：一是嗅觉灵敏，有洞察力，能感受到别人感受不到的东西，看到别人看不到的东西；二是学习能力强；三是领导力强，能够吸引一帮牛人跟你一起干。徐新认为在移动互联网时代，创业很残酷，机会来临的时候，创业公司要舍命狂奔，市场份额达到70%才安全。她认为企业要想高速成长，第一个是抓住消费者升级，第二个就是品质提升。另外，徐新非常关注分享经济，她认为当边际成本为零的时候，资本主义那套就行不通了，因为资本主义是逐利的，利润最大化，而当成本是零的时候，没有成本，就可以共享了。这里有一个众筹的概念，以后都是社会化的东西，没有必要养那么多员工，配送可以搞社会化。

Jim Breyer：现在是“90后”青年创业者最佳时机

Jim Breyer（吉姆·布雷耶）曾多年被《福布斯》评为全球第一风险投资人，2005年成功投资了Facebook的A轮，此前任Accel Partners董事长、合伙人，在沃尔玛任12年的董事，现为Breyer Capital的创始人兼CEO。

他对未来创业的投资趋势主要看好四个领域，一是医疗应用领域，二是互联网金融服务，三是人工智能，四是在线教育。Jim Breyer认为在移动互联网时代，现在是20岁到24岁之间的青年在应用开发和创新中创业的最佳时机。

第三节　创业机会评价

一、蒂蒙斯创业机会评价框架

蒂蒙斯的创业机会评价框架，涉及行业与市场、经济价值、收获条件、竞争优势、管理团队、致命缺陷问题、个人标准、理想与现实的战略差异等8个方面的53项指标。通过一种量化的方式，创业者可以利用这个体系模型对行业和市场问题、竞争优势、经

济结构和收获、管理团队、致命缺陷等作出判断，来评价一个创业企业的投资价值和机会。如表 5-1 所示。

表 5-1　蒂蒙斯创业机会评价框架

评价项目	评价指标
行业与市场	1. 市场容易识别，可以带来持续收入 2. 顾客可以接受产品或服务，愿意为此付费 3. 产品的附加值高 4. 产品对市场的影响力大 5. 将要开发的产品生命长久 6. 项目所在的行业是新兴行业，竞争不完善 7. 市场规模大，销售潜力达到 1 千万—10 亿元 8. 市场成长率在 30%—50%甚至更高 9. 现有厂商的生产能力几乎完全饱和 10. 在 5 年内能占据市场的领导地位，达到 20%以上 11. 拥有低成本的供货商，具有成本优势
经济价值	1. 达到盈亏平衡点所需要的时间在 1.5—2 年以下 2. 盈亏平衡点不会逐渐提高 3. 投资回报率在 25%以上 4. 项目对资金的要求不是很大，能够获得融资 5. 销售额的年增长率高于 15% 6. 有良好的现金流量，能占到销售额的 20%—30%以上 7. 能获得持久的毛利，毛利率要达到 40%以上 8. 能获得持久的税后利润，税后利润率要超过 10% 9. 资产集中程度低 10. 运营资金不多，需求量是逐渐增加的 11. 研究开发工作对资金的要求不高
收获条件	1. 项目带来附加值，具有较高的战略意义 2. 存在现有的或可预料的退出方式 3. 资本市场环境有利，可以实现资本的流动
竞争优势	1. 固定成本和可变成本低 2. 对成本、价格和销售的控制较高 3. 已经获得或可以获得对专利所有权的保护 4. 竞争对手尚未觉醒，竞争较弱 5. 拥有专利或具有某种独占性 6. 拥有发展良好的网络关系，容易获得合同 7. 拥有杰出的关键人员和管理团队

续表

评价项目	评价指标
管理团队	1. 创业者团队是一个优秀管理者的组合 2. 行业和技术经验达到了本行业内的最高水平 3. 管理团队的正直廉洁程度能达到最高水平 4. 管理团队知道自己缺乏哪方面的知识
致命缺陷	不存在任何致命缺陷
创业家的个人标准	1. 个人目标与创业活动相符合 2. 创业家可以做到在有限的风险下实现成功 3. 创业家能接受薪水减少等损失 4. 创业家渴望进行创业这种生活方式，而不只是为了赚大钱 5. 创业家可以承受适当的风险 6. 创业家在压力下状态依然良好
理想与现实的战略性差异	1. 理想与现实情况相吻合 2. 管理团队已经是最好的 3. 在客户服务管理方面有很好的服务理念 4. 所创办的事业顺应时代潮流 5. 所采取的技术具有突破性，不存在许多替代品或竞争对手 6. 具备灵活的适应能力，能快速地进行取舍 7. 始终在寻找新的机会 8. 定价与市场领先者几乎持平 9. 能够获得销售渠道，或已经拥有现成的网络 10. 能够允许失败

该评价框架对评价主体要求较高，一般要求评价者是行业经验丰富、商业嗅觉敏锐且具有一定管理经验的投资人或创业者，同时还要求使用者熟悉指标内涵以及评估技术。

用该评价框架进行评估，一般要求运用定性与定量相结合的方法，才能得出创业机会的可行性及不同创业机会间的优劣排序。

如上表所见，评价指标比较多，在实际运用过程中可以结合实际需求进行适当的梳理简化、重新分类，提高使用效能。需要注意的是，无论怎样简化，都要把握创业机会的本质特征和基本标准。

对于刚刚创业起步的大学生来说，我们更多的是利用这个框架，参照分析自己的若干创业机会，可以按极好（3 分）、好（2 分）、一般（1 分）三个等级进行打分，形成打分矩阵表，选出比较好的创业机会。

二、刘常勇创业机会评价框架

台湾中山大学教授、知名创业管理研究学者刘常勇的创业机会评价框架涉及市场评价、回报评价 2 个方面的 14 项指标，与蒂蒙斯框架相比，这个框架更简单，容易操作，且更加符合中国企业的特点。

表 5–2 刘常勇创业机会评价框架

评价项目	评价指标
市场评价	1. 是否具有市场定位，专注于具体顾客需求，能为顾客带来新的价值 2. 依据波特的五力模型进行创业机会的市场结构评价 3. 分析创业机会所面临市场的规模大小 4. 评价创业机会的市场渗透力 5. 预测可能取得的市场占有率 6. 分析产品成本结构
回报评价	1. 税后利润至少高于 5% 2. 达到盈亏平衡的时间应该低于 2 年。 3. 投资回报率应高于 25% 4. 资本需求量较低 5. 毛利率应该高于 40% 6. 能否创造新企业在市场上的战略价值 7. 资本市场的活跃程度 8. 退出和收获回报的难易程度

三、创业机会的基本维度分析

创业机会评价就是通过一系列方法对创业机会进行全面考察和综合分析，最后作出一个比较科学的结论。世界上并不存在百分百好的创业机会，对于创业者来说，任何创业机会都各有利弊，而且都存在一定的风险。创业者在利用创业机会之前一定要对创业机会进行科学分析与评价，然后作出选择。只有这样才能最大限度地避免创业的盲目性和随意性，增加创业成功的几率。

上文介绍的两个评价框架固然经典，但是都涉及比较具体的定性和定量分析，这对于一些创业基础比较薄弱的学生来说，很难做到准确有效。因此我们试图对创业机会评价的几个重要维度给出解释，便于同学们进行相对模糊的创业机会评价，准确性恐怕不如上面两个框架，但依然有一定的指导作用。

（一）市场

1. 市场规模和价值

如果市场规模和价值小，往往是不足以支撑企业长期发展的。而创业者若进入一个市场规模巨大而且还在不断发展的市场，即使只占有很小的一个份额，也能够生存下来度过发展期。并且存在竞争对手也不担心，因为市场足够大，构不成威胁。一般来说，市场规模和价值越大，创业机会越有价值。

2. 市场进入障碍

如果创业机会面临着进入市场的障碍，那么就不是一个好的创业机会。比如存在资源的限制、政策的限制、市场的准入控制等，都可能成为市场进入的障碍，削弱创业机会。但是，对于进入障碍要进行辨证的分析，进入障碍小是针对创业者自身的。如果创业者进入以后，不能够阻止其他企业进入市场，这也不是一个好的创业机会。

3. 市场控制程度

如果能够对渠道、成本或者价格有较强的控制，这样的创业机会比较有价值。如果市场上不存在强有力的竞争对手，控制的强度就比较大。如果竞争对手已有较强的控制能力，例如把握了原材料来源，独占了销售渠道，取得了较大的市场份额，对于价格有较大的决定权，在这种情况下，新创企业的发展空间就很小。除非这个市场的容量足够大，而且主要竞争者在创新方面行动迟缓，时常损害客户的利益，才有可能进入。

（二）运营

1. 启动所需资金

大多数有较大潜力的创业机会需要相当大数量的资金来启动，只需少量或者不需要资金的创业机会是极其罕见的。如果需要过多的资金，这样的创业机会就缺乏吸引力。有着较少或者中等程度的资金需要量的创业机会是比较有价值的，创业者需要根据自身的资金实力和可以动用的资源来评价创业机会，超出能力范围的不应考虑。

2. 盈利能力与潜力

创业的目标就是要获得收益，这要求创业机会能够有合理的盈利能力，包括较高的毛利率和市场增长率。毛利率高说明创业项目的获利能力强，市场增长率表明了市场的发展潜力，使得投资的回报增加。如果每年的投资收益率能够维持在25%以上，这样的创业机会是很有价值的；而每年的投资收益低于15%，是不能够对创业者和投资者产生很大的吸引力的。

3. 成本竞争优势

竞争优势的来源之一就是成本，较低的成本会给创业企业带来较大的竞争优势，使得该创业机会的价值较高。创业企业靠规模来达到低成本是比较可行的，低成本的优势大多来自于技术和工艺的改进以及管理的优化，创业机会如果有这方面的特质，对于创业者来说是非常有利的。

4. 盈亏平衡点

有价值的创业机会可能是项目在两年内盈亏平衡或者取得正现金流。如果取得盈亏平衡和正现金流的时间超过三年，那对于创业者的要求就高了，因为大多数创业者支撑不了这么长的时间，其他的投资者和合作伙伴也没有这么长时间的耐心，这种创业机会的吸引力就大大降低了，除非有其他方面的重大利好。

（三）缺陷与退出

创业机会不应该有致命的缺陷，如果有一个或者多个致命的缺陷，将使得创业机会变得没有价值。

有吸引力的创业机会还应该有比较理想的获利和退出机制，便于创业者和投资者获取资金及实现收益。没有任何退出机制的创业企业和创业机会是没有太大吸引力的。

视野延展

机会也有成本

机会成本是指为了得到某种东西而所要放弃另一些东西的最大价值，也可以理解为在面临多方案择一决策时，被舍弃的选项中的最高价值者是本次决策的机会成本。从创业的角度看，选择创业的同时意味着产生了机会成本，这是不可避免的。

机会成本所指的机会必须是创业者可以选择的项目，若不是创业者可选择的项目便不属于决策者的机会。放弃的机会中收益最高的项目才是机会成本，即机会成本不是放弃项目的收益总和。在稀缺性的世界中选择一种东西意味着放弃其他东西。机会成本是指在资源有限条件下，当把一定资源用于某种产品生产时所放弃的用于其他可能得到的最大收益。使用机会成本的概念可以促使创业者比较合理地分配和使用资源。

评估创业机会的过程，往往要从多个选择中作出唯一的决策，即需要作出机会成本的判断。一个好的创业项目，并不一定适合所有创业者。几乎每一个初次创业者都会发现，忽略其他市场机会是一件非常困难，甚至相当痛苦的事情。但我们要意识到，并不是市场越多，成功的可能性就越大，相反，过多的市场会分散我们的注意力，只会降低成功的可能性。对创业者来说，成功意味着你既要有能力选择一个市场，又要敢于果断放弃其他市场。通过挑选可以制胜的唯一市场，你的企业可以轻松巩固市场地位，在耗尽现有资源之前努力获得正向现金流。

拓展训练

一、无处不在的创业机会

环顾四周，把看到的物体记下来（不用想太多，随意写下）。然后围绕三个物体进行大量联想——有哪些创业机会?

尽可能多地记录下你想到的创业机会，无论有多么天马行空。看看谁想到的最多?看看哪个想法最具创意?

物体 1:______________________

创业想法:____

物体 2:______________________

创业想法:____

物体 3:______________________

创业想法:____

1. 在上述创业机会中，对你而言，最可能成功的想法是哪个?为什么?

____

2. 分享创意，在你听到的所有机会中，你认为哪一个最有价值，为什么?

____

二、爆款我来做

雾霾肆虐之时，云计算、大数据、人工智能……热词一个接一个往外喷的科技圈沉默无语。相比争相推出空气净化器的传统家电厂商，2017 年，智能口罩原本可以成为可穿戴设备市场的爆款，但科技创客们再度错失良机。

1. 同学们按小组进行讨论，根据本章学习的方法，在 15 分钟内，试着设计一款智能口罩。

设计图	说明

2. 各小组派代表进行 2 分钟展示，并回答其他组的问题。

3. 其他组根据蒂蒙斯创业机会评价框架对其打分，去掉一个最高分，去掉一个最低分，再取平均值为该组项目最终得分。

组号	项目	得分	组号	项目	得分

4. 哪个小组的设计得了最高分？请为他们的创意鼓掌！

____

5. 综合所有小组的优势，你有信心打造出一个智能口罩爆款吗？记录下你此刻的想法吧。

____

____

思考题

阅读教材，搜集资料，深入探索，认真思考并回答以下问题。注意说明你的理由，形成自己的见解。

1. 巴尔扎克说过：机会的获得是极不容易的，需具备三大条件，那就是像鹿一般会跑的腿，逛马路的闲工夫，犹太人那样的耐性。你如何理解这句话？

2. 你知道什么是“痛点”吗？如何利用“痛点”来识别创业机会？

3. 你更愿意进入“红海”还是“蓝海”？

4. 你的同专业师哥师姐们，他们的创业项目涉及哪些领域？总结出最普遍的3—10个创业方向，并说明这些方向与专业是否相关。

5. 特定创业机会的好与坏，是有固定答案的吗？能举例说明吗？

6. 只能用三个问题来评价创业机会，你会用哪三个问题？

实践活动

设计创业机会评价量表

请根据“校园外卖项目”设计一个简单的创业机会评价量表，注意必须包含最关键的评价因素，尽量直观地反映出该创业机会的优劣。

评价项目	评价指标

第六章　创业风险控制

学习目标

1. 了解风险的概念与构成，初步认知风险的含义。
2. 了解创业风险的来源与分类，认知尽可能多的创业风险现象。
3. 掌握识别创业风险的原则与方法，能够识别常见的创业风险。
4. 掌握管理创业风险的策略与措施，能够防范常见的创业风险。

翻转课堂

如何保护知识产权

陈路和李佳在毕业之际找到了自己的创业项目——单反相机保护套，并且获得了市场初步的认可。但是二人由于商标和专利保护意识不够，没有及时申请专利，业务开展一段时间后，在网上迅速出现了大量的仿造品，对他们的生意产生了巨大的影响，于是他们开始考虑是否能通过法律途径进行解决。

观看案例视频后，你有什么感想？小组充分讨论，得出观点。

观看点评视频（或听讲），记录专家（或授课教师）的观点。

第一节　创业风险认知

一、风险的概念与构成

通俗地讲，风险是指一个事件产生我们所不希望的后果的可能性，以及某一特定危险情况发生的可能性和后果的组合。学术界对风险的内涵没有统一的定义，由于对风险的理解和认识程度不同，或对风险的研究的角度不同，不同的学者对风险概念有着不同的解释，但无论如何定义“风险”一词，其基本的核心含义是“未来结果的不确定性或损失”，以及“个人和群体在未来遇到伤害的可能性以及对这种可能性的判断与认知”。如果采取适当的措施使破坏或损失的概率不会出现，或者说智慧的认知，理性的判断，继而采取及时而有效的防范措施，那么不仅可以规避风险，可能还会带来比例不等的收益，有时风险越大，回报越高，机会越大。

构成风险的要素主要包括风险因素、风险事件和风险损失三个方面。

图 6–1　风险的构成要素

（一）风险因素

风险因素是指能够引起或增加风险事件发生的机会或影响损失的严重程度的因素，是事故发生的潜在条件，一般又称为风险条件。引发风险的因素是多方面的、综合性的，但在风险因素作用过程中有主次之分，有时是人的因素为主，有时是物的因素为主，有时是社会因素为主，有时是自然因素为主，并且主要风险因素与次要风险因素的地位也是随着条件的变化而改变着的。

（二）风险事件

风险事件是风险因素综合作用的结果，是产生风险损失的原因，也是风险损失产生的媒介物。换言之，风险事件是指风险的可能变成了现实，以致引起损失的后果。如火灾、水灾、地震、爆炸、碰撞等均是典型的风险事件。风险事件与风险因素是不同的，之所以要严格区分风险事件与风险因素，是因为两者在风险损失形成过程中的作用是不一样的，两者之间存在着先后的逻辑关系。

（三）风险损失

风险损失是指非故意的、非预期的、非计划的利益的减少，这种减少可以用货币来衡量。一般而言，风险和损失构成一对因果关系，风险为因，损失为果。但是，风险并不是损失的同义词，风险是发生损失的可能性，而损失是实际上发生的财产物资的损耗或消耗。风险只有转化为现实，才能造成损失，但它本身并不是损失。风险损失有两种形态：一是直接损失，包括财产损失、收入损失、费用损失等；二是间接损失，包括商业信誉、企业形象、业务关系、社会利益等的损失，以及由直接损失而导致的第二次损失。如某一国际企业的海外子公司等被国有化或违规操作被关闭，除了财产上的损失（直接损失）之外，企业不能再在该国从事生产经营活动，从而引起该企业全球战略被破坏（间接损失）。

风险因素引起风险事件，风险事件导致风险损失。风险因素、风险事件、风险损失密切相关。它们三位一体构成了风险存在与否的基本条件。

二、创业风险的来源

创业路上充满风险，这是每一个创业者都一定要面对的问题，这是由创业的本质与创业活动的特点决定的。创业环境的不确定性，创业机会与创业企业的复杂性，创业者、创业团队与创业投资者的能力与实力的有限性，是创业风险的根本来源。由于创业的过程往往是将某一构想或技术转化为具体的产品或服务的过程，在这一过程中，存在着几个基本的、相互联系的缺口，它们是上述不确定性、复杂性和有限性的主要来源，也就是说，创业风险在给定的宏观条件下，往往就直接来源于这些缺口 。

（一）融资缺口

融资缺口存在于学术支持和商业支持之间，是研究基金和投资基金之间存在的断层。其中，研究基金通常来自个人、政府机构或公司研究机构，它既支持概念的创建，还支持概念可行性的最初证实；投资基金则将概念转化为有市场的产品原型（这种产品原型有令人满意的性能，对其生产成本有足够的了解并且能够识别其是否有足够的市场）。创业者可以证明其构想的可行性，但往往没有足够的资金将其实现商品化，从而给创业带来一定的风险。通常，只有极少数基金愿意鼓励创业者跨越这个缺口，如富有的个人专门进行早期项目的风险投资，以及政府资助计划等。

（二）研究缺口

研究缺口主要存在于仅凭个人兴趣所做的研究判断和基于市场潜力的商业判断之间。当一个创业者最初证明一个特定的科学突破或技术突破可能成为商业产品基础时，他仅仅停留在自己满意的论证程度上。然而，这种程度的论证后来不可行了，在将预想的产品真正转化为商业化产品（大量生产的产品）的过程中，即具备有效的性能、低廉的成本和高质量的产品，在能从市场竞争中生存下来的过程中，需要大量复杂而且可能耗资巨大的研究工作（有时需要几年时间），从而形成创业风险。

（三）信息和信任缺口

信息和信任缺口存在于技术专家和管理者（投资者）之间。也就是说，在创业中，存在两种不同类型的人：一是技术专家；二是管理者（投资者）。这两种人接受不同的教育，对创业有不同的预期、信息来源和表达方式。技术专家知道哪些内容在科学上是有趣的，哪些内容在技术层上是可行的，哪些内容根本就是无法实现的。在失败类案例中，技术专家要承担的风险一般表现在学术上、声誉上受到影响，以及没有金钱上的回报。管理者（投资者）通常比较了解将新产品引进市场的程序，但当涉及具体项目的技术部分时，他们不得不相信技术专家，可以说管理者（投资者）是在拿钱冒险。如果技术专家和管理者（投资者）不能充分信任对方，或者不能够进行有效的交流，那么这一缺口将会变得更深，带来更大的风险。

（四）资源缺口

资源与创业者之间的关系就如颜料和画笔与艺术家之间的关系。没有了颜料和画笔，艺术家即使有了构思也无从实现。创业也是如此。没有所需的资源，创业者将一筹莫展，创业也就无从谈起。在大多数情况下，创业者不一定也不可能拥有所需的全部资源，这就形成了资源缺口。如果创业者没有能力弥补相应的资源缺口，要么创业无法起步，要么在创业中受制于人。

（五）管理缺口

管理缺口是指创业者并不一定是出色的企业家，不一定具备出色的管理才能。进行创业活动主要有两种：一是创业者利用某一新技术进行创业，他可能是技术方面的专业人才，但却不一定具备专业的管理才能，从而形成管理缺口；二是创业者往往有某种“奇思妙想”，可能是新的商业点子，但在战略规划上不具备出色的才能，或不擅长管理具体的事务，从而形成管理缺口。

三、创业风险的分类

根据不同的角度，创业风险有很多种分类。了解创业风险的分类，可以帮助我们了解创业风险可能发生的情况。不论是哪类风险，在创业机会识别阶段，创业者都应该尽可能地预测到相应的风险，进而理性把握相关风险。

（一）系统风险与非系统风险

系统风险即创业环境的不确定性带来的风险，诸如商品市场需求及竞争的不确定性、生产要素市场供给的不确定性、国家法律及政府政策规制的不确定性等带来的风险。系统风险是创业者自身难以掌控的，创业者只能加强监测和预警，进而努力规避之。

非系统风险即创业者自身行为的不确定性带来的风险，诸如创意可实施性的不确定性、创业团队能力的不确定性带来的风险等。非系统风险是创业者通过自身的努力，有可能防范，甚至可以化解的。

（二）创业过程中的风险

在创业过程中，可能出现的风险包括：机会识别与评估风险、团队风险、确定并获取创业资源的风险、创业产品开发风险和创业企业管理风险等。

机会识别与评估风险是指创业者在项目选择过程中，由于创业者信息掌握不够全面、能力不足、问题解决不当等主客观因素，面临创业方向选择和决策失误的风险。

团队风险是在团队组建过程中，由于团队成员选择不当或者缺少合适的团队成员带来的风险。

确定并获取创业资源的风险是指由于存在资源缺口，无法获得所需要的资源，或者得到所需要的资源对创业活动带来较高的风险。

创业产品开发风险，在产品开发过程中存在技术转化不好、开发周期过长等风险。

创业企业管理风险是指由于管理方式、企业文化等因素，在建立企业组织、管理制度、营销方案等方面中存在的风险。

（三）创业投资产生的风险

按风险对所投入资金即创业投资的影响程度，创业存在安全性风险、收益性风险和流动性风险。

安全性风险，是指从创业投资的安全性角度来看，不仅预期实际收益有损失的可能，而且专业投资者与创业者自身投入的其他财产也可能蒙受损失，即投资方财产的安全存在危险。

收益性风险，是指创业投资的投资方的资本和其他财产不会蒙受损失，但预期实际收益有损失的可能性的风险。

流动性风险，是指投资方的资本、其他财产以及预期实际收益不会蒙受损失，但资金有可能不能按期转移或支付，造成资金运营的停滞，使投资方蒙受损失的可能性的风险。

（四）市场与技术的选择风险

按创业与市场和技术的关系划分，可分为改良型风险、杠杆型风险、跨越型风险和激进型风险。

改良型风险，是指利用现有的市场、现有的技术进行创业所存在的风险。这种创业风险最低，经济回报有限。虽然风险较低，但要想生存和发展，获取较高的经济回报也比较困难，一方面会遭遇已有市场竞争者的排斥或进入壁垒的限制，另一方面即便进入，想要占有一定的市场份额也非常困难。

杠杆型风险，是指利用新的市场、现有的技术进行创业存在的风险。该风险稍高，对一个全球性公司来说，这种风险往往是地理上的，常见于挖掘未开辟的市场，如彩电行业，利用原有技术进入农村市场。

跨越型风险，是指利用现有市场、新的技术进行创业存在的风险。该风险稍高，主要体现在创新技术的应用方面，往往反映了技术的替代，是一种较常见的情况，常见于企业的二次创业，领先者可获得一定的竞争优势，但模仿者很快就会跟上。

激进型风险，是指利用新的市场、新的技术进行创业存在的风险。该风险最大，如果市场很大，可能会带来巨大的机会，对于第一个行动者而言，其优势在于竞争风险较低，但是知识产权保护力度很弱，市场需求不确定，确定产品性能有很大的风险。

视野延展

大学生创业的常见风险

大学生创业者要认真分析自己创业过程中可能会遇到哪些风险，这些风险中哪些是可以控制的，哪些是不可控制的，哪些是需要极力避免的，哪些是致命的或不可管理的。分析一旦这些风险出现，你应该如何应对和化解。特别需要注意的是，一定要明白最大的风险是什么，最大的损失可能有多少，自己是否有能力承担并渡过难关。

根据对大学生创业者的观察，总结出大学生创业常见的创业风险。

1. 团队

现代企业越来越重视团队的力量。创业企业在诞生或成长过程中最主要的力量来源一般都是创业团队。一个优秀的创业团队能使创业企业迅速地发展起来。但与此同时，风险也就蕴含在其中，团队的力量越大，产生的风险也就越大。

一旦创业团队的核心成员在某些问题上产生分歧，不能达到统一时，极有可能会对企业造成强烈的冲击。事实上，做好团队的协作并非易事。特别是与股权、利益相关联时，很多初创时很好的伙伴都会闹得不欢而散。

意识上的风险是创业团队最内在的风险。这种风险来自于无形，却有强大的毁灭力。风险性较大的意识有：投机的心态、侥幸心理、试试看的心态、过分依赖他人、回本的心理等。

一些研发、生产或经营性企业需要面向市场，大量的高素质专业人才或业务队伍是这类企业成长的重要基础。防止专业人才及业务骨干流失应当是创业者时刻注意的问题，在那些依靠某种技术或专利创业的企业中，拥有或掌握这一关键技术的业务骨干的流失是创业失败的最主要风险源。

很多大学生创业者眼高手低，当创业计划转变为实际操作时，才发现自己根本不具备解决问题的能力，这样的创业无异于纸上谈兵。一方面，大学生应去企业打工或实习，积累相关的管理和营销经验；另一方面，积极参加创业培训，积累创业知识，接受专业指导，提高创业成功率。

2. 项目

大学生创业时如果缺乏前期市场调研和论证，只是凭自己的兴趣和想象来决定投资方向，甚至仅凭一时心血来潮作决定，一定会碰得头破血流。大学生创业者在创业初期一定要做好市场调研，在了解市场的基础上创业。一般来说，大学生创业者资金实力较弱，选择启动资金不多、人手配备要求不高的项目，从小本经营做起比较适宜。

3. 资金

资金风险在创业初期会一直伴随在创业者的左右。是否有足够的资金创办企业是创业者遇到的第一个问题。企业创办起来后，就必须考虑是否有足够的资金支持企业的日常运作。对于初创企业来说，如果连续几个月入不敷出或者因为其他原因导致企业的现金流中断，都会给企业带来极大的威胁。相当多的企业会在创办初期因资金紧缺而严重影响业务的拓展，甚至错失商机而不得不关门大吉。

另外，如果没有广阔的融资渠道，创业计划只能是纸上谈兵。除了银行贷款、自筹资金、民间借贷等传统方式外，还可以充分利用风险投资、创业基金等融资渠道。

4. 人脉

企业创建、市场开拓、产品推介等工作都需要调动社会资源，大学生在这方面会感到非常吃力。平时应多参加各种社会实践活动，扩大自己人际交往的范围。创业前，可以先到相关行业领域工作一段时间，通过这个平台，为自己日后的创业积累人脉。

5. 管理

一些大学生创业者虽然技术出类拔萃，但理财、营销、沟通、管理方面的能力普遍不足。要想创业成功，大学生创业者必须技术、经营两手抓，可从合伙创业、家庭创业或从虚拟店铺开始，锻炼创业能力，也可以聘用职业经理人负责企业的日常运作。

创业失败者，基本上都是管理方面出了问题，其中包括：决策随意、信息不通、理念不清、患得患失、用人不当、忽视创新、急功近利、盲目跟风、意志薄弱，等等。特别是大学生知识单一、经验不足、资金实力和心理素质明显不足，更会增加在管理上的风险。

6. 竞争

寻找蓝海是创业的良好开端，但并非所有的新创企业都能找到蓝海。更何况，蓝海也只是暂时的，所以，竞争是必然的。如何面对竞争是每个企业都要随时考虑的事，而对新创企业更是如此。

如果创业者选择的行业是一个竞争非常激烈的领域，那么在创业之初极有可能受到同行的强烈排挤。一些大企业为了把小企业吞并或挤垮，常会采用低价销售的手段。对于大企业来说，由于规模效益或实力雄厚，短时间的降价并不会对它造成致命的伤害，而对初创企业则可能意味着彻底毁灭的危险。因此，考虑好如何应对来自同行的残酷竞争是创业企业生存的必要准备。

对于具有长远发展目标的创业者来说，他们的目标是不断地发展壮大企业，因此，企业是否具有自己的核心竞争力就是最主要的风险。一个依赖别人的产品或市场来打天下的企业是永远不会成长为优秀企业的。核心竞争力在创业之初可能不是最重要的问题，但要谋求长远的发展，就是最不可忽视的问题。没有核心竞争力的企业终究会被淘汰出局。

大学生创业过程中所遇到的阻碍并不限于上述情况，在企业发展过程中，随时都将可能有灭顶之灾的风险。保持积极的心态，多学习，多汲取优秀经验，结合大学生既有的特长优势，才能走好创业的旅程。

第二节　创业风险识别

创业风险是创业过程中不可避免的现象，我们必须直面风险并化解它，这是创业过程中的重要任务。

风险识别是应对一切风险的基础，只有识别了风险才可能有化解的机会。同时风险也是一种机会，应该开拓、提高它积极的作用。创业风险识别是创业者依据企业活动，对创业企业面临的现实以及潜在风险运用各种方法加以判断、归类并鉴定风险性质的过程。创业者都必须掌握风险识别的能力，并不断提高这种能力。

感知风险和识别风险是创业风险识别的基本内容。前者是通过调查了解，识别创业风险的存在；后者是通过归类、掌握创业风险产生的原因和条件以及鉴别创业风险的性质，为采取有效的风险处理措施提供基础。创业风险识别不仅要识别创业所面临的风险，更重要的也是最困难的是识别创业过程中各种潜在风险。创业风险识别是创业风险管理过程中最基本和最重要的程序，创业风险识别工作进行得是否全面、深刻，直接影响到整个创业风险管理工作的最终效果。

一、识别创业风险的基本原则

在识别创业风险的过程中，要注意以下原则：

（一）持续动态

由于风险具有可变性，因此创业风险识别工作应该连续地、系统地进行，成为一项持续性、制度化的工作。风险的识别是风险管理的前提和基础，识别的准确与否在很大程度上决定风险管理效果的好坏。为了保证最初分析的准确程度，就应该进行全面系统的调查分析，将风险进行综合归类，揭示其性质、类型及后果。如果没有科学系统的方法来识别和衡量，就不可能对风险有一个总体的综合认识，就难以确定哪种风险是可能发生的，也不可能较合理地选择控制和处置的方法。此外，由于风险随时存在于单位的生产经营（包括资金的借贷与经营）活动之中，所以，风险的识别和衡量也必须是一个连续不断的、制度化的过程。

（二）全面周详

为了对风险进行识别，应该全面系统地考察、了解各种风险事件存在和可能发生的概率以及损失的严重程度，风险因素及因风险的出现而导致的其他问题。损失发生的概率及其后果的严重程度，直接影响创业者对损失危害的衡量，最终决定风险政策措施的选择和管理效果的优劣。因此，必须全面了解各种风险的存在和发生及其将引起的损失后果的详细情况，以便及时而清楚做出比较完备的决策准备。

（三）综合方法

风险是个复杂的系统，包括不同类型、不同性质、不同损失程度的各种风险。由于复杂风险系统的存在，使得某一种独立的分析方法难以对全部风险奏效，因此必须综合使用多种分析方法。从风险损失的不同角度来看，至少要从三个方面来识别创业风险。

一是直接损失。识别直接财产损失的方法很多，例如，询问经验丰富的生产经营人员和资金借贷经营人员，查看财务报表等。

二是间接损失。它是指企业受损之后，在修复前因无法进行生产而影响增值和获取利润所造成的经济损失，或是指资金借贷与经营者受损之后，在追加投资前因无法继续经营和借贷而影响金融资产增值和获取收益所带来的经济损失。间接损失有时候在量上要大于直接损失。间接损失可以用投入产出、分解分析等方法来识别。

三是责任损失。它是因受害方对过失方的胜诉而产生的。只有既具备了熟练的业务知识，又具备了充分的法律知识，才能识别和衡量责任损失。另外，创业团队的核心人员的意外伤亡或伤残所造成的损失，一般是由特殊的检测方法来进行识别的。

另外，对风险进行识别的过程，同时就是对企业生产经营状况及其所处环境进行量化核算的具体过程。在条件允许或具备能力的情况下，风险的识别和衡量要以严格的数学理论作为分析工具，在普遍估计的基础上，进行统计和计算，以得出比较科学合理的分析结果。

（四）节约成本

风险识别的目的就在于为风险管理提供前提和决策依据，以保证创业者以最小的支出来获得最大的安全保障，减少风险损失，因此，在经费限制的条件下，创业者必须根据实际情况和自身的财务承受能力，来选择效果最佳、经费最省的识别方法。在风险识别和衡量的同时，应将该项活动所引起的成本列入财务报表，作综合的考察分析，以保证用较小的支出来换取较大的收益。

二、识别创业风险的常用方法

一般而言，风险识别的方法包括：信息源调查法、数据对照法、资产损失分析法、环境扫描法、风险树分析法、情景分析法、风险清单法，等等。有能力的创业者也可以自行设计识别风险的方法，比如专家调查法、流程图分析法、财务报表分析法、SWOT分析法等。

这里简要介绍几种常见的风险识别方法：

（一）流程图分析法

流程图分析法是指对流程的每一阶段、每一环节逐一进行调查分析，从中发现潜在风险，找出导致风险发生的因素，分析风险产生后可能造成的损失以及对整个组织可能造成的不利影响的方法。流程图是指使用一些标准符号代表某些类型的动作，直观地描述一个工作过程的具体步骤的图。

流程图分析法将一项特定的生产或经营活动按步骤或阶段顺序以若干个模块形式组成一个流程图系列，在每个模块中都标示出各种潜在的风险因素或风险事件，从而给决策者一个清晰的总体印象。在企业风险识别过程中，运用流程图绘制企业的经营管理业务流程，可以将对企业各种活动有影响的关键点清晰地表现出来，结合企业中这些关键点的实际情况和相关历史资料，就能够明确企业的风险状况。这个方法在创业活动中同样适用。

（二）资产财务状况分析法

资产财务状况分析法即按照企业的资产负债表及损益表、财产目录等的财务资料，创业者经过实际的调查研究，对企业财务状况进行分析，发现其潜在风险的方法。在创业的初期阶段，创业者常常需要对投资方案进行经济评价，以此分析资金风险，这里介绍几个常用的指标。

对投资方案的经济评价之静态评估，常用3个指标：

（1）投资利润率（ROI）=年利润或年均利润/投资总额 ×100%

（2）投资回收率=（年利润或年均利润+折旧）/投资总额 ×100%

（3）简单投资回收期（不考虑资金的时间价值）=投资总额/年平均盈利

对投资方案的经济评价之动态评估，常用2个指标：

（1）现金净流量现值=累计财务净现值 $=\Sigma(CI-CO)_t/(1+IC)^t$

式中：t 为计算年份数，$(CI-CO)_t$ 为第 t 年的净现金流量，IC 为折现率。

（2）内部收益率：指投资项目的净现值为0时的报酬率。

内部收益率是一个宏观概念指标，最通俗的理解为项目投资收益能承受的货币贬值、通货膨胀的能力。比如内部收益率 10%，表示该项目操作过程中每年能承受货币最大贬值 10% 或通货膨胀 10%。

在实际操作中，如有需要，同学们可以自行学习相关知识，或找经济相关专业的教师或老师帮忙，按照合适的指标，进行合理的评估，科学准确地识别创业风险。

（三）其他

分解分析法指将一复杂的事物分解为多个比较简单的事物，将大系统分解为具体的组成要素，从中分析可能存在的风险及潜在损失的威胁的方法。

失误树分析方法（Fault Tree Analysis，简称 FTA，也称作故障树分析法、事故树分析法），是以图解表示的方法来调查损失发生前种种失误事件的情况，或对各种引起事故的原因进行分解分析，具体判断哪些失误最可能导致损失风险发生的方法。失误树分析是从一个可能的事故开始，自上而下、一层层地寻找顶事件的直接原因和间接原因事件，直到基本原因事件，并用逻辑图把这些事件之间的逻辑关系表达出来。

任何一种方法不可能揭示出目标项目面临的全部风险，更不可能揭示导致风险事件的所有因素，因此我们建议根据创业的一般过程，对可能涉及的所有问题进行考虑，尽可能多地罗列可能发生的风险。

风险识别是一个连续不断的过程，仅凭一两次分析不能解决问题，许多复杂的和潜在的风险要经过多次识别才能获得较为准确的答案。

视野延展

评估你的创业风险承受力

每个人对于风险的承受力是不一样的，有的人有足够的能力和资源去驾驭风险，那么风险因素对他来说影响并不是最重要的考量指标；而有的人可能自身无法承受创业失败带来的损失（包括物质和心理上），那么就应该分析一下现在选择创业时机是否正确，又或者是自己根本不适合创业。

一般而言，风险承受度太高或太低均不利于新企业的发展。风险承受度太低的创业者，由于决策过于保守，相对拥有的创新机会也会比较少；但风险承受度太高的创业者，也会因为孤注一掷的举动，而常将企业陷入险境。一个能以理性分析面对风险的人，才是比较理想的创业者。

创业者风险承受力的评估，主要通过以下几个方面进行综合考虑。

1. 创业机会与个人目标的契合程度

创业过程中遭遇的困难与风险极大，因此有必要了解创业者的创业动机，以利于判断他愿意为创业活动付出的代价程度。一般认为，新创业机会与个人目标的契合程度越高，则创业者投入意愿与风险承受意愿自然也会越大，新创业目标最后获得实现的几率也相对较高。

2. 需要付出的机会成本

一个人一生的黄金岁月大约只有30年，其间可分为学习、发展与收获等不同阶段，而为了这项创业机会，你将需要放弃什么？可以从其中获得什么？得失的评价如何？参与创业，需要仔细思考创业所要付出的机会成本，经由机会成本的客观判断，可以得知新创业机会是否真的对于个人生涯发展具有吸引力。

3. 对于失败的底线

古人说，留得青山在，不怕没柴烧。创业必然需要面对可能失败的风险，但创业者也不宜将个人声誉与全部资源都压在一次创业活动上。理性的创业者必须要自己设定承认失败的底线，以便保留下次可以东山再起的机会。失败的底线，可以有效判断创业者的风险承受能力。

4. 个人的风险偏好

创业者个人的风险偏好不同。一般来说，喜欢冒险，具有风险意识的创业者要比安全保守的创业者风险承受能力强。

创业者的耐压性与负荷承受度，也是评量创业者风险承受力的一项重要指标。负荷承受度与创业者愿意为新创业投入工作量多寡，以及愿意忍受的辛苦程度密切相关。

对于风险的承受力其实更多的是对创业者心理素质的考量，因为创业者一旦选择创业，那么他面对的将不再是自己个人的事情：家庭、员工、社会责任、个人前途，每一个环节都需要认真仔细地考虑、衡量。

第三节　创业风险管理

所谓理性把握创业风险，即分析、判断创业风险的具体来源、发生概率、程度大小，对可能的风险因素进行评估；测算借机冒险创业的“风险收益”，设计并选择综合风险较小且自己有能力承受相关风险的行动方案，并提前准备相应的风险应对预案，这就是创业风险的管理。

一、创业风险的管理策略

管理创业风险，根据特定风险可能的发生频率与损失程度，一般有这样几种应对策略。

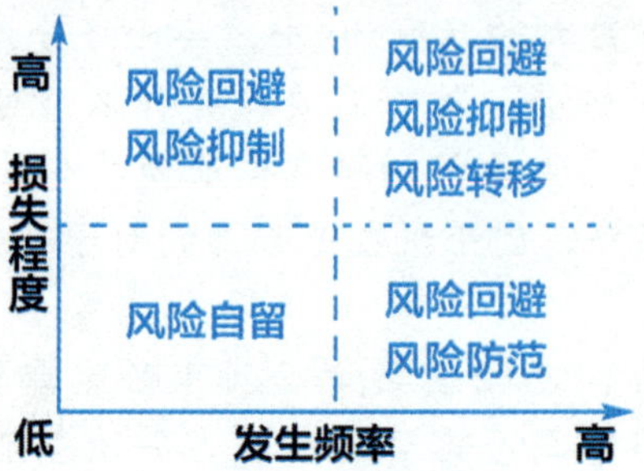

图 6-2 创业风险的管理策略

（一）风险回避

风险回避是指创业者有意识地放弃风险行为，避免特定的风险损失的行为。简单的风险回避是一种最消极的风险处理办法，因为创业者在放弃风险行为的同时，往往也放弃了潜在的目标收益。所以一般只有在以下情况下才会采用这种方法：

（1）创业者对该风险极端厌恶。

（2）存在可实现同样目标的其他方案，其风险更低。

（3）创业者无能力消除、转移、抑制或防范该风险。

（4）创业者无能力承担该风险，或承担风险得不到足够的补偿。

（二）风险控制

风险控制不是放弃风险，而是有目的、有意识地通过计划、组织、控制和监察等活动来阻止或防范风险损失的发生，削弱损失发生的影响程度，以获取最大利益。风险控制主要包括风险抑制和风险防范，抑制侧重于“阻止”，防范侧重于“预防”。对于创业者来说，风险的防范是需要格外留意的风险管理策略。

（三）风险转移

风险转移是指通过契约，将让渡人的风险转移给受让人承担的行为。通过风险转移过程有时可大大降低创业者的损失程度。

风险转移的主要形式是合同转移和保险转移。合同转移，就是通过签订合同，将部分或全部风险转移给一个或多个其他参与者。保险转移，是使用最为广泛的风险转移方式。

（四）风险自留

风险自留即风险承担。也就是说，如果损失发生，创业者将以当时可利用的任何资金进行支付。风险自留包括无计划自留、有计划自我保险。

无计划自留指风险损失发生后从收入中支付，即不是在损失前作出资金安排。当创业者没有意识到风险并认为损失不会发生时，或将意识到的与风险有关的最大可能损失显著低估时，就会采用无计划保留方式承担风险。一般来说，无计划保留应当谨慎使用，因为如果实际总损失远远大于预计损失，将引起资金周转困难。

有计划自我保险指在可能的损失发生前，通过作出各种资金安排以确保损失出现后能及时获得资金以补偿损失。有计划自我保险主要通过建立风险预留基金的方式来实现。

二、常见创业风险的防范

在创业的过程中，我们应该不断地问自己：还有可能存在哪些风险？如何防范？这里就常见的创业风险，给出了可以尝试的防范措施。注意：每一个特定的风险，都有其自身的特点，不能指望有万能的措施去防范，而要根据实际情况作出判断和应对。

（一）机会风险

创业者在创业之初，由于缺乏创业能力，缺乏实践经验，在选择创业项目过程中可能出现随意性。项目来源有朋友介绍的，有偶然碰到的，有靠灵感产生的，有看到别人正在做的，有听了一场报告知道的，有看到了报纸上介绍的——偶然发现的项目，能够做起来往往也是偶然。

可以尝试的防范措施：把选择项目设定为创业必须的程序之一，学会在实践中去选择、检验创业项目，不能简单依靠创业者的主观评价。

（二）技术风险

技术创新能够带来丰厚的回报，但是技术转化到产品过程中也存在着巨大的风险，在具有一定技术含量的创业项目进行操作时，要注意防范技术风险。

可以尝试的防范措施：首先，加强对技术创新方案的可行性论证，减少技术开发和技术选择的盲目性，技术要聚焦，不能过于分散；其次，要通过组建技术联合体或建立创新联盟等方式来分散技术创新的风险；最后，要不断激发技术开发人员工作的积极性和创造性，高度重视知识产权。

（三）管理风险

管理运作过程中因信息不对称、管理不善、判断失误等因素，会影响管理的水平。管理风险具体体现在构成管理体系的每个细节上，可以分为四个部分：管理者的素质、组织结构、企业文化、管理过程。

可以尝试的防范措施：

（1）管理者的素质。首先要加强领导者自身的品德修养，从而增强企业凝聚力和激励性，同时着力弥补其他方面如资源劣势等方面的不足，提升管理的效率和效果；其次要扩展知识，对技术创新涉及的知识方法等有一定的了解，增强与技术创新人员的沟通，从而对创新活动的组织更为科学；最后要全面提升管理层人员的素质和能力，管理人员尤其要注重协作沟通能力的提高，刻意培养管理创新意识和创新能力。

（2）组织结构。中小企业应在组织效率和灵活性上充分发挥自身先天优势；积极利用多种渠道与社会组织加强内外信息沟通和交流；注重知识经验的有效识别和积累，加强企业知识管理，建立知识储备库；扩大企业开放程度，利用各种社会力量，与高校、科研院所建立密切关系，增强组织对创新方向的把握。

（3）企业文化。要致力于良好的企业文化的培养，除了形成和培养凝聚力、向心力之外，还要尤其注重塑造创新精神和团队精神，真正把创新作为企业生存和发展的根本所在，树立朝气蓬勃、齐心向上的企业精神，为一切创新活动创造良好的环境。

（4）管理过程。应该遵循对技术创新管理的科学性，减少管理人员的随意性。首先，要设立正确的创新目标，最大限度地利用现有条件制订科学合理的计划，其中包括对风险的预测及建立相应的防范规避机制。其次，组织的过程管理要以计划为依据，充分挖掘企业各种资源，使现有资源的效用发挥到最大，注意组织结构的适时调整。领导过程要以现有目标为前提，加强对参与创新人员的适当激励，保持创新团队的士气。最后，控制环节除了要注重一般的信息准确及时、控制关键环节、注意例外处理等方面，还应突出关注控制的经济效益，要关注采取行动的效率和效果。

（四）财务风险

财务风险是指公司财务结构不合理、融资不当使公司可能丧失偿债能力而导致投资者预期收益下降的风险。财务风险是企业在财务管理过程中必须面对的一个现实问题，财务风险是客观存在的，企业管理者对财务风险只有采取有效措施来降低风险，而不可能完全消除风险。

可以尝试的防范措施：

（1）建立财务预警分析指标体系，防范财务风险产生财务危机的根本原因是财务风险处理不当，因此，防范财务风险，建立和完善财务预警系统尤其必要。

（2）建立短期财务预警系统，编制现金流量预算。由于企业理财的对象是现金及其流动，就短期而言，企业能否维持下去，并不完全取决于是否盈利，而取决于是否有足够现金用于各种支出。

（3）确立财务分析指标体系，建立长期财务预警系统。对企业而言，在建立短期财务预警系统的同时，还要建立长期财务预警系统。其中获利能力、偿债能力、经济效率、发展潜力指标最具有代表性。反映资产获利能力的有总资产报酬率、成本费用利润率等指标；反映偿债能力的有流动比率和资产负债率等指标；经济效率高低直接体现企业经营管理水平，反映资产运营指标有应收账款周转率以及产销平衡率；反映企业发展潜力的有销售增长率和资本保值增值率。

（4）树立风险意识，健全内控程序，降低或有负债的潜在风险。如订立担保合同前应严格审查被担保企业的资信状况；订立担保合同时适当运用反担保和保证责任的免责条款；订立合同后应跟踪审查被担保企业的偿债能力，减少直接风险损失。

视野延展

3W 的成长史

3W 目前已经形成了咖啡馆、3W 创新传媒、互联网垂直领域招聘网站拉勾招聘、孵化器 NextBig、猎头服务等多元化发展，这些都是一步一步摸索着形成的。这个局面并不是一蹴而就的，而是经过了创业风险的洗礼，逐渐发展、成长起来的。我们一起来听听 3W 咖啡创始人之一许单单讲述 3W 的创业故事：

我们 3W 最开始的时候就是三个互联网人，我们三个合伙人最开始都来自于腾讯。但在做 3W 之前，我们三个人都不认识。腾讯离职员工曾建了一个群叫“永远一家人”，当时想把互联网行业的人聚在一起开个咖啡馆，就在群里发了信息，之后我们才认识的。

我看到很多报道说我们是创业咖啡馆，其实最开始的时候，3W 咖啡真不是一个创业咖啡馆。我们最初的想法是，征集一百个互联网人士，计划开办一个专门为互联网行业聚会沙龙提供场地的咖啡厅。走着走着变了形，变成了今天这个样子。

我们当年第一次开股东大会，大家写了各种好玩的东西，后面都没有实现。比如，将每个桌子用每个互联网的名字命名，有一个大的书架，大家可以捐书，每个桌子有插座，最快的 WI-FI，当年做 3W 的想法极其的简单。只是很好玩，开一个咖啡馆大家聚聚，仅此而已。后来出乎我们意料，不断有很厉害的人加入，我们就慢慢扩大，最后股东增加到 180 个。

3W 刚开起来时我们很开心，大家做了很多小清新的事情。开了之后，痛苦与日俱增。咖啡厅亏欠很严重。创业初期一个月 30 天，至少 25 天待在这个咖啡馆，晚上 11 点之后回家，几乎一年都这么干下来的。想努力让它赚钱，发现赚钱是很困难的。那个时候面临很大的抉择，是继续干下去，还是把它关了？

当时 Ella 在搜狐，我在华夏基金，我们各自干着挺有前途的工作。但咖啡馆倒了怎么办？最后让我们坚持下来的就是责任心。既然股东把钱给了我们，我们就有职责把它做好，不让他们失望。咖啡馆能否赚钱？怎么让咖啡馆不倒？我们经过摸索、调整、请教各路大佬，最后把 3W 定位成现在这样。

第一个，我们的目标，咖啡馆一定要赚钱，回归到生意的本质。我们请了一个专业人士，就是现在这个店的店长，他做了很多年的生意。他刚刚开始在深圳做，做了三个月，整个业绩有大幅度的增长，我发现术业有专攻，我们这帮人真做不好这个事情，所以就请了专业人士。

第二个，我们做了一个传媒公司，叫做 3W 创新传媒。我们做传媒公司，希望我们有品牌，3W 是专注于互联网的品牌，我们只传递有深度的知识，所以我们做了公开课、沙龙之类的。我们过去那个店到今天整整两年，这两年至少做了五百场到六百场的沙龙。整个平均下来三天两场，这是一个巨大的量，初步统计，如此小的北京店，一年都有一万人次参加沙龙，这些人开始慢慢认可我们，我们有了这些用户。我们还做了3W的微信、3W的微博、3W的俱乐部、专家的俱乐部、股东的俱乐部，做了非常多的事情，拥有一个广泛的渠道。像三星、腾讯、百度，都是我们传媒公司的客户。我们就把他们的信息传给意见领袖，帮他们做全国的巡回展演，帮他们做策划，做一个B2B的品牌，怎么做互联网的声音，其实都是我们3W创新传媒做的。

第三个，我们做了一个网站，拉勾网。3W一直做互联网的圈子，预计这个店，基本上一年有两万人次参加这个活动，我们还有深圳的店，还有邮件组、微博、微信，还有自己的官方APP，所以我们覆盖互联网的人群至少二三十万，我们就做了一个互联网的招聘网站。我们拉勾网，它的定位和普通的不一样，第一个是专注于互联网，第二个是专注于中型和早期的公司，比如说拿了A、B轮的公司，因为这个都是我们的模板，你现在上去是不一样的，这个是名字，这个是公司，公司下面有它融资到什么阶段了，它的创始人是谁，相当于我们专注于不是特别大的公司，我觉得这代表一个未来。如果在座各位公司有招聘需求的可以上这个网站。

第四个是一个猎头公司。主要是过去一年多，各种股东说给他们介绍人，后来实在受不了，就做了一个猎头，猎头比拉勾网的层次更高一点，所以招人的话，就可以找它，它是做了非常多年的猎头。

第五个是孵化器——NextBig。我们整个目标是说希望比较优质的人在这边办公，我们入驻团队有整个团队全是哈佛的，整个团队都是牛津、剑桥回来的，整个团队都是阿里、支付宝出来的，很多这样的团队。我们的定位是，可能有过几年工作经验的人，它的创业成功率更高。整个对象是，在一些公司里面或者一些行业里面，有比较丰富经验的人，为他们创业提供一些帮助。我们租来一个座位费给人家，其实是亏钱的，但我们还是提供非常多的服务，包括印名片、政策的服务，还有政府小的扶持基金、请法律顾问等，我们还有无数的股东和老师。我们中午有员工餐，大家可以在这吃饭、聊天，可以干特别多的事情。当然，我们还有一个小的基金，会投这些创业项目。

除了这个之外，我们还做互联网企业家的年会，等等。现在的3W完全是一个中心，我们有咖啡馆这个场地，3W的传媒才比较方便运作所有的事情。因为有3W和传媒，有微信、APP，所以我们的拉勾网有各种人用，有各种用户获取，我们才有猎头，才有一系列的事情。所以我们在3W咖啡馆活不下去的时候，努力寻找活路，找一口饭吃，慢慢变成这个样子。

现在每个业务都有自己的CEO，一路走来，确实没有那么简单。我曾经在深圳碰到了一个大哥，也是我们的股东，我们深圳的咖啡馆就开在他的楼里面，他见到我就说：无数人想把这个圈子圈起来，都没有圈到，而你，作为一个小朋友，用咖啡馆圈到了，你应该做下去的。因为他这句话，我把对冲基金的工作放下，全身心投入到3W咖啡馆，这期间我们经历了无比多的迷茫，才把咖啡馆弄成今天这个样子。

我在美国期间，两个合伙人吵架吵到不再说话。我当时人在美国，只能通过远程 QQ 和他们视频，调节他们俩人的情绪。我回来之后，他们俩不吵了，变成我们开始吵了。估计很多顾客来我们咖啡馆，都见过我们吵架的样子，整整吵了两年。吵架也是一种缘分，吵着吵着，我们吵成了一家人，几乎成了整个北京最亲的人。

拓展训练

一、防范诈骗风险

不法之徒利用 QQ 或微信，冒充被害人亲友进行诈骗，很多人都上过当，损失过钱财。你听说或遭遇过这样的事情吗？

现在的 QQ 或微信，采取了哪些办法控制类似风险？效果如何？

团队讨论：在 QQ 或微信上再加一个功能，起到防范诈骗风险的作用。

注意不要追求答案的新奇花哨，重点在于给出有效的风险防范措施。

和同学们分享，看看哪一组的办法最好、最有效。

二、风险级别与应对措施

创业初期，创业者可能面对各种各样的风险，根据你的创业项目（如果还没有创业项目，由教师指定一个项目），思考你可能遇到的风险，分析该风险的严重性与风险发生的可能性，在下表中标记。建议按风险因素逐个分析，再按风险类别进行总结。

风险类别	风险因素	风险的严重性			风险发生的可能性			风险级别
		高	中	低	高	中	低	
环境风险	国家产业政策 社会服务环境 社会文化 其他							
市场风险	市场接受能力不确定 市场接受时间不确定 赢得市场竞争优势不确定 创新产品扩散速度不确定 其他							
技术（产品）风险	技术成功不确定 技术效果不确定 配套技术不确定							

续表

风险类别	风险因素	风险的严重性			风险发生的可能性			风险级别
		高	中	低	高	中	低	
技术（产品）风险	技术发展前景不确定 技术的可替代性 其他							
财务风险	融资资金不到位 产品成本提高 销售价格降低 通货膨胀 其他							
管理风险	管理层水平 团队稳定性 决策风险 组织风险 股本结构 其他							

填好后，再按照下表分析出每个风险因素的风险级别，填到上表最后一列。显然，三级风险是最严重的，需要我们立即高度重视风险因素。

严重性	风险发生的可能性		
	低	中	高
高	二级风险	三级风险	三级风险
中	一级风险	二级风险	三级风险
低	一级风险	一级风险	二级风险

针对以上三级风险，你打算采取哪些应对措施？

针对以上二级风险，你打算采取哪些应对措施？

针对以上一级风险，你打算采取哪些应对措施？

思考题

阅读教材，搜集资料，深入探索，认真思考并回答以下问题。注意说明你的理由，形成自己的见解。

1. 你观察或你认为，大学生创业面临的最大风险是什么？

2. 创业风险一定会带来损失吗？举例说明。

3. 风险和利益的大小往往是成正比的，所以创业者应该尽可能选择风险大的项目，以追求最大的利益回报，对吗？

4. 每个人对风险的承受力不同，这种承受力是无法改变或提高的，对吗？

5. 很多创业团队可以“共患难”，却无法“共富贵”，你有什么办法防范这个风险吗？

6. 你如何防范大学生创业面临的最大风险？

实践活动

制作风险评估报告

就一个企业案例（如京东、滴滴、格力、沃尔玛等，搜集相关信息），也可以选择本团队的或周围能够深入了解的创业项目，根据本章学习的知识，制作一份“XX 企业 / 团队风险评估报告”。

报告中应包括：

- 比较详尽的创业风险识别与分析，注意风险预判的依据尽量科学合理；
- 针对上述风险，给出风险的管理方案，注意采取的措施尽量切实有效。

报告应具有逻辑性，争取评估有依据、措施有深度，可团队合作完成。

第七章　商业模式设计

学习目标

1. 了解商业模式的概念与构成，初步认知商业模式。
2. 了解常见的商业模式类型，能够辨识常见的商业模式。
3. 了解免费商业模式的概念与类型。
4. 了解平台商业模式的概念、特征、优势与难度。
5. 了解长尾商业模式的概念与应用前提。
6. 了解商业模式设计的原则，掌握设计和评价商业模式的方法。

翻转课堂

创业起步之错

王宁从大三开始就在一家企业信息服务公司实习，工作期间表现很好，也认识了一些客户，累积了一些人脉。在即将毕业的时候，她打算和自己的舍友一起创业，开一家企业服务公司，利用自己的专业特长给企业做网站设计。但是在公司开办之后，遇到了种种问题，进程并不像她们想象的那么顺利。

观看案例视频后，你有什么感想？小组充分讨论，得出观点。

____

____

____

观看点评视频（或听讲），记录专家（或授课教师）的观点。

____

____

____

第一节　商业模式认知

一、商业模式的概念

与商业模式类似的提法有很多，如盈利模式、客户生成模式、收入模式、竞争优势、战略优势、价值主张……这些词常常与商业模式混用，我们应该了解：这些词都不能代表商业模式，商业模式没有同义词。那么到底什么是商业模式呢？事实上，商业模式作为一个特定的词汇，出现的时间并不长，却受到越来越多的重视。

2016 年 3 月 22 日，淘宝宣布阿里巴巴中国零售交易额（GMV）突破 3 万亿元人民币。紧接着 4 月 6 日，阿里巴巴官方微博发布博文宣布，截至 2016 年 3 月 31 日，根据阿里巴巴集团中国零售交易市场的交易总额，阿里巴巴集团已经正式成为全球最大的零售体。阿里巴巴超越 54 年的零售业巨头沃尔玛，只用了 13 年的时间！这样的例子并不罕见，国外的 Facebook 在 2004 年上线，发展十分迅速，时至今日已然成为全球社交网络的垄断者。随着越来越多的企业迅速取得巨大的成功，人们开始提出疑问：这种情况是怎么发生的呢？唯一合理的答案就是企业拥有越来越好的商业模式。随着经济收益越来越像买彩票中大奖（尤其是在互联网领域），商业模式的概念受到了空前的关注，围绕商业模式的研究也越来越丰富，这使得其背后涉及的理念向复杂化发展。

在《商业模式新生代》①一书中，作者给出的定义是：一个商业模式描述的是一个组织创造、传递以及获得价值的基本原理。根据这个定义，我们可以从以下几个角度去理解商业模式：

最简单的商业模式是一种盈利模式，它是一种吸引客户、为他们服务并从中赚钱的方法。

从最基础的层次来说，你的商业模式就是能够让你赚钱的准则。你可以将其视为自己所做的所有工作的结合，也就是你的秘方，以此为你的客户提供价值，自己获取利润。你的工作组合差异性和专有性越强，就越能获得更多收益。

商业模式属于企业的基本架构，企业提供什么服务，生产什么产品，或者销售什么以赚取收益都囊括在这个框架之中。所以每个企业都有自己的商业模式，无论创业者或企业家是否注意到。

商业模式属于整体商业战略的一部分，所以两者经常被混淆。商业战略存在不同层

① 《商业模式新生代》由机械工业出版社 2011 年出版，作者：（瑞士）亚历山大 · 奥斯特瓦德（Alexander Osterwalder）、（比利时）伊夫 · 皮尼厄（Yves Pigneur），译者：王帅、毛心宇、严威。这本书介绍的“商业模式画布”影响广泛。

级，我们需要特定的战略，去实施商业模式的各个部分。换句话说，商业模式关注的是价值创造，也会涉及为客户提供价值时你需要完成的工作；商业战略关注的则是为什么以及如何创造并提升价值。

总的来说，商业模式关注的重点在于创造盈利性收入并保证收入的流动。绝大多数运营、财务及人力资源的问题，都属于创造盈利性收入的附带问题，所以这些问题不在商业模式的范畴之内。

相同的产业，商业模式可能完全不同。淘宝和京东都做线上零售业务，但是这两家企业却有着截然不同的商业模式。由于商业模式各不相同，两家企业的运营原则、企业文化以及盈利模式都大不相同。

商业模式是你在竞争中能够赚取利润的核心要素。很多能让你的产业具有差异性的要素直接来自你的商业模式。如苹果和诺基亚都生产手机，但其商业模式大相径庭，最终诺基亚黯然离场，苹果至今所向披靡。

商业模式和商业计划不是一回事，商业模式是企业运营的核心理念，在此之上，你才能制订自己的商业计划。因此，商业模式应当在你的商业计划中占据大量篇幅。有很多商业计划忽略了商业模式，把大量篇幅留给了与商业计划相关的财务预测与运营细节上。当缺少一个扎实的商业模式时，提出这些预测和细节都是过于草率的行为。相比过去仅仅依靠商业计划，你可以利用在商业模式基础上制订的计划，更准确地预测自己的企业能否取得成功。

商业模式也不能等同于竞争优势。竞争优势只是商业模式的一部分，而非全部。商业模式的内涵比竞争优势更广。比如，你可以拥有巨大的竞争优势，但商业模式依然非常脆弱。假如星巴克决定通过单杯咖啡售价降低的方式提高咖啡销售量，它的竞争优势可能得到些微提升，但是，低价策略可能导致星巴克的商业模式出现巨大变化，甚至会恶化。

商业模式绝不仅仅是一种理念，好的商业模式能够创造性地为客户解决问题，带来比预想更高的利润。

视野延展

4 人卖睡衣，年赚 7000 万元

支付快递费达 23 元可以拿到一件价值 188 元的女式睡衣，支持货到付款，支持退货。消费者是零风险。同一时段在 157 家网站都打这个广告，有 80% 的人都会订上一件。

这家公司既不是中国 500 强，也不是世界 500 强，这时候，很多人即使只为了满足一下好奇心，也会订一件。于是，你就会留下名字、电话、手机、地址，13 天后，快递真的送到你家了，你打开信封一看，这个睡衣质量真不错，在市场里面可能超过 188 元或者 288 元。很多人看不明白，这家公司是干嘛的？是做慈善，还是赔钱赚吆喝？

商业价值计算：1000 万件睡衣免费送，首先我们需要解决货源问题。做生意的人都知道，中国义乌小商品批发市场世界闻名，在那有很多小型的服装加工厂，所以制作起来成本可以很低。有 1000 万件，就可以实现制作成本由 10 块降到 8 块。

为什么 8 块钱成本的睡衣在商场里面可以卖到 188 元？因为商场及其中间所有的渠道都要赚得利润。梦露睡衣生产成本只有 8 块钱，但是到消费者手中没有任何商场环节，所以 8 块钱的睡衣拿到商场里卖 188 元。平时快递一样最小的东西，至少需要 10 块钱，但是，如果一年有 1000 万件快递要在快递公司运送，肯定可以便宜，所以，最后 5 元敲定，因为夏天的女式睡衣很轻，又很小，一个信封就可以装下。下面就剩下广告了，本来网上做这种免费送东西的广告是不需要花钱的，因为网站要的是浏览量，为了让我的睡衣送得更疯狂，只要在你家的网站上送出去 1 件，就给网站商 3 块钱的提成，于是，所有的网站都帮着打广告。

23 块钱减去 8 块减去 3 块减去 5 块还剩下多少？7 块。那么就是说，他们实际上送一件睡衣只付出了 16 块钱的成本，但是，消费者却付了 23 块钱的快递费。就是说，他们只要送一件睡衣就赚了 7 块钱，中国有 13 亿人口，一年免费送 1000 万件是可行的。最后，他们送睡衣一年就赚了 7000 万元。

这家公司从总裁、设计总监、销售总监到会计，全公司加在一起 4 个人。

二、商业模式的构成

商业模式具有很强的可塑性，使得创业者能够调整自己的模式，去满足商业需求。无论商业模式如何变化，有些基本的要素是共同存在的。也正是这些构成要素，让商业模式从其他商业工具如商业计划、战略计划、运营模式中脱颖而出。

关于商业模式的构成，有很多说法。蒂蒙斯（1998）认为，商业模式是由产品 / 服务 / 信息流结构、参与主体利益、收入来源三个方面构成的。韦尔（2001）认为，商业模式是由战略目标、价值主张、收入来源、成功因素、渠道、核心能力、目标顾客、IT 技术设施八者及其联系构成的。奥斯特瓦德（2005）认为商业模式是由价值主张、目标顾客、分销渠道、顾客关系、价值结构、核心能力、伙伴网络、成本结构、收入模式九者及其联系构成的。

这里介绍一种相对简单直观的构成。著名商学教授与作家加里 · 哈默尔认为，商业模式由四个要素构成：核心战略、战略资源、伙伴网络和顾客界面。这个构成也非常利于我们进行商业模式设计的思考。

（一）核心战略

核心战略从企业的使命、产品 / 市场范围、差异化基础等方面描述了企业的基本定位以及企业如何与竞争对手进行竞争。

企业的使命，即使命陈述，描述了企业为什么存在及其商业模式与其实现的目标。在不同程度上，使命表达了企业优先考虑的事项，并设置了衡量企业绩效的标准。

企业的产品 / 市场范围定义了企业集中关注的产品和市场。产品的选择以及企业从事经营活动的市场都对企业商业模式的选择有重要影响。

差异化基础意味着商业模式应集中于开发独特的产品和服务，索要更高的价格。

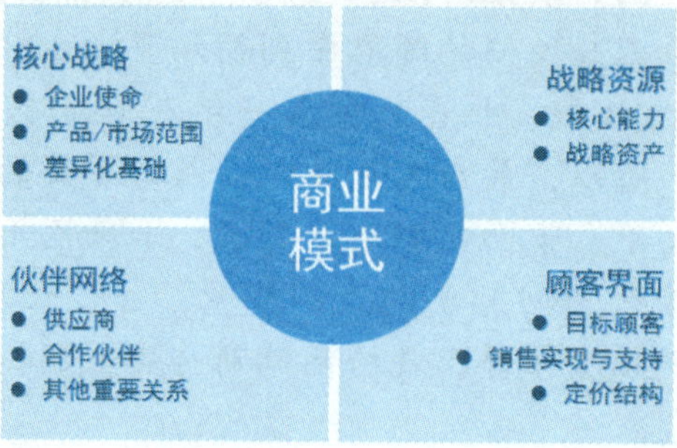

图 5-1　商业模式构成要素

（二）战略资源

如果缺乏资源，企业难以实施其战略，所以企业拥有的资源会影响其商业模式的持续性。两种重要的战略资源是企业的核心能力和战略资产。

企业的核心能力是企业胜过竞争对手的竞争优势的来源。它是超越产品或市场的独特技术或能力，对顾客的可感知利益有巨大的贡献，并且难以模仿。企业的核心能力在短期和长期内都很重要。在短期内，正是核心能力使得企业能够将自己差异化，并创造独特价值。从长期看，通过核心能力获得成长以及在互补性市场上建立优势地位也很重要。

战略资产是企业拥有的稀缺、有价值的事物，包括工厂和设备、位置、品牌、专利、顾客数据信息、高素质员工和独特的合作关系等。一项特别有价值的战略资产是企业的品牌。企业最终试图把自己的核心能力和战略资产综合起来以创造可持续竞争优势。

（三）伙伴网络

新创企业往往不具备执行所有任务所需的资源，因此需要依赖其他合作伙伴以发挥重要作用。在很多时候，企业并不愿独自做所有事情，因为完整地完成一项产品或交付一种服务会分散企业的核心优势。企业的伙伴网络包括供应商、合作伙伴和其他重要关系。

供应商是向其他企业提供零部件或服务的企业。几乎所有的企业都有供应商，它们在企业商业模式的运作中起重要作用。传统上，企业与供应商维持着一定距离的关系，并把它们看作竞争对手。需要某种零部件的生产企业往往与多个供应商联系，以寻求最优价格。如今，企业更多地将精力放在如何推动供应商高效率运作的层面上来。

企业还需要其他合作伙伴来使商业模式有效运作。合资企业、合作网络、社会团体、战略联盟和行业协会是合作关系的一些常见形式。现代企业大多需要组建多元化的合作关系，以此来支持自己的商业模式有效运作。良好的合作关系可以给创业企业带来更多的创新产品、更多有益的机会和高成长率。当然，合作伙伴关系也包含着风险，在仅有的合作关系成为企业商业模式的关键要素时更是如此。

（四）顾客界面

顾客界面是指企业如何与顾客相互作用。主要包括目标市场、销售实现与支持和定价结构三个方面。

目标市场是企业在某个时点追求或尽力吸引的有限的个人或企业群体。企业选择的目标市场影响它所做的每件事情，如获得战略资产，培育合作关系以及开展推广活动等。可以很明显地看出，拥有清晰界定的目标市场将使企业受益。由于目标客户的明确界定，公司能够将自己的营销和推广活动聚焦于目标顾客，并且能够发展与特定市场匹配的核心竞争力。

销售实现与支持描述了企业产品或服务“进入市场”的方式，或如何送达顾客的方法，以及企业利用的渠道和它提供的顾客支持水平，所有这些都影响到企业商业模式的形式与特征。

企业的定价结构随企业目标市场与定价原则的不同而变化，包括收入来源及收费模式等内容。

三、常见的商业模式类型

世界上既有延续了几百年的商业模式，也有刚刚诞生没几年的商业模式，比如互联网免费增值模式。一些利润较高的企业并没有创建新的商业模式，它们只是从其他产业借鉴了不同的模式。例如剃须刀的商业模式（消费者购买一种低利润商品（剃须刀），必要消耗品（刀片）的价格则定在相当高的水平）也被很多喷墨打印机创造了巨额利润。有些时候，只要对现有商业模式进行一些小小的改动，改动后的模式就能在不同行业产生惊人的效果。

下面介绍几种我们身边比较常见的商业模式，由于对商业模式的类型并没有统一的界定，也无此必要，所以我们常用该模式代表性的企业来命名其商业模式，有时一种模式有几种说法，或一种说法包含几种模式，一个企业具有几种模式的特点，甚至对模式的说明不十分清晰，这都是正常的，无须计较。我们了解商业模式，不是为了简单的复制，而是为了拓展视野，为创造自己的商业模式汲取灵感。

表 7–1　常见的商业模式

商业模式	关键词	代表企业
特许经营	出售权限、商业模式使用权	麦当劳、假日酒店
低价连锁模式	酒店连锁、低价	如家
定金模式	经常性收入、绑定顾客	健身房、美发店

续表

商业模式	关键词	代表企业
国美模式	资本运作、专业连锁、低价取胜	国美
新直销模式	多层次直销、直销	玫琳凯、雅芳
超级女声模式	娱乐营销、整合营销、事件营销	湖南卫视《超级女声》
分众模式	新媒体、新蓝海、眼球经济	分众传媒
核心产品模式	打造核心产品、持续改进完善	腾讯（QQ）、优视（UC 浏览器）
专业化模式	专注、细分市场、创新	我买网、途牛网
虚拟经营模式	虚拟经营、外包	耐克
网络社区模式	流量、人气、广告	天涯社区、百度贴吧、豆瓣
平台模式	开放、生态圈、整合	腾讯、亚马逊、乐视
免费模式	永久免费、部分收费、交叉补贴	360、微软（Windows10）
网络搜索模式	价竞排名、网络广告、搜索营销	百度
网络游戏模式	免费模式、互动娱乐	盛大
电子商务模式	网上支付、安全交易、免费模式	淘宝网、易趣网
O2O 模式	线上线下、最后一公里	大众点评、到家美食会
参与感模式	用户体验、全方位参与、营销互动	小米、魅族
大数据模式	大数据产业链、大数据营销	阿里巴巴
跨界模式	整合、重塑	谷歌、格力

视野延展

小米的商业模式

2015 年 4 月 6 日是小米公司成立 5 周年的纪念日，短短的 5 年时间，雷军就把小米公司做到了一个世界级公司的规模。美国《时代周刊》甚至用长篇幅报道了雷军和小米手机，并用“中国的手机之王”这样的称号高度评价雷军，超过了国内媒体对雷军的评价。

小米对自己的目标人群有着清晰的定位，尤其是小米 1 和小米 2。20—25 岁，大专以上学历，毕业不到 5 年，收入 2000—6000 元，喜欢网购，有自己的消费观，社会地位不高，从事社会底层工作。从人群上看，小米初期定位的就是典型的屌丝人群。无论小米1、2、3都是低价高配，2000元价位的小米手机配置几乎可以和苹果5、三星Note3媲美，这样的配置对于屌丝人群无疑是撒手锏，击中了他们的痛点。低价高配的市场定位让小米无往而不利，小米以低价高配的策略进入了移动电源市场，1万毫安的移动电源可以卖到69元，小米手环更是卖到79元，要知道市场同类产品的价格高达1000元。

从研发、生产、销售和服务这四个环节看，小米就是一家典型的轻资产模式的公司，它没有自己的工厂，不自建零售渠道和终端，却把注意力放在两头，研发和售后服务环节。小米不投资制造工厂，却投入巨大的财力和人力在研发环节，是典型的众包方式做研发，米优系统每周都会升级一次，目前已经发布了200多个版本。而在生产制造环节，小米却选择和采购最好的原材料和供应商，红米都是富士康生产的，用最好的生产换来的是好的品质和如期完成的产品，貌似成本较高，其实是降低了成本。小米最初都是通过小米官网直接销售，随着定位的大众化，小米的销售渠道主要分为四类：小米手机官网，淘宝、京东网上商城，苏宁、国美实体店和联通、移动、电信的运营渠道。小米对售后服务非常重视。第三方做客服很难做，服务不好，人员流失率高，但是小米做售后服务都是自己做，小米投入巨资创办了“小米之家”，有1700个客服席位，2750人的售后服务队伍，是竞争对手的10倍，优质的服务确保了小米的口碑。

传统的工商企业主要靠技术、品牌与行业控制力维持企业的盈利，小米则更注重利用社交网络加强品牌与行业控制力。比如2011年8月，小米1上市，雷军在微博上“炫耀”自己用过56部手机，结果有56万人参加互动，雷军利用自己影的响力让他们成为小米的“粉丝”；2012年5月，雷军又在微博上抛出一个话题：传说人的灵魂是21克，那为什么不是150克呢？引发了网友和粉丝的讨论和转发，最后揭晓：小米青春版手机的重量是150克。手机巨头每年投入百亿美金打广告，但小米却几乎不做广告，小米用社交媒体、自媒体、网络媒体进行营销，代表着非广告时代的来临。小米的论坛也是极其活跃的地方，每天都会新增20万的帖子，小米会删选出8000条反馈给工程师，每个工程师必须回复150个帖子，这等于将管理工作下放到用户和工程师，而粉丝的回赞让工程师也很开心。因此，小米手机30%的功能改进来自粉丝的建议。

雷军关于小米商业模式的七字诀，在业内很有名气：专注、极致、口碑、快。对于很多传统企业而言，转型“互联网+”，小米的案例具有很现实的借鉴意义，可以给传统企业更多的启示，体现在五个层次。

第一层次做产品。作为互联网行业的一个实物品牌，小米做产品的战略就是做爆品，单机绝杀市场，靠的是过硬的品质、降低成本和良好的口碑。爆品战略可以把营销更多地凝结在产品中，产品本身就是广告，不需要打广告，这种模式也为复制提供可能。

第二层次做人。工业化时代的营销，是推出产品，做广告，打知名度，提升美誉度。而在“互联网+”的时代，消费者与企业冰冷的物质关系结束了，营销的做法完全相反，通过情感连接，先有忠诚度，然后才是美誉度，最后形成知名度，小米营销的模式就是强调情感，不强调功能。

第三层次是复制。做出一个成功产品的商业模式，然后把它迅速地复制出去。在地产行业，万达广场就是这种模式，不断地把万达的模式复制到全国各个城市。但是，万达的模式非常复杂，风险大。互联网产品就不同了，可以把产品串起来，交易成本很低。因此，小米把这种成功的模式很快地复制到小米手环、小米盒子、小米移动电源、小米活塞耳机、小米摄像头、小米智能血压仪、小米家装、小米净水机等领域。

第四层次做生态系统。小米更厉害的地方在于，小米建立起了一个生态系统，就成为三个小米：一个是小米的米优系统，包括小米的内容、服务等；一个是小米的硬件，包括小米手机、小米路由器、小米电视等；另一个小米则是小米投资的1000家智能硬件，这一块还没有完全建立起来。

第五层次就是国际化。目前小米已经进军俄罗斯、印度、东南亚国家。据悉，在印度小米已经获得印度塔塔公司的战略投资。

第二节　商业模式剖析

本节就比较热门的三种商业模式，做简单的剖析，帮助同学们深入了解商业模式的内涵与规律，了解当前商业模式的设计趋势，也为设计自己的商业模式打好基础。

一、免费商业模式

十年前，市场上充斥的免费品还都可以归为经济学家们所谓的“交叉补贴”产品——你免费获得一件产品的同时，为另一件产品或服务付费。然而过去十年间，一种新的免费策略开始出现，这种新模式并非基于交叉补贴，而是基于产品自身的成本正在迅速下降的事实。不过现在我们可以清楚地看到，被互联网技术浪潮所席卷的所有事物几乎都在走向免费，至少与我们消费者相关的那些产品更是如此。在电子商务、网络门户、网络社交、分类信息网站、地方门户、网络游戏、电子邮箱、搜索引擎、即时通讯等互联网领域，面向大众的互联网服务均采用免费的策略吸引用户，这也间接带动了互联网的广泛普及和数亿的庞大互联网用户群。

很多互联网企业都是以免费、好的产品吸引到很多的用户，然后将新的产品或服务给不同的用户，在此基础上再构建商业模式。比如360安全卫士、QQ等。互联网颠覆传统企业的常用方法就是在传统企业用来赚钱的领域免费，从而彻底把传统企业的客户群带走，继而转化成流量，然后再利用延伸价值链或增值服务来实现盈利。

克里斯·安德森[①]在《免费：商业的未来》中归纳基于核心服务完全免费的商业模式：一是直接交叉补贴，二是第三方市场，三是免费加收费，四是纯免费。随着移动互联网的深入，高新技术的商业应用大行其道，关于免费模式的探索也在不断玩出新花样。这里介绍两种在当下很常见的免费商业模式。

（一）免费增值模式

大量的基础用户受益于没有任何附加条件的免费产品或服务，而通过另外收费的增值服务来获得收益。

该模式是媒体订阅模式的基础，也是最广为人知的互联网商业模式之一。它又可分为如下几种形式：从免费到付费的内容分级，或者一个额外的比免费版带有更多特性的“专业”版网站或软件。传统的免费派送，比如给母亲赠送婴儿尿布，制造商都得花钱，仅能免费派送极少数量的产品，以此诱惑消费者。但就数字产品而言，这种免费品与付费品之比却倒了过来。一个典型的网站通常遵循1%法则：1%的用户支撑起其他所有用户。这种模式的可行之处在于，服务其他99%的用户的成本几乎为零，甚至完全能够忽略不计。

（二）免费平台模式

通过免费手段销售产品或服务，建立庞大的消费群体，然后再通过配套的增值服务、广告费等方式取得收益。

音乐类网站或APP可以很好地诠释这一模式。随着网络与手机的普及，音乐成为免费品已是既定事实。这一趋势是如此强大，以致道德规制以及反盗版措施都束手无策。一些歌手在线派发他们的音乐，甚至做直播演唱会，并借此作为线下演唱会、正版唱片、播放许可证以及其他付费品的营销方式。当然，我们也可以看到，随着国民版权意识的提升，收费音乐也渐渐找到了新的目标顾客。

基于互联网的广告模式非常常见，包括门户网站上按浏览量付费的横幅广告、部分网站按点击率付费的文本广告、视频网站上的贴片广告，越来越普遍的付费的内置搜索结果、付费的信息服务清单，以及对某些特定人群的第三方付费，等等。互联网的大多数服务都采取第三方付费的形式，我们使用的搜索引擎、社交工具等，获取信息的一方并不付费，而且在多数情况下发布信息的一方也不付费。

① 克里斯·安德森，美国《连线》杂志前任主编，他是经济学中长尾理论的发明者和阐述者。著有《长尾理论》(The Long Tail)、《免费：商业的未来》(Free: The Future of a Radical Price)等作品。

百科、问答、知乎的成功表明：金钱并非唯一的驱动力，利他主义一直都存在，互联网为其创造了一个平台，在这里，个体行为可以引发全球性的影响。某种意义上，零成本分发使得共享成为一种产业。货币并非世界上唯一的稀缺性，在其他方面，最有价值的部分是你的时间和注意力，它们成为新的稀缺性，免费世界的存在大多是为了获得这些资产，它们随后成为新商业模式的基础。免费使经济从局限于可用货币量化的范畴转向更真实的衡量标准，后者涵盖了当代视角下的一切有价值的事物。我们也要注意到：这种模式虽然大行其道，但部分应用还不够清晰，仍在探索中。

视野延展

四川航空的免费模式①

相信不少人都有过搭飞机的经验，我们知道通常下了飞机以后还要再搭乘另一种交通工具才能到达目的地。在中国的四川成都机场有个很特别的景象，当你下了飞机以后，你会看到机场外停了百部休旅车，后面写着“免费接送”。

如果你想前往市区，平均要花 150 块人民币的车费去搭出租车，但是如果你选择搭那种黄色的休旅车，只要一台车坐满了，司机就会发车带乘客去市区的任何一个点，完全免费！居然有这样的好事？其实这个惊喜都是来自四川航空公司的商业创新。

四川航空公司一次性从风行汽车订购 150 辆休旅车，原价一台 14.8 万元人民币的 MPV 休旅车，四川航空要求以 9 万元的价格集中一次性购买 150 台，提供给风行汽车的条件是，四川航空令司机于载客的途中提供乘客关于这台车子的详细介绍，简单地说，就是司机在车上帮风行汽车做广告，销售汽车。在乘客的乘坐体验中顺道带出车子的优点和车商的服务。每一部车可以载 7 名乘客，以每天 3 趟计算，150 辆车，一年带来的广告受众人数是：7×6×365×150，超过了 200 万的受众群体，并且宣传效果也非同一般。

司机哪里找？想象一下在四川有很多找不到工作的人，其中有部分很想要当出租车司机，据说从事这行要先缴一笔和轿车差不多费用的保证金，而且他们只有车子的使用权，不具有所有权。因此四川航空征召了这些人，以一台休旅车 17.8 万元的价钱出售给这些准司机，告诉他们只要每载一个乘客，四川航空就会付给司机 25 块人民币。

四川航空立即进账了 1320 万元人民币：（17.8 万—9 万）×150 台车子 =1320 万。你或许会疑问：不对，司机为什么要用更贵的价钱买车？因为对司机而言，比起一般出租车要在路上到处晃呀晃地找客人，四川航空提供了一条

① 来源：百度文库，2014-03-26。原标题：《四川航空 150 辆大巴免费乘坐，盈利却上亿》。

客源稳定的路线！这样的诱因当然能吸引到司机来应征！这17.8万元里包含了稳定的客户源、特许经营费用、管理费用。

接下来，四川航空推出了只要购买五折票价以上的机票，就送免费市区接送的活动！

如此一来，一个免费的商业模式形成了。

对乘客而言，不仅省下了150元的车费，也省下了解决机场到市区之间的交通问题，划算！

对风行汽车而言，虽然以低价出售车子，不过该公司却多出了150名业务员帮他卖车子，以及省下了一笔广告预算，换得一个稳定的广告通路，划算！

对司机而言，与其把钱投资在自行开出租车营业上，不如成为四川航空的专线司机，获得稳定的收入来源，划算！

至于对四川航空而言呢，这150台印有“免费接送”字样的车子每天在市区到处跑来跑去，让这个优惠讯息传遍大街小巷。而且，与车商签约的期限过了之后就可以开始酌收广告费（包含出租车体广告）。

最后，四川航空最大的获利，别忘了还有那1320万元，当这个商业模式形成后，根据统计，四川航空平均每天多卖了10000张机票！回想一下，四川航空付出的成本只有多少。

这个商业模式，既做了好人，又做了好事，还实现了巨大的盈利！你说好不好？

二、平台商业模式

全球范围内，包括苹果、谷歌、微软、思科、日本电报电话公司及时代华纳等知名公司，都在应用平台商业模式。在中国，诸如淘宝、百度、腾讯以及盛大游戏等公司，同样透过平台商业模式获利并持续扩大市场版图。在网络效应下，平台商业模式往往出现规模收益递增现象，强者可以掌控全局，打造共赢生态圈，因此受到创业者们的关注。

（一）平台商业模式的概念

了解平台商业模式，必须了解双边或多边市场的概念。传统的商业模式是一个单边市场的概念。一个企业，会有上、下游，收入从下游来，成本在与上游博弈中确定。如果企业谈判力量较强，就可以把成本压低或取得更多收入。所以，在传统商业模式中，企业对上下游会保持一个竞争的态度，而且时刻维持自己的谈判力量。例如汽车厂家，其盈利取决于向供应商压低进货成本然后从下游消费者那取得营收。为了讨好消费者，厂家需要预测消费者喜好并投入大笔资金做研发，发展更多车型，然后再投资建厂进行大量生产。但如果厂家研发生产出来的车型不符合市场的需求，就要承担巨大的损失：研发浪费了，库存又要积压很多资金。

平台商业模式则是一个双边（或多边）市场概念。比较典型的企业是淘宝。淘宝上有千万种商品，生产由卖家联系，即便没有卖出去的库存也由卖家负责，这时投资与库存的风险都由卖家来承担了，而不是淘宝。淘宝做的只是一个平台，从连接买家与卖家中赚钱。在平台模式上，如果没有竞争的话，投资的风险理论上会很少。但并不是说平台模式完全没有风险，平台模式在成长初期非常不容易。还以淘宝为例，如果淘宝把所有的卖家都找来，但是没有买家，这些卖家就不会在淘宝上待太久，同样如果没有卖家，没货可卖，买家也会离开。只有把两者都带到这个平台上来，平台才能够成长。

了解多边市场的概念，平台商业模式的概念呼之欲出：指连接两个（或更多）特定群体，为他们提供互动机制，满足所有群体的需求，并巧妙地从中盈利的商业模式。平台模式属于行业和价值链层级的代表模式，吸引大量关键资源，实现跨界整合，并能以最快的速度整合资源，使创业者将眼光从企业内部转向企业外部，思考行业甚至跨行业的机遇和战略。建立平台型商业模式的企业，如苹果、沃尔玛等不仅可以迅速扩张市场，还完全脱离了例如价格战等一般层次的竞争，达到了不战而屈人之兵的境界。

（二）平台商业模式的特点

平台型商业模式的特点主要有以下四点：

第一，一定要以某些核心产品做切入点，打造平台模式的基础，我们称之为“入口”，有了此基础，才可以让各方在此基础上推出产品，并提供延展的各项服务。

第二，平台模式服务于某一人群，必须有足够多的用户数量。实际上，平台模式的成功证明了梅特卡夫准则：每个新用户都因为别人的加入而获得更多的交流机会，导致信息交互的范围更加广泛、交互的次数更加频繁，因而“网络的价值随着用户数量的平方数增加而增加”，“物以稀为贵”变成了“物以多为贵”。

第三，明确游戏规则。用无限生产满足无限需求，不仅可以革命性地降低成本，还实现了收入倍增、盈利倍增。平台型商业模式的企业需要设计一套使得生产和需求双方能够互动运转起来的游戏规则和算法。如苹果对于自己不能有效满足用户无限需求的瓶颈，实施开放策略，实现客户共享，用来自社会上的无尽的“N”补充自身交付的不足。于是，社会上无穷无尽的“N”开始源源不断地向平台聚集，无限的生产满足了无限的需求。但是需求和供给买卖都是根据设定好的游戏规则和算法自动完成匹配。在这个平台上，服务和产品被无限延展。

第四，重构整个生态系统。由于海量的产品和企业在平台上大规模、生态化聚集，大幅度降低了企业的协作成本，并创造出一个竞争力足以与大企业相比拟，但是灵活上更胜一筹的商业生态集群。在这种协同模式下，商业的进入成本和创新成本都得到了明显的降低。

除了平台型企业自身的扩张，平台上的众多中小企业也能更好、更快地扩张。如苹果在线商店，一款名为《愤怒的小鸟》的游戏售价仅为 99 美分，却能产生 1 亿次的下载量，创收 7000 万美元，使得这款游戏的开发公司 Ravioli 市值超过 12 亿美元。

通过平台模式，商业自由度大幅度增长，个体的能量也有了充分施展的舞台，平台型商业模式正向世人显示出其巨大的商业价值。

（三）平台商业模式的优势

平台商业模式是很多创业者的梦想，因为平台处于产业链的高端，不但收益丰厚、主动权大，在竞争中也会处于较为有利的位置，一旦成功，很可能获得“号令天下”的地位。而且，平台商业模式使合作者共赢，经营越久，价值越大。

典型的案例如传统出版行业向网络出版平台的转型，以出版业为例，原产业链为：作者—经纪人—出版社—印刷厂—经销商—零售商—读者。每一个上层都需要为讨好下级而努力。而在网络出版平台上，任何人都可以轻而易举地把自己的作品上传到平台上，直接面向读者（终端消费者）市场。如“起点中文”这样的网络阅读平台直接连接作者群和读者群，两方互相影响，互相成长，包括群体的数量和作品的数量、价格、更新频率等维度都有明显的进步。

和传统出版社不同，尽管线上出版平台提供的作品量更大，但是线上平台并不需要在每一部作品上都投资编辑经费和营销经费，作者们会进行自我推广，并发表不同风格的作品来满足读者群体的多元需求。因此，书籍作品如果推销不出去，作者而不是平台企业本身将承担最大的损失。

还有一种转型的典型是苹果公司，今天的 Apple 手机、手表、平板电脑等已经成为了 iOS 系统的硬件载体，苹果的盈利点已经从早期的硬件产品的贩卖转向搭建平台生态圈（Apple store 和 iTunes）贩卖 APP 等虚拟产品来获取佣金。

（四）平台商业模式的难度

平台商业模式如此吸引人，但是也有很大的成功难度。

首先，选择平台商业模式的创业者需要有能力积累巨大规模的用户，甚至需要获得同行规模第一的用户。这要求企业不仅产品过硬，正好契合用户的强烈需求，甚至需要合适的时机和行之有效的市场手段，从某种角度看可遇不可求。

其次，选择平台商业模式的创业者需要提供给用户有着巨大黏性的服务。一般企业只要为用户提供一个强需求产品就足以成功，平台企业需要成为服务型企业，服务于用户的硬需求（刚需、高频、高附加值等）。

最后，用平台商业模式进行创业，需要构建出一个合作共赢、先人后己的商业模式。只有在平台上的合作伙伴都获得良性成长，平台才能发展壮大；只有让合作伙伴能够得到足够的分润比重，才能做成所有参与者的平台；只有做到合作伙伴做不到或者别的伙伴自己做性价比更高的时候才能成为平台。

所以，其实大部分想做成平台的创业者只能想想，平台作为产业链的底盘，大部分细分产业最终只能留下唯一的垄断平台企业。2015 年的滴滴和快的、美团和大众点评的合并都是在争抢最终的平台效应。

对创业者来说，在构造平台的过程中要审时度势，顺势而为。如果历史给予一个做平台的机会，就应该摆正理念，设计好平台的商业模式，抓住机遇，深入实施平台战略，做一个在用户心目中有一席之地的平台，如果没有这个时机，莫不如踏踏实实做一个垂直服务企业，用好平台。

三、长尾商业模式

长尾概念由克里斯·安德森提出，这个概念描述了媒体行业从面向大量用户销售少数拳头产品，到销售庞大数量的利基产品[①]的转变。虽然每种利基产品相对而言只产生小额销售量，但利基产品销售总额可以与传统面向大量用户销售少数拳头产品的销售模式媲美。核心是“多样少量”，所以长尾模式需要低库存成本和强大的平台，并使得利基产品对于兴趣买家来说容易获得。

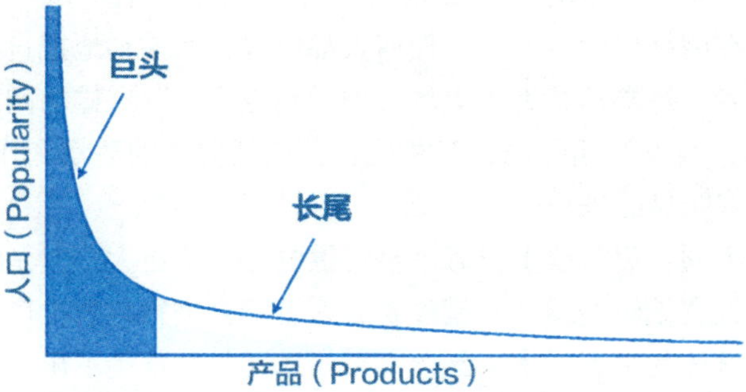

图 5–2　长尾理论

长尾理论在媒体行业以外的其他行业也同样有效。与此同时，安德森认为有三个经济触发因素引发了长尾现象。

（1）生产工具的大众化：不断降低的技术成本使得个人可以接触到就在几年前还昂贵得吓人的工具。

（2）分销渠道的大众化：电子商务使得产品能以极低的库存、沟通成本和交易费用，为利基产品开拓新市场。

（3）连接双方的搜索成本不断下降：销售利基产品真正的挑战是找到感兴趣的潜在买家。现在强大的搜索和几大电子商务平台，已经让这些容易得多了。

在应用长尾理论时，应该注意几个问题：

长尾理论统计的是销量，并非利润。管理成本是其中最关键的因素。销售每件产品需要一定的成本，增加品种所带来的成本也要分摊。所以，每个品种的利润与销量成正比，当销量低到一个限度就会亏损。理智的零售商是不会销售引起亏损的商品的。

例如超市是通过降低单品销售成本，从而降低每个品种的止亏销量，扩大销售品种。为了吸引顾客和营造货品齐全的形象，超市甚至可以承受亏损销售一些商品。但迫于仓储、配送的成本，超市的承受能力是有限的。相比之下，互联网企业可以进一步降低单品销售成本，甚至没有真正的库存，而网站流量和维护费用远比传统店面低，所以能够极大地扩大销售品种。而且，互联网经济有赢者独占的特点，所以网站在前期可以不计成本、疯狂投入，这更加剧了品种的扩张。

① 按照菲利普·科特勒在《营销管理》中给利基（niche）下的定义：利基是更窄地确定某些群体，这是一个小市场并且它的需要没有被服务好，或者说“有获取利益的基础”。企业在确定利基市场后往往是用更加专业化的经营来获取最大限度的收益，以此为手段在强大的市场夹缝中寻求自己的出路。

要使长尾理论更有效，应该尽量增大尾巴。也就是降低门槛，制造小额消费者。不同于传统商业的拿大单、传统互联网企业的会员费，互联网营销应该把注意力放在把蛋糕做大上。通过鼓励用户尝试，将众多可以忽略不计的零散流量，汇集成巨大的商业价值。

使用长尾理论必须小心翼翼，保证任何一项成本都不随销量的增加而激增，最差也是同比增长。否则，就会走入死路。最理想的长尾商业模式是，成本是定值，而销量可以无限增长。这就需要可以低成本扩展的基础设施。

总之，长尾理论的应用是有前提的——商品销售的渠道足够宽，并且商品生产运送成本足够低。比如在亚马逊书店上，由于网站规模足够大，已经有了几十万甚至上百万的不同产品，这种情况下就能显示出长尾效果。但是对很多中小企业网站来说，产品就只有几十种，或者再多至几百几千种，这都不足以产生长尾现象。

作为创业者，我们要认识到：长尾商业模式是从整体上描述一种市场现象，而不是从个体角度看；是从零售商的角度看，而不是从生产商的角度看。对某个生产商来说，它不太可能提供所有的种类，比如在图书市场上，没有一家图书出版社能够出版某一类别的所有图书，是许多家共同创造一个图书品种极度丰富的市场，音乐市场同样如此。我们了解任何一种商业观念都是为了应用它，因而，对于大部分创业者来说，要应用长尾都会问如下这个问题：生产商如何在长尾市场中生存？

一个受到普遍认可的策略是建立产品金字塔结构。提供比过去更多品类的产品，企业可以盈利、生存，但要取得更好的、更持久的经营绩效，企业就需要形成超级热门、各大类中的热门商品以及多品种商品这样的金字塔式产品组合结构。这是因为超级热门商品有轰动效应和拉动效应：如果没有超级热门商品，企业就很难建立强大的品牌和市场地位；热门商品可以拉动旗下的多品种商品的销售。这就是为什么单独看一件热门商品可能投入、产出完全不成正比，但许多企业却依然大举投入。只有建立了产品金字塔结构，有了多品种的基础，在热门商品上的投入才能获得最大的收益。

视野延展

ZARA 的成功秘诀

ZARA 是近年来最成功的潮流服装品牌，它开创了一种称为“快速时尚”的商业模式，它的成功正是基于长尾理论。与传统衬衣业“款少、量多”的模式不同，ZARA 的特点是“快速、少量、多款”，它每年推出上万款服装，并且款式与时尚同步。郎咸平在《模式：零售连锁业战略思维与发展模式》中预测，未来时装业将朝着“ZARA 模式”发展。他分析说，在之前的概念中，款少量多是企业实现规模经济的不二法门，所以传统服装企业大多采取款少、大批量采购、大批量生产的策略，以实现规模经济，降低货物的平均成本。他对 ZARA 和另一快速时尚的典型公司 H&M 的财务进行研究后发现，多款少量的 ZARA 和 H&M 也实现了规模经济。“多款少量”是 ZARA 呈现出来的形态，它背后的运作机制使得这种模式有利可图，这个运作机制的特征就是“快速”二字。

ZARA的零售处在一个“进货快”与“销货快”两者相互不断强化的正循环之中：分店每周根据销售情况下订单两次，这就减少了需要打折处理存货的情况，也降低库存成本；款式更新快加强了新鲜感，吸引消费者不断重复光顾；快速更新店里的货品，也确保了它们能符合顾客的品位，从而能被销售出去。

ZARA的“快速”还包括对时尚潮流的快速反应、快速的设计过程和与快速模式相适应的供应链。ZARA和H&M都没有试图做时尚的创造者，而是做时尚潮流的快速反应者，郎咸平在《模式》中分析道：“在流行趋势刚刚出现的时候，准确识别并迅速推出相应的服装款式，从而快速响应潮流。”这样做的优点是：“无须猜测快速易变的时装趋势，在降低库存风险的情况下，大大缩短设计的酝酿期。”

ZARA的快速设计过程体现在与其他同行相比极短的“前导时间”。在服装业，前导时间指的是一件服装从设计到出售所需的时间。ZARA大大缩短了前导时间，它从设计到生产最快可以2天完成，前导时间最快为12天，对比而言，GAP单单设计酝酿期就达两三个月。服装是随时间快速贬值的，每天贬值0.7%，计算机产品为每天0.1%。因而缩短前导时间有多重好处：提高服装价值，降低库存成本，避免生产出不合潮流的商品，减少折扣销售的损失。

ZARA的供应链具有这样一些特点：它采购的布料都是未染色的，而是根据实时需求染色。ZARA让自己的工厂仅做高度自动化的工作，用高科技生产设备做染色、剪裁等工作，而把人力密集型的工作外包。为了快速反应，ZARA的采购和生产都在欧洲进行，只有最基本款式的20%服装在亚洲等低成本地区生产。ZARA拥有高科技的自动物流配送中心，在欧洲用卡车可以两天内保证到达，而对于美国和日本市场，ZARA甚至不惜成本采用空运以提高速度。

很多人认为ZARA成功的关键要素是快速时尚，其实不然，真正让ZARA成功的是量少、款多、长尾。快速时尚只是ZARA的成功之果，量少、款多、长尾才是ZARA的成功之因。克里斯·安德森认为，商业的未来在于“品类更多，销量更少”，因为在这个个性张扬的时代，没有一个人喜欢与别人撞衫，都想表现出自己的与众不同。因此，未来商业的成功模式，不再是把少数几种商品卖出很大的量，而是把更多品种的商品卖出去，这同样可以实现经济上的规模效应。长尾现象正是这样的一个参照标准。加拿大心理学家斯普润通过试验揭示：“我们对现实世界的认知取决于过去的模式——我们的参照标准，这个参照标准影响着我们对现实世界的认知。”长尾或“品类更多，销量更少”就是所有纷繁复杂的社会与商业现象背后的模式。

第三节　商业模式设计

一、商业模式设计的原则

企业能否持续盈利是判断其商业模式是否成功的唯一的外在标准。一个成功的商业模式不一定是在技术上的突破，而是对某一个环节的改造，或是对原有模式的重组创新，甚至是对整个游戏规则的颠覆。

创业者在设计商业模式时，要兼顾考虑以下八个原则：客户价值最大化原则、持续盈利原则、资源整合原则、融资有效性原则、组织管理高效率原则、创新原则、风险控制原则和合理缴税原则等八大原则。

（一）客户价值最大化原则

一个商业模式能否持续盈利，是与该模式能否使客户价值最大化有必然关系的。一个不能满足客户价值的商业模式，即使盈利也一定是暂时的、偶然的，是不具有持续性的。反之，一个能使客户价值最大的商业模式，即使暂时不盈利，但终究也会走向盈利。所以对客户价值的实现再实现、满足再满足是创业者应该始终追求的主观目标。

（二）持续盈利原则

在设计商业模式时，盈利和如何盈利是必须重点考虑的问题。当然，这里指的是在阳光下的持续盈利。持续盈利是指既要盈利，又要能有发展后劲，具有可持续性，而不是一时的偶然盈利。

（三）资源整合原则

整合就是要优化资源配置，就是要有进有退、有取有舍，就是要获得整体的最优化。在战略思维的层面上，资源整合是系统论的思维方式，是通过组织协调，把企业内部彼此相关但却分离的职能，把企业外部既参与共同的使命又拥有独立经济利益的合作伙伴整合成一个为客户服务的系统，取得 1+1>2 的效果。在战术选择的层面上，资源整合是优化配置的决策，是根据企业的发展战略和市场需求对有关的资源进行重新配置，以凸显企业的核心竞争力，并寻求资源配置与客户需求的最佳结合点，目的是要通过制度安排和管理运作协调来增强企业的竞争优势，提高客户服务水平。

（四）创新原则

时代华纳前首席执行官迈克尔·恩说："在经营企业的过程中，商业模式比高新技术更重要，因为前者是企业能够立足的先决条件。"创业者应该在设计商业模式时，始终保持创新的意识，力所能及地创造出新的、突破性的商业模式。商业模式的创新形式贯穿于企业经营的整个过程之中，贯穿于企业资源开发、研发模式、制造方式、营销体系、市场流通等各个环节，也就是说，在企业经营的每一个环节上的创新，都可能演变成一种成功的商业模式。虽然商业模式一旦确定，不应随意变动，但是也要时刻警惕内外环境的变化，而保持商业模式的与时俱进、适应发展，才能在激烈的竞争中保持住优势。

（五）融资有效性原则

融资模式的打造对企业有着特殊的意义，尤其是对广大的中小企业来说更是如此。我们知道，企业生存需要资金，企业发展需要资金，企业快速成长更是需要资金。资金已经成为很多企业发展中绕不开的障碍和很难突破的瓶颈。谁能解决资金问题，谁就赢得了企业发展的先机，也就掌握了市场的主动权。从一些已成功的企业发展过程来看，无论其表面上对外阐述的成功理由是什么，但都不能回避和掩盖资本对其成功的重要作用，许多失败的企业就是没有建立有效的融资模式而失败了。商业模式的设计很重要的一环就是要考虑融资模式，能够融到资并能用对地方的商业模式就已经是成功一半的商业模式了。

（六）组织管理高效率原则

高效率是每个企业管理者都梦寐以求的境界，也是企业管理模式追求的最高目标。用经济学的角度来衡量，决定一个国家富裕或贫穷的砝码是效率，决定企业是否有盈利能力的也是效率，现实生活中的万科、联想、华润、海尔等大公司，在管理模式的建立上都是可圈可点的，也是值得我们学习的。

（七）风险控制原则

设计再好的商业模式，如果抵御风险的能力很差，就会像在沙丘上建立的大厦一样，经不起任何风浪。这个风险指的是系统外的风险，如政策、法律和行业风险，也指的是系统内的风险，如产品的变化、人员的变更、资金的不继等。

（八）合理缴税原则

合理缴税，而不是逃税。合理纳税是在现行的制度、法律框架内，合理地利用有关政策，设计一套利于利用政策的体系。合理缴税做得好也能大大增加企业的盈利能力，千万不可小看。

视野延展

成功商业模式三个基本特征

第一，成功的商业模式要能提供独特价值。有时候这个独特的价值可能是新的思想，而更多的时候，它往往是产品和服务独特性的组合。这种组合要么可以向客户提供额外的价值，要么使得客户能用更低的价格获得同样的利益，或者用同样的价格获得更多的利益。

第二，商业模式是难以模仿的。企业通过确立自己的与众不同，如对客户的悉心照顾、无与伦比的实施能力等，来提高行业的进入门槛，从而保证利润来源不受侵犯。比如直销模式，人人都知道其如何运作，也都知道戴尔公司是直销的标杆，但很难复制戴尔的模式，原因在于“直销”的背后，是一整套完整的、极难复制的资源和生产流程。

第三，成功的商业模式是脚踏实地的。企业要做到量入为出、收支平衡。这个看似不言而喻的道理，要想年复一年、日复一日地做到，却并不容易。现实当中的很多企业，不管是传统企业还是新型企业，对于自己的钱从何处赚来，为什么客户看中自己企业的产品和服务，乃至有多少客户实际上不能为企业带来利润，反而在侵蚀企业的收入等关键问题，都不甚了解。

二、商业模式设计的方法

“商业模式画布”是现在最为流行也最受认可的商业模式工具。这里作一个简要的介绍。同学们可以在《商业模式新生代》这本书里找到其详细的理论与方法。

按照商业模式画布，设计商业模式，就是利用画布中的九个模块，进行充分的构想。如下图：

<table>
<tr><td rowspan="2">KP
重要合作</td><td>KA 关键业务</td><td rowspan="2">VP
价值主张</td><td>CR 客户关系</td><td rowspan="2">CS
客户细分</td></tr>
<tr><td>KP 核心资源</td><td>CH 渠道通路</td></tr>
<tr><td colspan="2">C$ 成本结构</td><td colspan="3">R$ 收入来源</td></tr>
</table>

图 7-3　商业模式画布

我们先来了解下这九个模块的意思：

（1）客户细分（CS，Customer Segments）：描述了一家企业想要获得的和期望服务的不同的目标人群和机构。

（2）价值主张（VP，Value Propositions）：描述的是为某一个客户群体提供能为其创造价值的产品和服务。

（3）渠道通路（CH，Channels）：描述的是一家企业如何同它的客户群体达成沟通并建立联系，以向对方传递自身的价值主张。

（4）客户关系（CR，Customer Relationships）：描述的是一家企业针对某一个客户群体所建立的客户关系的类型。

（5）收入来源（R$，Revenue Streams）：代表了企业从每一个客户群体获得的现金收益（须从收益中扣除成本得到利润）

（6）核心资源（KR，Key Resources）：描述的是保证一个商业模式顺利运行所需的最重要的资产。

（7）关键业务（KA，Key Activities）：描述的是保障其商业模式正常运行所需做的最重要的事情。

（8）重要合作（KP，Key Partnerships）：描述的是保证一个商业模式顺利运行所需的供应商和合作伙伴网络。

（9）成本结构（C$，Cost Structure）：描述的是运营一个商业模式所发生的全部成本。

对以上九个模块进行构想，主要思考的问题见表 7–2。

表 7–2 商业模式画布的构想

序号	构想模块	主要构想问题	构想方向示例
1	客户细分	我们为谁创造价值？ 谁是我们的最重要的客户？	大众市场 小众市场 求同存异的客户群体 多元化的客户群体 多边平台
2	价值主张	我们该向客户传递什么样的价值？ 我们正在帮助我们的客户解决哪一类难题？ 我们正在满足哪些客户需求？ 我们正在给客户提供细分群体哪些系列的产品和服务	创新 性能 定制 保姆式服务 设计 品牌 / 地位 价格 缩减成本 风险控制 可获得性 便利性 / 实用性
3	渠道通路	通过哪些渠道可以接触到我们的客户细分群体？ 我们现在如何接触他们？我们的渠道如何整合？ 哪些渠道最有效？哪些渠道成本效益最好？ 如何把我们的渠道与客户的例行程序进行整合？	渠道类型 （自有渠道、合作方渠道） 渠道阶段 （知名度、评价、购买、传递、售后）

续表

序号	构想模块	主要构想问题	构想方向示例
4	客户关系	我们每个客户细分群体希望我们与之建立和保持何种关系？ 哪些关系我们已经建立了？ 这些关系成本如何？ 如何把我们与商业模式的其余部分进行整合？	私人服务 专属私人服务 自助服务 自动化服务 社区 与客户协作，共同创造
5	收入来源	什么样的价值能让客户愿意付费？ 他们现在付费买什么？ 他们是如何支付费用的？ 他们更愿意如何支付费用？ 每个收入来源占总收入的比例是多少？	资产销售 使用费 会员费 租赁 许可使用费 经纪人佣金 广告费
6	核心资源	我们的价值主张需要什么样的核心资源？ 我们的渠道通路需要什么样的核心资源？ 我们的客户关系呢？ 收入来源呢？	实物资源 知识性资源 人力资源 金融资源
7	关键业务	我们的价值主张需要哪些关键业务？ 我们的渠道通路需要哪些关键业务？ 我们的客户关系呢？ 收入来源呢？	生产 解决方案 平台 / 网络
8	重要合作	谁是我们的重要伙伴？ 谁是我们的重要供应商？ 我们正在从伙伴那里获取哪些核心资源？ 合作伙伴都执行哪些关键业务？	优化及规模效应 降低风险和不确定性 特殊资源及活动的获得
9	成本结构	描绘运营一个商业模式所引发的所有成本。 什么是我们商业模式中最重要的固有成本？ 哪些核心资源花费最多？ 哪些关键业务花费最多？	成本导向 价值导向 固定成本 可变成本 规模经济 范围经济

在设计商业模式过程中，并不一定必须要回答上述所有的问题。很难有人能做到面面俱到，我们更多的是用这些问题，引导我们去思考，去勾勒，去完善，不断推敲，不断绘制，不断创新，去设计自己的商业模式。

你可以在一个大房间里，按照以上的顺序依次在九个板块里填写内容——最好是以便签纸的形式，每张纸上只写一个点，直到每个板块拥有大量可选答案。然后，摘掉不好的便签纸，留下最好的那些，最后按照顺序让这些便签上的内容互相产生联系，就能形成一套或多套商业模式。

商业模式画布的优点在于让讨论商业模式的会议变得高效率、可执行，同时产生不止一套的方案，让每个决策者心中留下多种可能性。错误的方案被删除，防患于未然；优秀的方案在半个小时内便确定下来，同时还会产生很多备选方案用来应对变化。商业模式画布是关于全局的集体智慧和长远设计。

关于商业模式的设计，还有很多其他方法。有兴趣的同学可以多了解，帮助自己更全面地构想商业模式。

视野延展

创新商业模式的六个方法

方法1：客户洞察

基于客户洞察建立商业模式。企业在市场研究上投入了大量的精力，然而在设计产品、服务和商业模式上却往往忽略了客户的观点。良好的商业模式设计需要依靠对客户的深入理解，包括环境、日常事务、客户关心的焦点及愿望。操作方法：找出你的相关商业模式中可提供服务的所有客户细分群体。选出三个有希望的候选人，并选择一个开始客户描述分析。通过客户看到的是什么，客户听到的是什么，客户真正的想法和感受是什么，客户说些什么又做些什么，客户的痛苦是什么，客户想得到的是什么六个问题进行分析，找到探索商业模式。

方法2：创意构思

生成全新商业模式创意。绘制一个已经存在的商业模式是一回事，设计一个新的创新商业模式是另一回事。设计新的商业模式需要产生大量商业模式创意，并筛选出最好的创意，这是一个富有创造性的过程。这个收集和筛选的过程称作创意构思。操作方法：创意构思就有了两个主要阶段，一是创意生成，这个阶段重视数量；二是创意合成，讨论所有的创意，加以组合，并缩减到少量可行的可选方案。这些可选方案不一定要代表颠覆性的商业模式，也许只是把你现有的商业模式略作扩展，以增强竞争力的创新。可以从几个不同的出发点生成针对创新商业模式的创意。我们来看看这两点：一个是使用商业模式画布来分析商业模式创新的核心问题，另一个是使用“假如”的提问方式。商业模式创新的创意可以来自任何地方，商业模式的9个构造块都可以是创新的起点。具有改造作用的商业模式创新可以影响到多个商业模式构造块。

方法3：可视思考

所谓的可视思考，是指使用诸如图片、草图、图表和便利贴等视觉化工具来构建和讨论事情。因为商业模式是由各种构造块及其相互关系所组成的复杂概念，不把它描绘出来将很难真正理解一个模式。可以把其中的隐形假设转变为明确的信息，这使得商业模式明确而有形，并且讨论和改变起来也更清晰。操作方法：便利贴的用法和结合商业模式画布略图描绘的用法。将讨论四个由视觉化思维改善的过程：理解、对话、探索和交流，针对不同需求的不同类型的视觉化，每次配一幅图像，讲一个故事。

方法 4：原型制作

商业模式原型可以用商业模式画布简单素描成完全经过深思熟虑的概念形式，也可以表现为模拟了新业务财务运作的电子表格形式。操作方法：不必把商业模式原型看成是某个真正商业模式草图。相反，原型是一个思维工具，探索不同的方向，那些商业模式应该尝试选择的方向。如果增加另一个客户细分群体对商业模式意味着什么？消除高成本资源将是怎样的结果？如果免费赠送一些产品或服务，并且用一些更具创新性的产品或服务替代现在的收入来源又将会意味着什么？通过对这些问题的回答探索新的商业模式。

方法 5：故事讲述

形容一个全新的、未经考验的商业模式就如同只用单薄的文字去描述一幅画作。但是讲一个故事告诉这个商业模式是如何创造价值的，就如同用色彩来装饰画布。就这样，新概念就又变得有形起来，而不再抽象了。操作方法：设计故事，讲故事的目的，是要把一种新的商业模式以形象具体的方式呈现出来。故事的内容一定要简单易懂，主人公也只需要一位。结合观众的实际情况，可以从不同的视角塑造一位不同的主人公。从公司视角、客户视角、合作伙伴视角等去讲故事。要把故事讲得吸引人的技巧有许多，每种技巧也有其优势和劣势，适用于不同的场合和观众。在了解了谁是你的观众，你会出席什么场合后，再来选择一种匹配的技巧。

方法 6：情景推测

把抽象的概念变成具体的模型。它的主要作用就是通过细化设计环境，帮助我们熟悉商业模型设计流程。这里，我们会讨论两种类型的情景推测。操作方法：第一种描述的是不同的客户背景，客户是如何使用产品和服务的，什么类型的客户在使用它们，客户的顾虑、愿望和目的分别是什么。第二种情景推测描述的是新商业模式可能会参与竞争的未来场景。通过情景描述探索创意。

三、商业模式的自我评价

商业模式的设计是一个需要慎重、长期思考和决策的过程，很难有一次设计就成功的商业模式。我们需要对设计出的模式进行反复的评价与验证，才能最终确定下来。验证是一个实践的过程，对创业者来说，只能是小规模的检验，所以我们有必要在评价商业模式上下功夫。我们可以通过讨论以下七个问题，来评价自己的商业模式，如果难以回答或发现问题，就要及时回过头，修正商业模式。

（一）客户的“转移成本”有多高？

转移成本是指客户从一个产品或服务转移到另一个产品或服务所需的时间、精力或者金钱。转移成本越高，客户就越忠实于某项产品或服务，不会轻易离开去选择竞争对手的服务。

将转移成本融入商业模式中一个很成功的例子就是2001年苹果iPod的产品。这是一个专注于存储的产品创新，也是一个商业模式策略，让消费者将音乐拷贝进iTunes和iPod里，这种方式会让用户一旦用了这个产品以后很难再用其他竞争对手的数字音乐播放器。仅仅是用户这一点选择偏好，就为苹果后来强大的音乐中心和创新打下了坚实基础。

（二）商业模式的扩展性怎样？

扩展性是指在没有增加基本成本的情况下，能很容易地拓展商业模式，赢得利润。当然，基于软件和互联网的商业模式比基于砖头和水泥的商业模式有天然的扩展性，但是即使如此，数字领域的商业模式仍然有很大的区别。最让人钦佩的例子就是Facebook，只用几千个程序员就可以为亿万用户创造价值。只有很少的公司拥有这样的员工用户比。

（三）能否产生可循环的经济价值？

通过一个例子可以很好地解释循环价值。报纸在报摊销售赚取销售收入，另外的价值可以通过订阅和广告进行循环。循环价值有两个主要的优势：第一，对于重复销售，成本只产生一次；第二，你可以有更多更好的想法来构想未来怎样赚钱。

还有另外一种循环价值形式：从之前的销售中获取增值收入。比如，你买一个打印机，你需要持续购买墨盒，或买一个苹果手机，它从硬件销售中赚得利润的同时，来自内容和APP产生的经济价值依然稳定增长。

（四）是否可以在你投入之前就赚钱？

毫无疑问，每个商人都希望在投入之前就获得收入。戴尔就把这种模式运用到电脑硬件设备制造的市场上，通过直销建立的装配订单，避免硬件市场可怕的库存积压成本。戴尔取得的商业业绩就显示了其在投入之前就赚钱的力量。

（五）怎么样让用户为你工作？

这可能是商业模式设计上最具有杀伤力的武器。在传统的市场上，宜家就让我们自己组装在它那里购买的家具，我们干活儿，他们赚钱。在互联网领域，Facebook让我们上传照片，参加对话和“喜欢”某样东西。这正是脸书的真正价值，只提供平台，内容全部由用户创造，而公司却挣得天文数字般的利润。

（六）是否具有高壁垒，以防止竞争对手模仿？

一个优秀的商业模式可以使你保持长时间的竞争优势，而不仅仅是提供一个优秀的产品。苹果主要的竞争优势来自于其商业模式而不是单纯的产品创新。对三星来说，模仿苹果的产品比建一个像苹果那样的应用商店生态系统要容易得多。所以，三星无论产品做多么炫，它仍然无法撼动苹果的地位。

（七）是否建立在改变成本结构的基础上？

降低成本是商业实践中的长期追求，有的商业模式不仅能降低成本，而且创造了一个与以往完全不同的成本结构。巴帝电信——印度最大的移动运营商，一直在通过摆脱网络和 IT 的束缚来完善它的成本结构。该公司通过与网络装备制造商爱立信和 IBM 合作，购买宽带容量来降低成本，现在他们已经能够提供全球价格最低的移动电话服务。

当然没有一个商业模式设计能一一对应以上七个问题并且得到满分，不过有的却可能会在市场上成功。对创业者而言，时刻用这七个问题提醒自己，有助于让你保持长久的竞争力。接下来，你需要做的就是用市场检验你的商业模式。

视野延展

华为的两种商业模式

华为在创办的初期，作为民营企业融资困难，同时为了吸引人才，任总大量稀释了自己的股份，这就是华为的全员持股。既是员工又是股东，所以华为能万众一心，蓬勃向上，企业的执行力特别强。华为发家靠的是国内市场，现在挑大头的是国外市场，针对不同背景、不同发展阶段的市场，采用了不同的商业模式：国内市场商业模式和国外市场商业模式。

1. 国内市场商业模式

首先，上世纪 90 年代初期，华为开始进入国内电信市场时，并不被认可，任正非四处游说各地电信局，由华为与电信职工集资成立合资企业，并承诺高额回报，形成利益共同体，在政策的灰色地带通过利益输送迅速抢占及巩固市场。

随着环境的急剧变化，华为的高层管理者对外部环境变化作出准确而又迅速的反应。2000 年中国电信一分为七，变为电信、移动、联通、铁通、网通、吉通、卫通等运营商。华为立即决定成立七个运营商系统管理部，每个省都相应设置分支机构，建立独立的 KPI 考核指标。中国电信一分为七后，采购决策权从地方收到总部。西方公司以前主要做总部和省公司关系，被华为遍布各地市的市场网络蚕食了很大市场，表面上看这一消息对西方利好：当时华为这种遍布地市的网络受到挑战，自然而然想到的是收缩地市公司的销售服务网络，但华为敢于反弹琵琶，在每个地市建立客户服务中心，以前的销售经理变为客户代表，也就是想方设法提高华为的服务水平。

2. 国外市场商业模式

作为发展中国家品牌，华为要想短时间内被发达国家认可，绝非易事（发达国家占据世界电信市场80%份额，不可忽略的主战场）。因此，华为一开始就确立了“农村包围城市”策略。然而，即便是“农村”，市场开拓难度也是极其大的，但华为坚持了下来。2000年后开始开花结果，2003年销售额一举突破3亿美元。目前华为海外市场已占销售收入的75%，其中欧洲市场占到了其总销售收入的10%，成为了全球第二大电信设备商。为了布局海外市场，从国内抽调了大批销售精英奔赴全球，导致国内市场被中兴抢走不少。同时，在海外市场，十年磨一剑，营销费用惊人，而回报却迟迟才来到，如果华为是一家上市企业，每年都紧紧围绕在净利润考核指标上，那么华为很多分公司中途估计早就被砍掉，更不会有今日华为辉煌的海外市场。所以换个角度来讲，不上市反而是华为的某种优势，确保了它可以着眼于未来进行长期布局、精耕细作，而不是计较一城一地的得失。

华为成本领先，有其自身的努力，更多的应该说是得益于中国的国情。之前有介绍，华为是典型的哑铃型结构，研发和市场人员都超过40%，中国每年300万工科大学毕业生源源不断为其输血，研发人员平均工资只有国外竞争对手的30%左右，而中国人上班时间本来就长，且华为奉行加班文化，所以华为的研发成本只有国外的十分之一。因此华为在研发高投入的通信设备行业，具有得天独厚的成本领先优势。

拓展训练

一、用商业模式再创辉煌

微博曾经风靡一时，但随着更多自媒体与社交工具的出现，微博难免落寞。（本训练认为微博的发展陷入困境，也许并不恰当，也可以由教师命题或学生自选讨论项目）

小组讨论，共同完成以下任务：

1. 根据你的了解，绘制微博的商业模式画布。

<table>
<tr><td rowspan="2">KP 重要合作</td><td>KA 关键业务</td><td rowspan="2">VP 价值主张</td><td>CR 客户关系</td><td rowspan="2">CS 客户细分</td></tr>
<tr><td>KP 核心资源</td><td>CH 渠道通路</td></tr>
<tr><td colspan="3">C$ 成本结构</td><td colspan="2">R$ 收入来源</td></tr>
</table>

2. 你认为微博的困境，是否是商业模式出现了问题？是哪个模块出了问题？

3. 你有什么好办法，帮助微博脱离困境，甚至帮助它再创辉煌？注意从商业模式设计或创新的角度去思考。

二、检验你的商业模式

根据你的创业项目（如果还没有创业项目，由教师指定一个项目），用下面的方法检验你的商业模式，回答“是”或“否”。

序号	问题	回答
1	你的商业模式能让你避开竞争吗？	
2	你的商业模式自己很容易复制吗？	
3	你的商业模式一说别人就能听懂，但却很难模仿吗？	
4	你的商业模式能让企业“按计划”获取销售额、利润吗？	
5	你的商业模式能在一个运营系统下产生多个收入层次吗？	
6	你的商业模式会有很多“利益方”依附其上发展自己的生意吗？	
7	你的商业模式让你现金充沛吗？	
8	你的商业模式所产生的利润率远高于同行吗？	

计分，“是”得 1 分，“否”得 0 分。

你的得分是：____________

参考标准：

0—3 分——原有的商业模式已经难以维续。这个阶段的企业，最大特点是创业者很焦虑，因为自己心里明白不管怎么努力，企业都前途堪忧。很可能不仅没有创造价值，更可能消耗了价值。这时企业需要果断踩刹车，检查反思。

4—6 分——商业模式依然有效，企业的战略方向、竞争力内核都没有问题，但还有很多不顺畅的地方，创业者会觉得做得很辛苦。典型特征是销售增长和利润率只能保一样：要么利润率尚可，但销售额已经停滞甚至下滑；要么销售额还能增长，但利润率下滑。处于这个分数区间的企业，在原有商业模式上做一些优化，很容易短期见效。

7—8 分——商业模式非常匹配企业现状，企业上下士气高昂，销售额迅速增长，扣除掉投资的利润率也相当不错，此时企业应该把握时机，尽快把当前的商业模式做到极致。

你是否认可上述参考标准的论断？面对可能存在的问题，你有什么解决办法吗？是否需要重新设计你的商业模式，将如何设计？就算你的得分非常高，你认为是否还有需要预防或注意的问题？

思考题

阅读教材，搜集资料，深入探索，认真思考并回答以下问题。注意说明你的理由，形成自己的见解。

1. 用自己的理解，给商业模式下个定义。
2. 说出尽可能多的商业模式类型。
3. 在第二节介绍的三个商业模式中，你认为哪一个最适合大学生用来进行创业？
4. 互联网及移动互联网的普及，对商业模式的发展有哪些影响？
5. 在什么情况下，商业模式必须立即放弃，重新设计？
6. 管理大师德鲁克说："今天企业之间的竞争，已经不是产品和服务之间的竞争，而是商业模式之间的竞争！"你认同这句话吗？

实践活动

探索 O2O 的未来

你知道什么是 O2O 吗？你知道有哪个或哪几个企业是典型的 O2O 模式？

任选一个企业进行深入研究，说明其是如何依靠商业模式获得成功的？

通过研究，你认为未来 O2O 模式发展的方向有可能是什么？

第八章　创业资源整合

学习目标

1. 了解创业资源的内涵与分类，建立对创业资源的基本认知。
2. 了解创业资源获取的因素，掌握获取创业资源的常见途径。
3. 了解创业资源整合的概念与意义，掌握整合创业资源的基本原则。
4. 了解创业融资及其相关概念，明确融资对创业的作用。
5. 了解创业融资的常见渠道，明确不同融资渠道的区别与侧重点。
6. 了解创业融资的基本策略，能够作出比较合理的融资决策。

翻转课堂

如何拓展自己的人脉

张超和卢伟两个人在毕业之际选择了自己创业。二人决定创办一个驴友服务公司，对于经营的业务内容，他们有了较为成熟的想法。考虑到要通过各种渠道做宣传和推广，他们梳理出了已经掌握的几个人脉关系，但在资金有限的情况下，却一时决定不了哪一个才是应该重点维护和利用的对象。

观看案例视频后，你有什么感想？小组充分讨论，得出观点。

____

____

____

观看点评视频（或听讲），记录专家（或授课教师）的观点。

____

____

____

第一节　创业资源认知

一、创业资源的内涵

资源就是任何一个主体，在向社会提供产品或服务的过程中，所拥有或者所能支配的用以实现自己目标的各种要素以及要素组合。创业的前提条件之一就是创业者拥有或者能够支配一定的资源。概括地讲，创业资源是企业创立以及成长过程中所需要的各种生产要素和支撑条件。对于创业者而言，只要是对其创业项目和新创企业发展有所帮助的要素，都可归入创业资源的范畴。

资源与创业者的关系就如同颜料和画笔与艺术家的关系那样。获取不到创业所需的资源，创业机会对创业者而言则毫无意义。机会识别的实质是创业者判断是否能够获取足够的资源来支持可能的创业活动。创业机会的存在本质上是部分创业者能够发现特定资源的价值，而其他人不能做到这一点。就整个创业过程来说，创业机会的提出来自于创业者依靠自身的资源财富对机会的价值确认。例如，同样的产品或者盈利模式，一些人会付诸行动去创收，其他人却往往放任机会流失。对于后者来说，往往是缺乏必要的创业资源，因此，从这一角度看待，创业就是把创业机会的识别与创业资源的获取结合起来，创业活动本身是一种资源的重新整合。

对于新创企业来说，资源整合对于创业过程的促进作用是通过创业战略的制定和实施来实现的。丰富的创业资源是企业战略制定和实施的基础和保障，同时，充分的创业资源还可以适当校正企业的战略方向，帮助新创企业选择正确的创业战略。并且，创业资源的整合效用，是打造企业核心竞争力的基础。这种资源效用的最大化，并非是简单的各项资源各就其位，各司其职，而是能够通过重新整合规划，创造企业独特的核心竞争力，实现企业在市场上的竞争优势。

二、创业资源的分类

根据不同的标准，创业资源有不同的分类。以下介绍几种常见的分类方法。

（一）内部资源和外部资源

创业资源按其来源可以分为内部资源和外部资源。内部资源也叫自有资源，是创业者自身所拥有的可用于创业的资源，如创业者自身拥有的可用于创业的自有资金、自己拥有的技术、自己所获得的创业机会信息、自建的营销网络、控制的物质资源或管理才能，等等，甚至在有的时候，创业者所发现的创业机会就是其所拥有的唯一创业资源。内部资源的拥有状况将在很大程度上影响甚至决定我们获取外部资源的结果。创业者扩大内部资源的拥有状况（特别是技术和人力资源）可以帮助我们获得和运用外部资源。

外部资源包括朋友、亲戚、商务伙伴或其他投资者、投资人资金，或者包括借到的人、空间、设备或其他原材料（有时是由客户或供应商免费或廉价提供的），或通过提供未来服务、机会等换取到的，有些还可能是社会团体或政府资助的扶持计划。外部资源更多地来自于外部机会发现，而外部机会发现在创业初期起着决定性作用。创业者在开始创业的时期面临的一个重要问题，即资源不足和资源供给。一方面，企业的创新和成长必须消耗大量资源；另一方面，企业自身还很弱小，无法实现资源自我积累和增值。所以，企业只有识别机会，从外部获取到充足的创业资源，才能实现快速成长，这也是创业资源有别于一般企业资源的独特之处。对创业者来说，运用外部资源，是一种非常重要的方法，在企业的创立和早期成长阶段尤其如此。其中关键是具有资源的使用权并能控制或影响资源部署。

图 8-1　内部资源和外部资源

（二）有形资源和无形资源

创业资源按其存在形态可以分为有形资源和无形资源。有形资源是具有物质形态的、价值可用货币度量的资源，如组织赖以存在的自然资源以及建筑物、机器设备、原材料、产品、资金等。

无形资源是具有非物质形态的、价值难以用货币精确度量的资源，如信息资源、人力资源、政策资源以及企业的信誉、形象等。无形资源往往是撬动有形资源的重要手段。

图 8-2　有形资源和无形资源

（三）核心资源和非核心资源

创业资源按照其对企业核心竞争力影响的重要性，可分为核心资源与非核心资源。

核心资源主要包括人力资源和技术资源。这两类资源涉及创业企业有别于其他企业的核心竞争力，是创业机会识别、机会筛选和机会运用几大阶段的主线。必须以这几类要素资源为基点，扩展创业企业，发展外延。人力资源对于企业来说，主要是一种知识财富，是企业创新的源泉。创业者自身素质对创业企业的成长有至关重要的作用。创业者的个性，对机遇的识别和把握，对其他资源的整合能力，都直接影响创业成败。高素质人才的获取和开发是现代企业可持续发展的关键。技术资源是一种积极的机会资源。对于新创企业来说，主动引进和寻找有商业价值的科技成果，是企业的立身之本和市场竞争之源。

非核心资源主要包括资金、场地和环境资源。如何有效地吸收资金资源，并保持稳定的资金周转率，实现预期盈利目标，是创业成功与否的瓶颈课题。场地资源指的是企业用于研发、生产、经营的场所。良好的场地资源能够为企业大幅度降低运营成本，提供便利的生产经营环境，短期内累积更多的顾客或质优价廉的供应商。而环境资源作为一种外围资源影响着创业企业发展。例如，信息资源可以提供给创业者优厚的场地资金、管理团队等关键资源，文化资源可以促进管理资源的持续发展，等等。

图 8-3　核心资源和非核心资源

（四）直接资源和间接资源

林强、林嵩、姜彦福等人按照资源要素对企业战略规划过程的参与程度，认为创业资源有直接资源和间接资源之分。

财务资源、管理资源、市场资源、人力资源等是直接参与企业战略规划的资源要素，可以把它们定义为直接资源。财务资源：是否有足够的启动资金？ 是否有资金支持创业最初几个月的亏损？管理资源：凭什么找到客户？凭什么应对变化？凭什么确保企业运营所需能够及时、足量地得到？凭什么让创业企业内部能有效地按照最初设想运转起来？市场资源（包括营销网络与客户资源、行业经验资源、人脉关系等）：凭什么进入这个行业？这个行业的特点是什么？盈利模式是什么？是否有起码的商业人脉？市场和客户在哪里？销售的途径有哪些？人力资源：是否有合适的专业人才来完成所有的任务？ 人员配置与能力是否可以保证创业活动的顺利进行？

政策资源、信息资源、科技资源等资源要素对于创业成长的影响更多的是提供便利和支持，而非直接参与创业战略的制定和执行，因此，对于创业战略的规划是一种间接作用，可以把它们定义为间接资源。 政策资源：可不可以有一个“助推器”或“孵化器”推进我们的创业？比如某些准入政策、鼓励政策、扶持政策或者优惠，等等。信息资源：依靠什么来进行决策？从哪里获得决策所需的信息？从哪里获得有关创业资源的信息？科技资源：你的产品或服务依赖哪些核心科技？现有科技如何影响你的创业活动的进展？

图 8-4　直接资源和间接资源

（五）按资源的性质进行分类

在平时涉及创业资源的使用，我们常常会按创业资源的性质，进行直观的描述。所以根据创业资源的性质，可以将创业资源大致分为六类：人力资源、社会资源、财务资源、物质资源、技术资源和组织资源。

人力资源是一切资源中最宝贵的资源。人力资源的最基本方面，包括体力和智力，创业中的人力资源包括创业者与创业团队的知识、训练、经验，也包括团队及其成员的专业智慧、判断力、视野、愿景，甚至是创业者、创业团队的人际关系网络。创业者的价值观和信念，是新创企业的基石；合适的员工也是创业人力资源的重要部分；高素质人才——技术人员、销售人员和管理人员等的获取和开发，是促进企业可持续发展的关键因素。

社会资源指由于人际和社会关系网络而形成的关系资源。社会资源可以是人力资源的一部分，或者说是特殊的人力资源。社会资源对创业活动非常重要，因为社会资源能使创业者有机会接触到大量的外部资源，有助于透过网络关系降低潜在的风险，加强合作者之间的信任和声誉。开发社会资源是创业者的重要使命。

财务资源指创业者及创业团队所拥有的资本以及其在筹集和使用资本的过程中所形成的独有的不易被模仿的财务专用性资产，包括独特的财务管理体制、财务分析与决策工具、健全的财务关系网络以及拥有独特财务技能的财务人员等。财务资源与资本之间存在着密切的联系，但又不完全等同于资本，财务资源比资本具有更丰富的内涵。创业初期，掌握充足的财务资源是新企业成功创办和顺利经营的前提。

物质资源是创业和企业经营所需要的有形资源的总和。如场地、设施、机器、办公设备、原材料等，一些自然资源如矿山、森林、草原等有时也会成为新创企业的物质资源。

创业中的技术资源主要包括关键技术、制造流程、作业系统、专用生产设备等。通常，技术资源包含三个层次：一是根据自然科学和生产实践经验而发展成的各种工艺流程、加工方法、劳动技能和诀窍等；二是将这些流程、方法、技能和诀窍等付诸实现的相应的生产工具和其他物资设备；三是适应现代劳动分工和生产规模等要求的对生产系统中所有资源进行有效组织和管理的知识、经验和方法。技术资源与智慧等人力资源的区别在于，后者主要存在于个人身上，随着人员的流动会流失，技术资源大多与物质资源结合，可以通过法律手段予以保护，形成组织的无形资产。

组织资源是组织拥有的，或者可以直接控制和运用的各种要素，这些要素既是组织运行和发展所必须的，又是通过管理活动的配置整合，能够起到增值的作用，为组织及其成员带来利益的。创业中的组织资源一般指企业的组织结构、作业流程、工作规范、信息沟通、决策体系、质量系统、管理制度及正式和非正式的计划活动等。组织资源来自于创业者或其团队对新创企业的最初设计和不断调整，同时包括对环境的适应和对成功经验的学习。由于创业过程通常被解释成组织的形成过程，所以对于创业企业来说，组织资源是具有标志性意义的一类资源。一般来说，人力资源需要在组织资源的支持下才能更好地发挥作用，企业文化也需要在良好的组织环境中培养。

图 8-5　创业资源按性质分类

三、创业资源与商业资源

商业资源是指包括个人在内的具有商业价值的各类有形和无形的资产和其组合。显然，创业资源是一种商业资源，但不是所有的商业资源都是创业资源。两者的关系体现在两个方面。一方面，创业资源与一般商业资源在本质上都属于商业资源的范畴，因此二者必然具有一定的共同点；另一方面，二者作为商业资源的不同分支，也必然具有各自不同的一些属性。

创业资源作为商业资源的一部分，具有商业资源所具有的共同特性。首先，两者都具有稀缺性，资源相对于创业或商业活动都是稀缺的。这里所说的稀缺性，并不是说这种资源不可再生或可以耗尽，也与这种资源绝对量大小无关，而是指这样一个事实：与资源的需求相比，其供给量相对不足。理论上说，资源的配置与整合永远没有最好，只能更好。其次，从广义上看，创业资源与一般商业资源的基本内容大致相近，都包括人力资源、社会资源、财务资源、物质资源等，是指创业活动或商业活动中所需要的各种生产要素和支撑条件。倘若一个人想要创业或者从事某种商业活动，则必须具备一定的条件，而拥有这些资源在某种程度上就是获得了许可证。

与商业资源相比，创业资源的差异性主要表现在范围与规模更小。尽管两者的基本内容相近，但只有创业者能够拥有或使用的资源才是创业资源。创业资源是与创业过程相伴而生的资源，创业机会只有与相应的创业资源进行匹配，才能形成现实的创业行为。否则，即使出现了大好的创业机会，创业者无法获得支撑此机会的创业资源，也只能错失良机。这些资源虽然无法成为创业资源，但是却可能成为更广泛意义的商业活动中的商业资源。这不仅是创业的过程阶段性特点决定的，也是创业活动本身的不确定因素过多决定的。

此外，有学者认为，创业资源更多表现为无形资源，一般商业资源则更多表现为有形资源。创业资源的独特性更强，创业者的个人能力和社会网络资源是其中最为关键的资源，一般商业资源中，规范的管理和制度则是企业成功的基础资源。

视野延展

资源在创业活动中的作用

创业活动的本质，是创业者围绕潜在机会来调动和整合一切可能获得的资源以创造商业价值的过程，这些资源包括社会资本、资金、技术以及专业人才等。创业者所拥有或者能够支配的资源在很大程度上决定了创业方向。

1. 社会资本在创业中的作用

社会资本的概念是法国学者皮埃尔·布尔迪厄（Pierre Bourdieu）于20世纪70年代提出来的，其代表著作*Distinction*于1984年译成英文。詹姆斯·科尔曼（James Coleman）1988年在《美国社会学学刊》发表的《作为人力资本发展条件的社会资本》一文，在美国社会学界第一次明确使用了社会资本这一概念，并对其进行了深入的论述。

社会资本指的是个人通过社会联系获取稀缺资源并由此获益的能力。这里指的稀缺资源包括权力、地位、财富、资金、学识、机会、信息等。当这些资源在特定的社会环境中变得稀缺时，行为者可以通过两种社会联系获取。第一种社会联系是个人作为社会团体或组织的成员与这些团体和组织所建立起来的稳定的联系，个人可以通过这种稳定的联系从社会团体和组织获取稀缺资源。第二种社会联系是人际社会网络。与社会成员关系不同，进入人际社会网络没有成员资格问题，无须任何正式的团体或组织仪式，它是由于人们之间的接触、交流、交往、交换等互动过程而发生和发展的。

在创业研究方面，社会资本是基于人际和社会关系网络形成的资源。这种资源可以是人力资源的一部分，或者说是特殊的人力资源。社会资本能使创业者有机会接触大量的外部资源，有助于通过网络关系降低潜在的风险，加强合作者之间的信任与信誉。有学者通过研究发现：虽然个人的财务资源与其是否成为创业者没有显著关系，但是从创业者个体来看，其获取资源的能力决定了创业活动能否成功启动；创业者常常通过社会网络获取所需的信息和资源，而那些拥有丰富社会资本的创业者往往可借此得到较难获取的资源，或以低于市场的价格购买取得。

根据斯坦福大学研究中心的一份调查显示：一个人赚的钱，12.5%来自知识，87.5%来自于基于正常社会经历建立的人际关系。而来自中国的数据显示，社会交往面广、交往对象趋于多样化、与高社会地位个体之间关系密切的创业者，更容易发现创新性更强的创业机会。

2. 资金在创业中的作用

资金是创业者资源整合的重要媒介。从产生创意、发现创业机会到构建商业模式，创业者或创业团队都绕不开资金这个话题。换言之，创业过程的每项活动都会发生成本，都需要进行成本补偿。比如，对于新创企业来说，无论是进行产品研发还是生产销售，都需要大量的资金，因此如何有效地吸收资金资源是每个创业者都极为关注的问题。

很多创业者在创业之前，没有正确看待创业资金的重要性，认为企业一开始投入就能盈利，能够弥补创业过程中的资金短缺问题。事实上没那么简单，很多时候一个创业项目在起步后的相当一段时间内是没有收入的，或者收入不会像预期的那么容易。因此，在创业之前必须要做好资金问题的思想准备，以备不时之需，尽可能避免因为一时的资金问题让创业团队陷入困境。

大学生创业的最大困难之一就是资金缺乏。即便已经建立若干年的企业，资金链的断裂也是企业致命的威胁。据国外文献记载，倒闭破产的企业中有85%是盈利情况非常好的企业，而这些企业倒闭的主要原因是由于资金链的断裂。企业可能不会由于经营亏损而破产清算，却常常会因为资金断流而倒闭。

3. 技术在创业中的作用

对于制造类型或提供基于技术服务的新创企业而言，技术资源是企业存在和发展的基石，是生产活动和生产流程稳定的根本，其成功的关键是首先寻找成功的创业技术，原因有三：一是创业技术是决定创业产品的市场竞争力和获利能力的根本因素，在创业初期，创业资金需求基本满足的情况下，创业技术是最关键的资源。二是创业是否拥有技术核心决定了所需创业资本的大小。对于在技术上非根本创新的创业企业来说，创业资本只要保持较小的规模便可维持企业的正常运营。三是从创业阶段来说，由于企业规模较小，因此管理及对人才的需求度不像成长期那样高，创业者的企业家意识和素质是创业阶段最关键的创业人才资源和创业管理资源。

技术资源的主要来源是人才资源，重视技术资源的整合同时也就是注重人才资源的整合。技术资源的整合，不仅要整合、积聚企业内部的技术资源，还要整合外部的可资利用的技术资源，比如积极寻找、引进有商业价值的科技成果，加强和高校科研院所的产学研合，等等。整合技术资源只是起点，技术资源整合是为了技术的不断创新、自主研发并拥有自主知识产权，保持技术的领先，提高新创企业的核心竞争力。

4. 专业人才在创业中的作用

组织资源观认为，塑造以知识为基础的核心能力是组织获取持续竞争优势的有效策略。这种核心能力具有独特价值，是不可模仿和难以转移的，它需要组织内部的长期开发。专业人才在创业过程中的作用可以从创业者、创业团队、管理团队以及骨干员工的角度体现出来。

创业活动的本质，是创业者围绕潜在机会来调动和整合一切可能获得的资源来创造商业价值的过程，这些资源包括创业者自身的物质资本、人力资本以及不容忽视的社会资本。影响创业者人力资本的直接因素主要包括教育经历、产业工作经历和相关的创业经历；影响创业者社会资本的直接因素主要包括创业者的家庭背景、生活的地缘环境、拥有的社会关系以及创业团队所具有的其他特征等。创业者是新创企业的核心，其所具有的人力资本、社会资本对新创企业的创建和后续发展具有非常关键的作用。

随着知识经济的兴起、高科技产业的发展，人们发现单靠个人力量越来越难以成功创业，创业团队的重要性更加凸显。大量的实证研究表明，团队创办的企业在存活率和成长性两方面都显著高于个人创办的企业。这是因为团队创业通常具有更多样化的技能和竞争力基础，可以形成更广阔的社会和企业网络，有利于获取额外的资源。创业投资家也经常把新企业创业团队的素质作为其投资与否的最重要的决策依据之一。当然，创业者的人力资本和社会资本对创业团队的组建也有重要作用。一方面，优秀的创业领导人更有可能吸引优秀的人才来共同创业；另一方面，创业者的社会资本对创业团队的组建和持续性发挥着不可忽视的作用。

管理团队也是创业过程中重要的人力资源。随着新创企业发展到一定阶段，管理体系逐渐健全，各项规章制度逐步完善，组织架构也日益明晰，公司就需要从外部引进一些专业管理人才，这些专业人士能够为企业带来有益的建议与革命性的管理思路。需要提及的是，正是因为专业人士具有外来性，管理风格与理念可能与原本创业团队中的核心成员不同，甚至可能有矛盾冲突。

此外，在创业过程中还有其他可供利用的人力资源，如管理咨询公司、银行、风险投资者、律师事务所、高校等机构的专业人士。对于大学生创业者，在对企业运作中某项业务不太熟悉的情况下，可以充分利用外部专业人士的帮助，积极与知名的行业专家和学者建立紧密联系，以获得专业知识和建议，整合各方面的资源，提高创业成功率。

第二节　创业资源整合

一、影响创业资源获取的因素

资源的获取是在确认并识别资源的基础上去获取的。创业资源的获取对于创业的成功非常重要，资源获取的程度决定了创业由想法转化为行动的启动方式和切入方式，影响创业资源获取的主要因素有创业项目的商业价值、资源的配置方式、创业者的能力和社会网络。

创业项目的商业价值。不是所有的创业项目都具备较好的商业价值，具备商业价值的项目能够更加得到资源的亲睐，更加有利于创业资源的获取。在资本市场上，一家具有出众商业潜力的企业，往往受到多家投资机构的关注，就是这个道理。

资源的配置方式。资源配置是指资源的稀缺性决定了任何一个社会都必须通过一定的方式把有限的资源合理分配到社会的各个领域中去，以实现资源的最佳利用，即用最少的资源耗费，生产出最适用的商品和劳务，获取最佳的效益。资源配置的方式决定着资源具有一定的倾向性。创业者准确判断并把握资源的配置方式，就有利于创业过程中资源的获取。

创业者的能力。创业者的能力是创业企业软实力的重要表现，创业者的能力越强，获取资源的可能性就越大。创业者能力包括沟通能力、学习能力、表达能力、管理能力、协调能力等诸多方面，创业者能力的不断增强，能够为企业创造良好的环境。

社会网络。社会网络是指社会个体成员之间因为互动而形成的相对稳定的关系体系，社会网络关注的是人们之间的互动和联系，社会互动会影响人们的社会行为。社会网络对创业资源的获取具有重大的意义，不同的社会网络和网络地位，为人们之间的交流、沟通提供了不同的渠道。在社会网络中处于优势地位的创业者就能更加容易获得创业资源。

二、获取创业资源的常见途径

创业资源对创业不可或缺，意义重大。那么我们应该怎样获得创业资源呢？首先，我们要看到那些我们已经拥有的资源，不要做“睁眼瞎”。资源明明就在你面前，却被你视而不见，等其他创业者利用这些资源创造出非凡的价值，你才注意到已经晚了。其次，我们要学习“整合创业资源”。资源不在于拥有，而在于整合。你拥有了最好的资源，但没有把它们放在最恰当的位置，没有实现它们最大的效用，这样的资源你拥有再多，也是无意义的消耗，甚至是一种浪费。

这里介绍几种重要的创业资源的常见获取途径：

（一）人力资源的常见获取途径

这里的人力资源不是指创业企业成立以后需要招募的员工，而是指创业者及其团队拥有的知识、技能、经验、人际关系、商务网络等。

现在大学里几乎都有创业课程、创业者协会、科技和发明协会以及讨论或实践创业的学生社团、沙龙、论坛和讲座等。在这些团队里有固定的活动时间，学生们可以和志同道合的朋友交谈，甚至有时候可能会有向成功企业家请教的机会。一些创新创业课程不仅由学校的老师来讲，也会邀请校外企业家授课，这不仅是我们学习创业知识的重要渠道，也是我们和其他创业者、创业导师以及企业家建立联系的重要途径，这常常是被很多大学生忽略的宝贵的获取创业人力资源的途径。

优秀的人一般不会主动来到你身边，所以需要我们在大学期间主动地、大胆地向优秀的人请教。要善于寻找最好的顾问，如高素质的董事、律师、银行家、会计师与其他专业人士，并诚挚地邀请他们在更早的阶段更深入地参与到我们的创业活动中，甚至加入我们的创业团队。我们可以将学校、政府、企业里面优秀的、值得你拜访并对我们创业有帮助的人列出一个表，设法找到他们的联系方式，然后大胆地、大方地给他们打电话（或者发邮件、利用 QQ 等工具），请求拜访和交流。要记住，拜访前必须做好充足的准备。我们要相信，优秀的人一定是很乐意帮助上进的优秀大学生，同时也一定要对自己充满信心。

对大学生来说，学校内外的实践、实习活动都是获取人力资源的重要途径。如果有可能，我们可以在大学期间从事一些力所能及的商业活动，如做一些产品的校园或者地区代理，不管是热水袋、拖鞋、牛奶、化妆品，还是手机卡、文具、数码产品等，都可以去尝试。这个过程中既能赚些钱，增长关于市场的知识，还可以锻炼组织、协调能力，扩大视野和交际面，也可以考虑进入一个企业为别人工作，通过打工的经历学习行业知识，建立客户资源渠道，了解企业运作的经验，学习开拓市场的方法，认知商业模式。

（二）技术资源的常见获取途径

现在很多大学生创业项目都有或多或少的“技术含量”，如何获取创业起步项目所依赖的技术资源呢?

了解最新技术信息，大学生创业者应该随时关注各高校实验室、老师或者学生的研发成果，可以去国家专利局查阅各种申请专利，养成及时关注科技信息，浏览各种科技报道，留意科技成果，从中发现具有巨大商机的行为习惯。政府机构、同行创业者或同行企业、专业信息机构、图书馆、大学研究机构、新闻媒体、会议及互联网等，都是我们获取这些信息的渠道，可以根据自己的实际情况与各种方式的特点，选择一种或多种方式，尽可能获取有效的、需要的信息。

把必要技术“据为己有”的途径包括：吸引技术持有者加入创业团队；购买他人的成熟技术，并进行技术市场寿命分析等；购买他人的前景型技术，再通过后续的完善开发，使之达到商业化要求；同时购买技术和技术持有者；自己研发，但这种方式需要时间长，耗资大。

（三）外部资源的常见获取途径

外部资源中资金的获取有多种途径，如依靠亲朋好友筹集资金；抵押、银行贷款或企业贷款；争取政府某个计划的资金支持；吸引新的拥有资金的创业同盟者加入创业团队，吸引现有企业以股东身份向新企业投资、参与创业活动，以及吸引企业孵化器或创业投资者的股权资金投入等。这些“融资渠道”将在下一节中进行详细介绍。

创业企业为了生存，营销是需要重点考虑的事情。营销网络将帮助新创企业产品或服务走向市场，使创业活动实现盈利。一般情况下，新创企业都需要借用他人已有的营销网络，使用公共流通渠道；也可以自建营销网络与借用他人营销网络相结合，扬长避短，使营销网络更适应于新创企业的要求；完全依靠自建网络，就需要强大的资金或背景支持了，对创业者来说是比较少见的。

三、整合创业资源的基本原则

根据熊彼特的观点，“创业者的功能就是实现新组合”，创业资源的优化配置是创业者实现成功创业必须仔细斟酌的问题。Jarillo也曾经通过经验分析得出结论，“创业的精髓在于使用外部资源的能力和意愿”。现在美国用“entrepreneur”专指在没有拥有多少资源的情况下，锐意创新，发掘并实现潜在机会的价值的创业者。在这个问题上我们也许还可以从阿玛·百蒂的话中得到启示：“准创始人中绝大部分面临的最大挑战不是筹集资金，而是如何在没有资金的情况下把事情办好的智慧和干劲。”可以说，创业成功并不需要百分百拥有所有资源，整合资源的能力远胜于拥有所有创业资源。

关于资源整合的定义，一般认为是企业战略调整的手段，也是企业经营管理的日常工作。整合就是要优化资源配置，就是要有进有退、有取有舍，就是要获得整体的最优。资源整合是企业对不同来源、不同层次、不同结构、不同内容的资源进行识别与选择、获取与配置、激活和有机融合，使其具有较强的柔性、条理性、系统性和价值性，并创造出一个新的资源的复杂的动态过程。实际上，所有成功创业者在新创企业成长的各个阶段，都会做到用尽可能少的资源推进企业往前发展。

许多创业者早期所能获取与利用的资源都相当匮乏，而优秀的创业者在创业过程中所体现出的卓越创业技能之一，就是创造性地整合和运用资源，尤其是那种能够创造竞争优势，并带来持续竞争优势的战略资源。尽管与已存在的进入成熟发展期的大公司相比，创业型企业资源比较匮乏，但实际上创业者所拥有的创业精神、独特创意以及社会关系等资源，却同样具有战略性。因此，对创业者而言，一方面要借助自身的创造性，用有限的资源创造尽可能大的价值，另一方面更要设法获取和整合各类战略资源。

对于创业者来说，我们整合创业资源要注意以下几点。

（一）资源有限，节约为先

创业者资源的“有限”决定了我们必须“节约”。尤其是大学生创业者没有足够长的工作经历积攒开办企业所需要的资金，没有足够的信用史，没有贵重的个人资产，所以难以从银行或投资者那里筹措资金。大量有关初创资金来源的报告显示，创业者的初创资金主要来自创业者个人或家庭成员、朋友。传统的外部资金来源，如银行贷款，很难成为多数创业者的选择。即使是风险投资，也只是青睐少数的成长潜力大的企业。在这种情况下，我们必须追求做事更经济的方法，争取在有限资源的约束下获取尽可能满意的收益，包括在资源受限的情况下寻找实现创业目标的途径，最大限度地降低对外部资源的依赖，最大限度地发挥创业者投在企业内部资源的作用。

“节约”意味着降低资源的使用量，但过分强调降低成本，会影响产品和服务质量，甚至会制约创业的发展。如为了求生存和发展，有的创业者不注重环境保护，或者盗用别人的知识产权，甚至以次充好。这样的创业活动尽管短期可能赚取利润，但长期而言，发展潜力有限。所以节约是有前提的，就是明确我们的创业使命，在能够实现创业使命的可行路径中，选择成本最小的。例如创业往往需要有办公场所，这时在不影响我们创业使命的情况下，我们可以通过申请政府或高校创立的创业园或创业孵化器，享受那里的免费或低价办公室，与其他创业者一起共享办公设备等，也可以利用兼职人员、招聘实习生。我们完全可以相信自己：我们能够想出很好的创意，用极低的成本，获取相当的收益。

“节约”不仅是资源受限的必需策略，同时也可以帮助创业者更好地掌控企业所有权和管理权。外部融资基本上都会降低创业者对企业所有权的份额，从而减少了创业者分享企业所创造的财富和利润。同时，“节约”还可以一定程度地降低创业者需要承担的风险，增加企业的柔韧度，提升创业者控制与管理的能力，只要运用得当，不谨小慎微、事无巨细。“节约”是创业者在进行资源整合时，应该持有的一个基本理念。

（二）资源无限，连接一切

对创业者来说，看上去你拥有的资源是有限的。但是换一个角度，当你在资源与资源之间建立起连接，资源的可能性就被无限扩大了。

很多资源看上去是无用的、废弃的，但创业者可以通过自己的独有经验和技巧，对其加以整合再造。现实中，很多高新技术企业的创业者并不是专业科班出身，可能是出于兴趣或其他原因，对某个领域的技术略知一二，却凭借这个略知的“一二”敏锐地发现了机会，并迅速实现了相关资源的整合。马云曾经多次声称自己“不懂技术”，却缔造了阿里巴巴的商业奇迹。这就是在自己拥有的人力资源——创业者的智慧与其他人拥有的技术资源——技术团队的执行力，两者之间建立了连接，实现了资源的整合，把有限的资源变成了无限的可能。

李小龙的哲学思想“以无法为有法，以无限为有限”，对创业者来说同样意蕴深刻。创业者应该善于用发现的眼光，洞悉身边各种资源的属性，将它们创造性地连接起来。这种整合很多时候甚至不是事前仔细计划好的，而往往是具体情况具体分析、“摸着石头过河”甚至“灵光一现”的产物。而这也正体现了创业的不确定性特性，并考验创业者的资源整合能力。

（三）充分利用，杠杆显效

如何用尽可能少的付出获取尽可能多的收获？古希腊科学家阿基米德给我们的答案是：假如给我一个支点，我就能撬动地球。这句名言说的就是“杠杆原理”。杠杆原理启示我们：也许你现有的资源还没有被充分地开发和利用，只要我们找到合适的“支点”，就能够把其利用得更充分，显现出更大的效用。可能体现在：更加延长地使用现有资源；更充分地利用别人没有意识到的资源；利用他人或者别的企业的资源来完成自己的创业目的；利用一种资源获得另一种资源，等等。

在创业过程中，容易产生杠杆效应的资源，主要包括人力资本和社会资本等非物质资源。创业者的人力资本由一般人力资本与特殊人力资本构成，一般人力资本包括受教育背景、以往的工作经验及个性品质特征等。特殊人力资本包括产业人力资本（与特定产业相关的知识、技能和经验）与创业人力资本（如先前的创业经验或创业背景）。调查显示，特殊人力资本会直接作用于资源获取，有产业相关经验和先前创业经验的创业者能够更快地整合资源，更快地实施市场交易行为。而一般人力资本使创业者具有知识、技能、资格认证、名誉等资源，也提供了同窗、校友、老师以及其他连带的社会资本。

相比之下，社会资本有别于物质资本、人力资本，是社会成员从各种不同的社会结构中获得的利益，是一种根植于社会关系网络的优势。在个体分析层面，社会资本是嵌入并来自于并浮现在个体关系网络之中的真实或潜在资源的总和，它有助于个体开展目的性行动，并为个体带来行为优势。外部联系人之间社会交往频繁的创业者所获取的相关商业信息更加丰裕，从而有助于提升创业者对特定商业活动的深入认识和理解，使创业者更容易识别出常规商业活动中难以被其他人发现的顾客需求，进而更容易获得财务和物质资源——这正是其杠杆作用所在。

（四）资源共享，利益共赢

现在已经不是“单打独斗”的年代，创业者必须学会“抱团取暖”。把一定的资源共享出来，往往能够吸引到广泛的资源共享者，共同创造更大的收益，实现两方或多方共赢。如果有利益影响或驱动，实现共赢就变得轻而易举。所以如何设置资源共享中的利益机制，是用这种方法进行资源整合的重点。

整合资源需要关注有利益关系的组织或个人，要尽可能多地找到利益相关者。同时，分析清楚这些组织或个体和自己的创业活动有何利益关系，利益关系的强度和远近怎样，整合到资源的可能性多大。利益关系者之间的利益关系有时是直接的，有时是间接的，有时是显性的，有时是隐性的，有时甚至还需要在没有的情况下创造出来。另外，有利益关系也并不意味着能够实现资源整合，还需要找到或发展共同的利益，或者说利益共同点。为此，识别到利益相关者后，逐一认真分析每一个利益相关者所关注的利益非常重要，多数情况下，将相对弱的利益关系变强，更有利于资源整合。

资源整合是多方面的合作，切实的合作需要有各方面利益真正能够实现的预期加以保证，这就要求寻找和设计出多方共赢的机制。对于在长期合作中获益、彼此建立起信任关系的合作，双赢和共赢的机制已经形成，进一步的合作并不很难。但对于首次合作，建立共赢机制尤其需要智慧，要让对方看到潜在的收益，为了获取收益而愿意投入资源。因此，创业者在设计共赢机制时，既要帮助对方扩大收益，也要帮助对方降低风险，降低风险本身也是扩大收益。在此基础上，还需要考虑如何建立稳定的信任关系，并加以维护管理。

视野延展

整合资源为我所用

办一个鞋厂需要哪些资源？需要订单、资金、场地设备、人才团队、原材料这五大基本资源。如果这五大资源你都没有，你会如何去创办一个鞋厂？

来自湖北的小伙张家维给出的答案是：用了一年半时间，在创新思路的指引下，以低成本整合以上五大资源，目前拥有1家总公司、4个工厂、1个办事处、2个外贸接单中心。他是怎么做到的？他说，干一件事情，不是看你有什么，而是看你想什么！张家维坦言，在只有思路，其他什么都缺的情况下，要整合好各种资源并不容易，常常碰壁。

看到一些鞋业工厂由于面临困境处于停工状态时，张家维就跟对方谈，让对方把工厂以一种新的合作方式让他生产，他以后每销售1双鞋子向工厂业主支付1元钱，并向工厂支付一定的保证金，但不承担工厂业主的任何债务。张家维说，这种新的合作方式，不少鞋企老板并不认可，他们觉得直接拿一笔租金省事些，但这种风险共担、收益共享的新的合作模式也得到一些老板的认可。

"在所有的这些生产要素当中，最核心的资源是优质订单。"当工厂有合作意向后，最重要的是要拿到订单。他提出了以股权换订单的思路，让出一家工厂20%—30%的股份给拥有订单资源的出口贸易商，以换取更多的国外订单资源。他的这个合作思路获得一些出口贸易商的支持。

在管理方面，张家维很好地运用了股权激励的方式，出让一部分的工厂股份吸引一批优秀的职业经理人，由两三人组合成为微型的管理团队，扁平化管理各个工厂的日常生产和运作，降低工厂的管理成本。

在资金方面，张家维也是以股权投资的方式获得一些投资商的支持，为公司起步发展解决了燃眉之急。通过这种资源整合的方式，张家维启动一家工厂的资金不到200万元，他说这远远低于正常运作一家工厂的资金。

第三节　创业融资渠道

一、创业融资认知

融资主要是指资金的融入，也就是通常意义的资金来源，具体是指通过一定的渠道，采用一定的方法，以一定的经济利益付出为代价，从资金持有者手中筹集资金，满足资金使用者在经济活动中对资金需要的一种经济行为。

创业融资有广义和狭义之分。狭义的融资概念仅指不同资金所有者之间的资金融通，即资金从资金供给方流向需求方。广义的融资不仅包括前者，还包括某一经济主体通过一定方式在自己内部进行资金融通。

了解创业融资，需要知道一些基本的概念，下面就融资方式、融资成本、融资动机与偏好等作基本的介绍。

（一）融资方式

1. 外源融资与内源融资

从融资主体角度，创业融资的方式可以作三个层次的划分：第一层次为外源融资和内源融资；第二层次将外源融资划分为直接融资和间接融资；第三层次则是对直接融资和间接融资再作进一步的细分。

创业企业内源融资，是指创业企业依靠其内部积累进行的融资，具体包括如下几种形式：资本金（除股本）、折旧基金转化为重置投资和留存收益转化为新增投资。创业企业外源融资，则是指企业通过一定方式从外部融入资金用于投资。

相对于外源融资，内源融资可以减少信息不对称的问题以及与此相关的激励问题，节约企业的交易费用，降低融资成本，也可以增强企业的剩余控制权。内源融资在企业的生产经营和发展壮大中的作用是相当重要的。但是，内源融资能力及其增长，要受到企业的盈利能力、净资产规模和未来收益预期等方面的制约。现实中的资金供求矛盾总是存在的，并推动着外源融资的发展。任何企业在创业发展过程中，都会遇到一个确定内源融资与外源融资合理比例的问题。

直接融资，是指企业作为资金需求者向资金供给者直接融通资金的方式，一般是指发行股票和债券等；间接融资，则是企业通过金融中介机构间接向资金供给者融通资金的方式，一般是指银行或非银行金融机构的贷款等。

就各种融资方式来看，内部融资不需要实际对外支付利息或股息，不会减少企业的现金流量；同时由于资金来源于企业内部，不发生融资费用，内部融资的成本远低于外部融资。因此它是企业首选的融资方式。

但企业内部融资能力的大小取决于企业利润水平、净资产规模和投资者的预期等因素；当内部融资仍不能满足企业的资金需求时，企业可以考虑转向外部融资，但外部融资方式中股权融资会使企业股东股权稀释，收益减少，并且产生的影响时间较长，而债务融资则成本较高，但影响时间较短。

2. 股权融资和债权融资

按大类来分，企业的融资方式有两类：股权融资和债权融资。这也是两个被创业者和投资者经常提及的名词。

股权融资是指企业的股东愿意让出部分企业所有权，通过企业增资的方式引进新的股东的融资方式。股权融资所获得的资金，企业无须还本付息，但新股东将与老股东同样分享企业的盈利。股权融资的特点决定了其用途的广泛性，既可以充实企业的营运资金，也可以用于企业的投资活动。

股权融资按融资的渠道来划分，主要有两大类：公开市场发售和私募发售。所谓公开市场发售就是通过股票市场向公众投资者发行企业的股票来募集资金，包括我们常说的企业的上市、上市企业的增发和配股都是利用公开市场进行股权融资的具体形式。所谓私募发售，是指企业自行寻找特定的投资人，吸引其通过增资入股企业的融资方式。因为绝大多数股票市场对于申请发行股票的企业都有一定的条件要求，例如中国对公司上市除了要求连续 3 年盈利之外，还要企业有 5000 万元的资产规模，因此对大多数中小企业来说，较难达到上市发行股票的门槛，私募成为民营中小企业进行股权融资的主要方式。

债权融资是指企业通过借钱的方式进行融资，债权融资所获得的资金，企业首先要承担资金的利息，另外在借款到期后要向债权人偿还资金的本金。债权融资的特点决定了其用途主要是解决企业营运资金短缺的问题，而不是用于资本项下的开支。债权融资产生的结果是增加了企业的负债，按渠道的不同主要分为银行信用、民间信贷、债券融资、信托融资、项目融资、商业信用及其租赁等。

无论是股权融资还是债权融资均有一定的优点，也存在不足，创业者要熟悉不同融资方式的利弊，考虑不同情况下的融资成本，以便作出科学的融资决策。见表 8–1 所示。

表 8–1　股权融资和债权融资的比较

比较项目	股权融资	债权融资
本金	永久性资本，保证企业最低的资金需要	到期归还本金
资金成本	根据企业经营情况变动，相对较高	事先约定固定金额的利息，较低
风险承担	低风险	高风险
企业控制权	按比例或约定享有，分散企业控制权	企业控制权得到维护
资金使用限制	限制少	限制多

债权融资的资金成本较低，合理使用还能带来杠杆收益，但债务资金使用不当会带来企业清算或终止经营的风险；股权资金的资金成本由于要在所得税之后支付，成本较高，但由于在企业正常生产经营过程中，不用归还投资者，是一项企业可永久使用的资金，没有财务风险。创业者在筹集资金时应对债务资金、股权资金的优缺点进行比较，并考虑企业的资金需要量，资金的可得性，宏观理财环境，筹资的成本、风险和收益，以及控制权分散等问题来进行综合分析。

（二）融资成本

融资成本包括融资的显性成本和隐含成本。显性成本就是创业企业的加权平均资本（包括资金筹措和资金占用费）。隐含成本包括创业者融资时所出让的所有权份额、融资不成功所错失商机的机会成本和创业企业融资契约安排下的代理成本。首先，由于创业企业的风险比较大导致投资者和债权人所要求的报酬率也比较高，如果是权益融资，投资者所要求的所有权份额也比较高；其次，创业企业没有贷款抵押和担保，风险大且盈利能力弱，这种企业无法从诸如内部积累、股票市场、债券市场和银行这些传统渠道获得资金，这样创业企业的资金筹措费用也比较高；最后，创业融资是一种资金、管理与创意相结合的融资，创业者拥有创意和技术，而资金基本上由投资者和债权人提供，因此创业融资的代理成本比较高。

（三）融资动机与偏好

创业企业融资有不同的动机，根本原因是为了企业的发展。创业企业融资的内在动机有：提高核心能力，扩大市场规模和份额，提高企业盈利能力。

融资资源有各种偏好和方式，包括他们将提供多少资金，在创业企业生命周期的哪个阶段投资，资本的成本或他们寻求的预期年回收率。要确定真实的融资资源并制订出相应的融资战略，需要知道投资者或贷款人正在寻求的投资类型。事先对特定投资者或贷款人的偏好作适当研究，可以避免盲目寻找，并节省许多个人资金，同时可以大大增加按可接受条件成功筹集资金的可能性。

创业者融资偏好，应与投资者偏好、融资成本、融资风险以及创业企业的投资性等匹配。投资者根据对风险的偏好程度可以分为：风险偏好者、风险厌恶者与风险中性者。创业企业由于创立的时间不长，未来的成长不确定性很高，潜伏的失败风险极大。一般来说，风险偏好者愿意投资成长性高的高技术企业，期望获得高的收益，如创业投资者。银行等中介机构出于安全性原则，一般不愿意贷款给新兴的企业，新兴的企业的风险更高，贷款收不回的可能性更大，所以应实行信贷配给。投资者或贷款人的实践方式因人而异，即使同一类的投资，贷款人也会随市场条件、时间、地点的不同而采用不同的行为。

视野延展

创业的启动资金

你知道你的创业究竟需要多少启动资金吗？你可能有一个粗略的估计，但这还不够详细，无法支撑你制作一套可行的创业计划书，要准确地衡量你需要多少启动资金，这是成功的关键。如果低估了需求，那么在企业开始盈利之前，你可能就已经用光了运营资金。而过高的预测成本，你又可能永远都无法筹集到足够的资金以起步。

启动资金用来支付场地（土地和建筑）、办公家具和设备、机器、原材料和商品库存、营业执照和许可证、开业前广告和促销、工资以及水电费和电话费，等等。这些支出可以归为两类：投资资金和流动资金。

1. 投资资金

投资资金，也叫固定资产，是指你为企业购买的价值较高、使用寿命长的东西。有的企业用很少投资就能开办，而有的却需要大量的投资才能启动。明智的做法是把必要的投资降到最低限度，让企业少担些风险。实事求是地说，每个企业开办时总会有一些投资。

投资资金一般可以分为两类：企业用地和建筑、设备。办企业或开公司，都需要有适用的场地和建筑。也许是用来开工厂的整个建筑，也许只是一个小工作间，也许只需要租一个铺面。如果你能在家开始工作，就能降低投资。当清楚了需要什么样的场地和建筑时，要作出以下选择：或建造新的建筑，或购买现成的建筑，或租用办公场地，或在家开业。

设备是指你的企业需要的所有机器、工具、车辆、办公家具等。对于制造商和一些服务行业，最大的需要往往是设备。一些企业需要在设备上大量投资，因此了解清楚需要什么设备，以及选择正确的设备类型就显得非常重要。即使是只需要少量设备的企业，也要慎重考虑你确实需要哪些设备，并把它们写入创业计划。

2. 流动资金

你的企业开张后要运转一段时间才能有销售收入。制造商在销售之前必须先把产品生产出来；服务企业在开始提供服务之前要买材料和用品；零售商和批发商在卖货之前必须先买货。所有企业在招揽顾客之前必须先花时间和费用进行促销。总之，你需要流动资金支付至少以下种类的开销：购买并储存原材料和成品、促销、工资、租金、保险和许多其他费用。

有的企业需要足够的流动资金来支付6个月的全部费用，也有的企业只需要支付3个月的费用。总之你必须预测，在获得销售收入之前，你的企业能够支撑多久，也就是要计算出你的“盈亏平衡点”。一般而言，刚开始的时候销售总不如你想象的顺利，因此，你的流动资金要计划富裕些。你需要制订一个现金流量计划。它会帮助你更准确地预测你所需要的流动资金。等你做完这个计划之后，你可能还得回头再更改启动资金里的流动资金数额。

创业者往往容易忽略的流动资金是“工资”，包括雇用员工的工资，也包括创业者自己的工资，甚至包括人员流动造成的人力资源成本。

在企业起步阶段，还要支付一些其他费用，例如电费、文具用品费、交通费等，这些也是需要考虑的。一般来说，在销售收入能够收回成本之前，微小企业事先至少要准备3个月的流动资金。

随着创业环境的开放性、创业方向的多元性、创业活动的多样性，创业启动资金包括的内容也更加丰富，但是万变不离其宗，为了控制创业的资金风险，为了保障创业的持续发展，你必须制订一个创业启动阶段的现金流量计划，明确自己所需要的启动资金数目与用途。

二、创业融资的常见渠道

融资渠道是指企业筹集资本来源的方向与通道，体现资本的源泉和流量。融资渠道主要由社会资本的提供者及数量分布决定。了解融资渠道的种类、特点和适用性，有利于创业者充分利用和开拓融资渠道，实现各种融资渠道的合理组合，有效筹集所需资金。关于我国创业融资渠道分类的界定，还不是十分清晰，这里就大学生创业融资的常见渠道，作简要的介绍。

（一）私人资本融资

私人资本包括创业者个人积蓄、亲友资金、天使投资等。据世界银行所属的国际金融公司（IFC）对北京、成都、顺德和温州四个地区的私营企业的调查，我国私营中小企业在初始创业阶段几乎完全依靠自筹资金，其中，90% 以上的初始资金是由主要的业主、创业团队成员及家庭提供的，银行和其他金融机构贷款所占的比例很小，私人资本在创业融资中具有不可替代的作用。

1. 个人积蓄

尽管有些创业者没有动用过个人资金就办起了新企业，但这种情况非常少见。这不仅因为从资金成本或企业控制权的角度来说，个人资金成本最为低廉，而且还因为创业者在试图引入外部资金时，外部投资者一般都要求企业必须有创业者的个人资金投入其中。所以，个人积蓄是创业融资最根本的渠道，几乎所有的创业者都向他们新创办的企业投入了个人积蓄。

个人积蓄的投入对于创业企业来说具有非常重要的意义：首先，创业者个人积蓄的投入，表明了创业者对于项目前景的看法，只有当创业者对未来的项目充满信心时，他才会毫无保留地向企业投入自己的积蓄；其次，将个人积蓄投入企业，是创业者日后继续向企业投入时间和精力的保证，投入企业的积蓄越多，创业者越会在日后的生产经营过程中对企业更加关注；再次，个人积蓄的投入是对债权人债权的保障，由于在企业破产清算时，债权人的权益优于投资者的权益，所以，企业能够融集到的债务资金一般以投资者的投入为限，创业者投入企业的初始资金是对债权人债权的基本保障；最后，个人积蓄的投入有利于创业者分享投资成功的喜悦。因此，准备创业的人，应从自我做起，较早地将自己收入的一部分储蓄起来，作为创业储备资金。

创业者可以通过转让部分股权的方式从合伙人那里取得创业资金，创办合伙企业，或通过公开或私募股权的方式，从更多的投资者那里获得创业资金，成立公司制企业。将个人合伙人或个人股东纳入自己的创业团队，利用团队成员的个人积蓄是创业者最常用的筹资方式之一。

就中国目前的现状而言，家庭的资金支持在大学生创业中起到重要的支持作用。以家庭为中心，形成的亲缘、地缘、商缘等为经纬的社会网络关系，对包括创业融资在内的许多创业活动产生重要影响，因此，创业者及其团队成员的家庭储蓄一般归入个人积蓄的范畴。

对许多创业者来说，个人积蓄的投入虽然是新企业融资的一种途径，但并不是根本性的解决方案。一般来说，创业者的个人积蓄对于新创企业而言，总是十分有限的，特别是对于新创办的大规模企业或资本密集型的企业来说，几乎是杯水车薪。

2. 亲友资金

对于新创企业来说，除了个人积蓄之外，身边亲朋好友的资金是最常见的资金来源。亲朋好友由于与创业者个人的关系而愿意向创业企业投入资金，因此，利用亲友的资金是创业者经常采用的融资方式之一。

在向亲友融资时，创业者必须要用现代市场经济的游戏规则、契约原则和法律形式来规范融资行为，保障各方利益，减少不必要的纠纷。第一，创业者一定要明确所融集资金的性质，据此确定彼此的权利和义务。若融集的资金属于亲友对企业的投资，则属于股权融资的范畴；若融集的资金属于亲友借给创业者或创业企业的，则属于债权融资。由于股权资本自身的特性，创业者对于亲友投入的资金可以不用承诺日后的分红比例和具体的分红时间；但对于从亲友处借入的款项，一定要明确约定借款的利率和具体的还款时间。第二，无论是借款还是投资款项，创业者最好能够通过书面的方式将事情确定下来，以避免将来可能发生的矛盾。

除此之外，创业者还要在向亲友融资之前，仔细考虑这一行为对亲友关系的影响，尤其是创业失败后的艰难困苦。要将日后可能产生的有利和不利方面告诉亲友，尤其是创业风险，以便将来出现问题时对亲友的不利影响降到最低。

3. 天使投资

天使投资指个人出资协助具有专门技术或独特概念而缺少自有资金的创业家进行创业，并承担创业中的高风险和享受创业成功后的高收益；或者说是自由投资者或非正式风险投资机构对原创项目构思或小型初创企业进行的前期投资，是一种非组织化的创业投资形式。

“天使投资”一词源于纽约百老汇，特指富人出资资助一些具有社会意义演出的公益行为。对于那些充满理想的演员来说，这些赞助者就像天使一样从天而降，使他们的美好理想变为现实。后来，天使投资被引申为一种对高风险、高收益的新兴企业的早期投资。天使资本主要有三个来源：曾经的创业者、传统意义上的富翁、大型高科技公司或跨国公司的高级管理者。在部分经济发展良好的国家中，政府也扮演了天使投资人的角色。

在美国有 25 万个或以上的天使投资者，其中有 10 万人在积极投资。他们每年在总共 2 万—3 万家公司投资 50 亿—100 亿美元。在中国，随着经济的发展，一部分富人在希望自己越来越富有的同时也在寻求挑战，开始充当天使投资者。中国的天使投资者近年有了较快增长，以真格基金创始人徐小平先生为代表的天使投资者进行的投资活动，在社会上和创业者中产生了广泛的影响。

天使投资分为两类，一类是有行业背景的天使投资，一类是没有行业背景的天使投资。这两类天使投资，从行为及预期，到和创业团队的合作都非常不一样。从资本的角度来说，这两类投资人都是非常好的来源。创业者早期仍需要资金，而来源非常有限，所以才寻求天使投资支持。否则，完全可以自己做得稍微成熟一些再寻求早期风险投资。倘若创业团队早期并非单纯缺乏资金，则寻找具有行业背景的天使投资会更加理性。

（二）机构融资

和私人资金相比，机构拥有的资金数量较大，挑选被投资对象的程序比较正规，获得机构融资一般会提升企业的社会地位，给人以企业很正规的印象。机构融资的途径有银行贷款、非银行金融机构贷款、交易信贷和融资租赁、从其他企业融资等。

1. 银行贷款

2006 年，孟加拉国格莱珉银行的创立者穆罕默德·尤努斯因以银行贷款的方式帮助穷人创业而获得诺贝尔和平奖。中国也有很多银行推出了支持个人创业的贷款产品。如 2003 年 8 月，中国银行、光大银行、广东发展银行、中信银行等金融机构相继推出“个人创业贷款”项目，而中国农业银行早在 2002 年 9 月就推出了《个人生产经营贷款管理办法》并一直在运行中。比较适合创业者的银行贷款形式主要有抵押贷款和担保贷款两种。缺乏经营历史从而也缺乏信用积累的创业者，比较难以获得银行的信用贷款。

（1）抵押贷款。抵押贷款指借款人以其所拥有的财产作抵押，作为获得银行贷款的担保。在抵押期间，借款人可以继续使用其用于抵押的财产。抵押贷款有以下几种：

- 不动产抵押贷款。不动产抵押贷款是指创业者可以土地、房屋等不动产作抵押，从银行获取贷款。
- 动产抵押贷款。动产抵押贷款是指创业者可以用机器设备、股票、债券、定期存单等银行承认的有价证券，以及金银珠宝首饰等动产作抵押，从银行获取贷款。
- 无形资产抵押贷款。无形资产抵押贷款是一种创新的抵押贷款形式，适用于拥有专利技术、专利产品的创业者，创业者可以用专利权、著作权等无形资产向银行作抵押或质押获取贷款。

（2）担保贷款。担保贷款指借款方向银行提供符合法定条件的第三方保证人作为还款保证的借款方式。当借款方不能履约还款时，银行有权按照约定要求保证人履行或承担清偿贷款连带责任。其中较适合创业者的担保贷款形式有：

- 自然人担保贷款。自然人担保贷款是指经由自然人担保提供的贷款。可采取抵押、权利质押、抵押加保证三种方式。
- 专业担保公司担保贷款。目前各地有许多由政府或民间组织的专业担保公司，可以为包括初创企业在内的中小企业提供融资担保，像北京中关村担保公司、首创担保公司等，其他省、市也有很多此类性质的担保机构为中小企业提供融资担保服务，这些担保机构大多属于公共服务性非盈利组织，创业者可以通过申请，由这些机构担保向银行借款。

（3）政府无偿贷款担保。根据国家及地方政府的有关规定，很多地方政府都为当地的创业人员提供无偿贷款担保。如上海、青岛、南昌、合肥等地的应届大学毕业生创业可享受无偿贷款担保的优惠政策，自主创业的大学生，向银行申请创业贷款的担保额度最高可为100万元，并享受贷款贴息；江苏省镇江市润州区创业农民可通过区农民创业担保基金中心，获取最高5万元贷款，并由政府为其无偿担保；湖南省各级财政安排一定的再就业资金，用于下岗失业人员小额贷款担保基金及贴息等四个方面；浙江省对持“再就业优惠证”的人员和城镇复员转业退役军人，从事个体经营自筹资金不足的，由政府提供小额担保贷款。

（4）中小企业间互助机构贷款。中小企业间的互助机构贷款是指中小企业在向银行融通资金的过程中，根据合同约定，由依法设立的担保机构以保证的方式为债务人提供担保，在债务人不能依约履行债务时，由担保机构承担合同约定的偿还责任，从而保障银行债权实现的一种金融支持制度。信用担保可以为中小企业的创业和融资提供便利，分散金融机构的信贷风险，推进银企合作。

从20世纪20年代起，许多国家为支持中小企业发展，先后成立了为中小企业提供融资担保的信用机构。目前，全世界已有48%的国家和地区建立了中小企业信用担保体系。我国从1999年开始，已经形成了以中小企业信用担保为主体的担保业和多层次中小企业信用担保体系，各类担保机构资金稳步增长。

（5）信用卡透支贷款。创业者可以采用两种方式取得信用卡透支贷款。一种方式是信用卡取现，另一种方式是透支消费。

信用卡取现是银行为持卡人提供的小额现金贷款，在创业者急需资金时可以帮助其解决临时的融资困难。创业者可以持信用卡通过银行柜台或是ATM机提取现金灵活使用。透支取现的额度根据信用卡情况设定，不同银行的取现标准不同，最低的是不超过信用额度的30%，最高的可以将信用额度的100%都取出来；另外，除取现手续费外（各银行取现手续费不一），境内外透支取现还须支付利息，不享受免息待遇。创业者还可以利用信用卡进行透支消费，购置企业亟须的财产物资。

实际上按目前的社会现状，大学生要取得较高的信用卡透支额度是不现实的。所以这种方法只是作为一个参考，一般用于应急周转。

2. 非银行金融机构贷款

非银行金融机构指以发行股票和债券、接受信用委托、提供保险等形式筹集资金，并将所筹资金运用于长期性投资的金融机构。根据法律规定，非银行金融机构包括经银监会批准设立的信托公司、企业集团财务公司、金融租赁公司、汽车金融公司、货币经纪公司、境外非银行金融机构驻华代表处、农村和城市信用合作社、典当行、保险公司、小额贷款公司等机构。非银行金融机构贷款常见的有以下几种：

（1）保单质押贷款。保险公司为了提高竞争力，也为投保人提供保单质押贷款。保单质押贷款最高限额不超过保单保费积累的70%，贷款利率按同档次银行贷款利率计息。如中国人寿保险公司的“国寿千禧理财两全保险”，就具有保单质押贷款的功能：只要投保人缴付保险费满2年，且保险期已满2年，就可以凭保单以书面形式向保险公司申请质押贷款。

（2）实物质押典当贷款。当前，有许多典当行推出了个人典当贷款业务。借款人只要将有较高价值的物品质押在典当行就能取得一定数额的贷款。典当费率尽管要高于银行同期贷款利率，但对于急于筹集资金的创业者来说，不失为一个比较方便的筹资渠道。典当行的质押放款额一般是质押品价值的 50%—80%。

（3）小额贷款公司放款。小额贷款公司由自然人、企业法人与其他社会组织投资设立，不吸收公众存款，经营小额贷款业务的有限责任公司或股份有限公司，发放贷款坚持“小额、分散”的原则。小额贷款公司发放贷款时手续简单，办理便捷，当天申请基本当天就可放款，可以快速地解决新创企业的资金需求。

3. 交易信贷和融资租赁

交易信贷指企业在正常的经营活动和商品交易中由于延期付款或预收货款所形成的企业间常见的信贷关系。企业在筹办期以及生产经营过程中，均可以凭借商业信用来筹集部分资金。如企业在购置设备或原材料、商品过程中，可以通过延期付款的方式，在一定期间内免费使用供应商提供的部分资金；在销售商品或服务时采用预收账款的方式，免费使用客户的资金等。

创业者也可以通过融资租赁的方式筹集购置设备等长期性资产所急需的资金。融资租赁是指实质上转移与资产所有权有关的全部或绝大部分风险和报酬的租赁。资产的所有权最终可以转移，也可以不转移。融资租赁是集融资与融物、贸易与技术更新于一体的新型金融业务。由于其融资与融物相结合的特点，出现问题时租赁公司可以回收、处理租赁物，因而在办理融资时对企业资信和担保的要求不高，所以非常适合中小企业融资；此外，融资租赁属于表外融资，不体现在企业财务报表的负债项目中，不影响企业的资信状况，对需要多渠道融资的中小企业非常有利。初创企业在筹建期，通过融资租赁的方式取得急需设备的使用权，解决部分资金需求，获得相当于租赁资产全部价值的债务信用，一方面可以使企业按期开业，顺利开始生产经营活动，另一方面又可以解决创业初期资金紧张的局面，节约创业初期的资金支出，将用于购买设备的资金用于主营业务的经营，提高企业现金流量的创造能力；同时融资租赁分期付款的性质可以使企业保持较高的偿付能力，维持财务信誉。

4. 从其他企业融资

尽管在大多数情况下，企业是资金的需求者而不是提供者，但是对于不同行业的企业，或者在企业发展的不同时期，部分企业还是会有暂时的闲置资金可以对外提供，尤其是一些从事公用事业业务的企业，或者已经发展到成熟期的企业，现金流一般会比较充足，甚至会有大量资金需要通过对外投资的方式实现较高收益。对于有闲置资金的企业，创业者既可以吸收其资金作为股权资本，还可以向这些企业借款，形成债权资本。

（三）风险投资

在我国，对于风险投资尚未形成统一的看法，比较普遍的观点是：风险投资是由专业机构提供的投资于极具增长潜力的创业企业并参与其管理的投资方式。中国的风险投资不仅投资高科技项目，也对传统领域，如教育、医疗保健这样的项目感兴趣。

前面提到的天使投资也是广义的风险投资的一种，但狭义的风险投资主要指机构投资。如同天使投资者对项目的选择有所偏好，风险投资机构也是如此。创业者在寻求风险投资机构的融资时，要注意多加了解，以便沟通。一般来说，创业者寻求风险投资需要经过以下 10 个步骤，如图 8–6 所示。

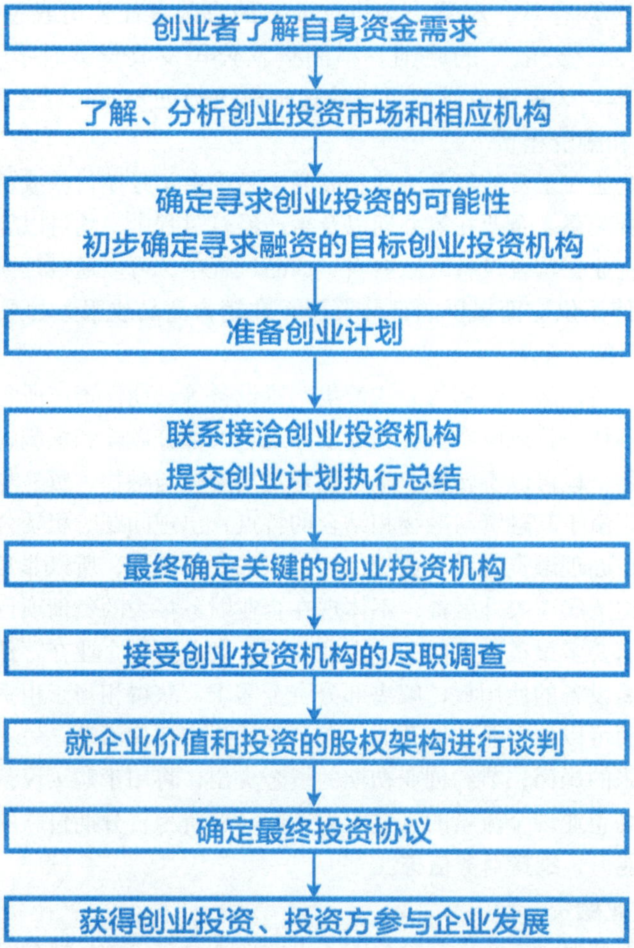

图 8–6　创业者寻求创业投资的步骤

（四）政府扶持基金

创业者还可以利用政府扶持政策，从政府方面获得融资支持。政府的资金支持是中小企业资金来源的一个重要组成部分。综合世界各国的情况，政府的资金支持一般能占到中小企业外来资金的 10% 左右，资金支持方式主要包括：税收优惠、财政补贴、贷款援助、风险投资和开辟直接融资渠道等。

随着我国经济实力的增强，政府对创业的支持力度，无论从产业的覆盖面还是从政府对创业者的支持额度都有了很大进展，由政府提供的扶持基金也在逐步增加。如专门针对科技型企业的科技型中小企业技术创新基金，专门为中小企业“走出去”准备的中小企业国际市场开拓资金等，还有众多的地方性优惠政策等。创业者应善于利用相关政策的扶持，以达到事半功倍的效果。

1. 再就业小额担保贷款

再就业小额担保贷款：根据中发〔2002〕12 号文件精神，为帮助下岗失业人员自谋职业、自主创业和组织起来就业，对于诚实守信、有劳动能力和就业愿望的下岗失业人员，针对他们在创业过程中缺乏启动资金和信用担保，难以获得银行贷款的实际困难，由政府设立再担保基金。通过再就业担保机构承诺担保，可向银行申请专项再就业小额贷款。该政策从 2003 年初起陆续在全国推行，并不断扩大小额担保贷款的范围，目前再就业小额担保贷款的适用范围包括：年龄在指定范围内（一般为 60 岁以内，地方政策可能有所不同），有创业愿望和劳动能力，诚实守信，有下岗证或者再就业优惠证的国企、城镇企业下岗职工，退役军人，农民工，外出务工返乡创业人员，吸纳下岗失业人员达到地方规定的小企业、合伙经营实体或劳动密集型企业，大中（技）专毕业生，残疾人员，失地农民等符合条件的人员。

2. 科技型中小企业技术创新基金

科技型中小企业技术创新基金是于 1999 年经国务院批准设立的，为扶持、促进科技型中小企业技术创新，用于支持科技型中小企业技术创新项目的政府专项基金，由科技部科技型中小企业技术创新基金管理中心实施。创新基金重点支持产业化初期（种子期和初创期）技术含量高、市场前景好、风险较大、商业性资金进入尚不具备条件、最需要由政府支持的科技型中小企业项目，并将为其进入产业化扩张和商业性资本的介入起到铺垫和引导作用。根据中小企业和项目的不同特点，创新基金通过无偿拨款、贷款贴息和资本金投入等方式扶持和引导科技型中小企业的技术创新活动，促进科技成果的转化。

3. 中小企业国际市场开拓资金

中小企业国际市场开拓资金是由中央财政和地方财政共同安排的专门用于支持中小企业开拓国际市场的专项资金。市场开拓资金用于支持中小企业和为中小企业服务的企业、社会团体和事业单位组织中小企业开拓国际市场的活动。该资金的主要支持内容包括：举办或参加境外展览会，质量管理体系、环境管理体系、软件出口企业和各类产品的认证，国际市场宣传推介，开拓新兴市场，组织培训与研讨会，境外投（议）标等方面。市场开拓资金支持比例原则上不超过支持项目所需金额的 50%，对西部地区的中小企业，以及符合条件的市场开拓活动，支持比例可提高到 70%。

4. 天使基金

政府有关部门和社会各界有识之士还纷纷出资，设立了鼓励和帮助大学生自主创业、灵活就业的一些天使基金。如北京青年科技创业投资基金是由北京科技风险投资股份有限公司出资设立，与共青团北京市委、北京市青年联合会和北京市工商局共同管理的一项基金。其特点之一是以个人为投资主体，孵化科技项目的快速成长，凡在电子信息产业、新材料、生物医药工程及生命科学领域拥有新技术成果，45 岁以下的自然人均可申请创投基金，资金投资区域为北京地区。

5. 其他基金

科技部的“863 计划”“火炬计划”等，连同科技型中小企业技术创新基金一起，每年都有数十亿元资金用于科技型中小企业的研发、技术创新和成果转化；财政部设有利用高新技术更新改造项目贴息基金、国家重点新产品补助基金；国家发展和改革委员会设有产业技术进步资金资助计划、节能产品贴息项目计划；工业和信息化部设有电子信息产业发展基金等。

各省市等为支持当地创业型经济的发展，也纷纷出台政策，支持创业。主要有人力资源和社会保障部设立的开业贷款担保政策、小企业担保基金专项贷款、中小企业贷款信用担保、开业贷款担保、大学生科技创业基金等。

创业者应结合自身情况，利用好相关政策，获得更多的政府基金支持，降低融资成本。

（五）知识产权融资

知识产权融资也是创业者值得关注的融资方式，在国内外已有诸多成功案例。知识产权融资可以采用知识产权作价入股、知识产权抵押贷款、知识产权信托、知识产权证券化等方式。

1. 知识产权作价入股

2014 年 3 月 1 日实施的《中华人民共和国公司法》(以下简称《公司法》) 第二十七条规定：“股东可以用货币出资，也可以用实物、知识产权、土地使用权等可以用货币估价并可以依法转让的非货币财产作价出资。”允许知识产权入股，明确了知识产权作为生产要素的原则。新《公司法》还规定，不再限制股东（发起人）的货币出资比例，无形资产可以百分百出资。这说明股东可以专利、商标、软件著作权等无形资产进行百分之百的出资，有效地减轻股东货币出资的压力。

根据新《公司法》的规定，除了法律、行政法规规定不得作为出资的财产除外，股东可以用知识产权等可以用货币估价并可以依法转让的非货币财产作价出资。对作为出资的非货币财产应当评估作价、核实财产，不得高估或者低估价值，只有专业的知识产权评估才可以作为出资依据。

2. 知识产权质押贷款

知识产权质押贷款是指以合法拥有的专利权、商标权、著作权中的财产权，经评估后向银行申请融资，是商业银行积极探索的中小企业融资途径。2006 年全国首例知识产权质押融资贷款在北京诞生；2008 年国家知识产权局确定了知识产权质押融资的试点城市；很多地市出台了质押贷款管理办法，如浙江 2009 年 1 月 20 日出台《浙江省专利权质押贷款管理办法》，为金融机构、企业操作知识产权质押提供了规范指引；2009 年 9 月和 11 月，广州市知识产权局、武汉市知识产权局分别和有关银行签署了促进知识产权质押融资的合作协议；2010 年，财政部、工业和信息化部、银监会、国家知识产权局、国家工商行政管理总局、国家版权局共同发布了《关于加强知识产权质押融资与评估管理　支持中小企业发展的通知》，进一步推进了知识产权质押融资工作的开展。

知识产权质押融资可以采用以下三种形式：质押——知识产权质押作为贷款的唯一

担保形式；质押加保证——以知识产权质押作为主要担保形式，以第三方（担保公司）连带责任保证作为补充组合担保；质押加其他抵押担保——以知识产权作为主要担保形式，以房产、设备等固定资产抵押或个人连带责任保证等其他担保方式作为补充担保的组合担保形式。

知识产权质押贷款仅限于借款人在生产经营过程中的正常资金需求，贷款期限一般为1年，最长不超过3年；贷款额度一般控制在1000万元以内，最高达5000万元；贷款利率采用风险定价机制，原则上在人行基准利率基础上按不低于10%的比例上浮；质押率为：发明专利最高为40%，实用新型专利最高为30%；驰名商标最高为40%，普通商标最高为30%；质物要求投放市场至少1年以上；还款方式根据企业的现金流情况采取灵活多样的还款方式。

3. 知识产权信托

知识产权信托是以知识产权为标的的信托，知识产权权利人为了使自己所拥有的知识产权产业化、商品化，将知识产权转移给信托投资公司，由其代为经营管理，知识产权权利人获取收益的一种法律关系。依据知识产权的类型，结合我国目前已有的信托案例，当前的知识产权信托包括专利信托、商标信托、版权信托等方式。在美国、日本和欧洲国家，知识产权信托已广泛应用于电影拍摄、动画片制作等短期需要大量资金行业的资金筹措。流动资金少的文化产业公司，在投入制作时，可与银行、信托公司签订信托构思阶段新作品著作权的合同，银行或信托公司向投资方介绍新作品的构思、方案，并向投资方出售作品未来部分销售收益的“信托收益权”，制作公司等则以筹集到的资金再投入新作品的创作。目前为止，知识产权信托在我国的发展状况并不理想，还需要在立法完善和政策支持上多加关注。

4. 知识产权证券化

知识产权资产证券化是发起人将能够产生可预见的稳定现金流的知识产权，通过一定的金融工具安排，对其中风险与收益要素进行分离与重组，进而转换成为在金融市场上可以出售的流通证券的过程。知识产权资产证券化的参与主体包括发起人（原始权益人）、特设载体（SPV）、投资者、受托管理人、服务机构、信用评级机构、信用增强机构、流动性提供机构。近几年，美国、英国、日本等国家的知识产权资产证券化发展迅速。在美国，知识产权资产证券化的对象资产已经非常广泛，从电子游戏、音乐、电影、娱乐、演艺、主题公园等与文化产业关联的知识产权，到时装设计的品牌、最新医药产品的专利、半导体芯片，甚至专利诉讼的胜诉金，都已经成为证券化的对象。在日本，经济产业省早在2002年就声明要对信息技术和生物等领域企业拥有的专利权实行证券化，成功地对光学专利实行了资产证券化。2004年，国务院颁布《关于推进资本市场改革开放和稳定发展的若干意见》，强调指出：“建立以市场为主导的品种创新机制。研究开发与股票和债券相关的新品种及其衍生产品，加大风险较低的固定收益类证券产品的开发力度，为投资者提供储蓄替代型证券投资品种。积极探索并开发资产证券化品种。”该政策文件为知识产权资产证券化在我国的探索发展提供了政策支持。

视野延展

雷军的投资智慧①

本文为雷军自述。

我在选择投资项目时，通常考虑四个必备条件：大方向很好，小方向被验证，团队出色，投资回报率高。

关于大方向，主要是看这个方向5—10年是否长期看好。每个投资人都有自己独到的见解，目前我最看好的方向是移动互联网和电子商务，当然，我也还愿意学习研究一些新的方向。关于投资回报率，早期风险投资成功项目回报的目标是10倍的收益，而天使投资比早期风险投资进入要早，风险更高，要求的回报会更高。

所以，我投资的关键判断主要在于具体方向和团队。在我看来，团队和方向两者相辅相成，缺一不可。也就是说，如果创业者能力不足，再好的方向和机遇也很难把握；如果创业者能力非常出色，但做的方向不对，也难成大器。

第一就是团队

投资就是投人，人是最关键的因素。在商业社会里，人最重要的基础素质是诚信，没有诚信的人，是不会有人投资的。具体来说，团队要具备以下几个条件：首先能洞察用户需求，对市场极其敏感；并且要志存高远且脚踏实地；而且团队里最好是两三个优势互补的人在一起；如果是互联网领域的项目，一定要有技术过硬并能带队伍的技术带头人；还需要具备低成本情况下的快速扩张能力；最后有创业成功经验的人会加分。

第二个是方向

即在对的时间去做对的事情。首先要做最肥的市场，选择自己能做的最大的市场，只有大市场才能造就大企业，小池子养不了大鱼，方向有偏差的话，会浪费宝贵的创业资源；其次选择正确的时间点——市场基本成熟了，企业也已有雏形，引入天使投资后，业务会得到爆炸性增长；再次是要专注，要专注再专注，最好只做一件事情，这样能把事情做到极致；最后业务在小规模下被验证，有机会在某个垂直市场做到数一数二的位置。

方向比速度重要，很多人一创业就很急，好像出去抢钱去了。但是，我觉得要想清楚，有的时候一个大方向对了，你哪怕速度稍微慢一些，也会成功的。

这些条件并非完全必须，但具备这些条件的创业团队成功的把握会更大。尤其在目前的市场环境下，随着金融风暴席卷全球，风险投资人对于项目的审查标准也会变得更为严格，满足的条件越多越好。这些条件全部满足的创业项目，就是投资人眼里完美的项目，会很容易拿到投资。

① 来源：李晓艳：《我为什么要投资你》，中国商业出版社2012年版。

三、创业融资的基本策略

企业在创业阶段风险较大，融资相对较难，如果不认真做好准备工作，成功的希望非常渺茫。在创业者缺乏相关经验的情况下，即使意外成功，交易结构和投资条款也对企业很不利，为今后的发展埋下隐患。所以，要成功实现创业企业融资必须预先做好融资准备工作，可以参照上文图 8–6 进行融资准备。这里介绍以下创业融资需要了解的基本策略。

（一）深入进行融资总收益与总成本分析

创业者首先应该考虑的是：企业必须融资吗？融资后的投资收益如何？融资后的收益是否大于融资成本？创业者只有经过深入分析，确信利用筹集的资金所得到的总收益要大于融资的总成本时，才有必要考虑融资。融资成本既有资金的利息成本，还有可能是较为昂贵的融资费用和不确定的风险成本。企业融资成本是决定企业融资效率的决定性因素，对于创业企业选择哪种融资方式有着重要意义。

（二）合理确定企业的融资规模与融资期限

创业者在进行融资决策之初，要根据各种条件，量力而行地确定企业合理的融资规模。此外，创业者必须作出最佳的融资期限选择，以利于企业的发展。因为融资期限过长，增加了融资成本与融资风险；融资期限过短，则限制企业的发展。创业者作融资期限决策，一般是在短期融资与长期融资两种方式之间权衡，作何种选择主要取决于融资的用途和创业者的风险性偏好。从资金用途上来看，如果融资是用于企业流动资产，则宜于选择各种短期融资方式；如果融资是用于长期投资或购置固定资产，则适宜选择各种长期融资方式。从风险性偏好角度来看，创业者对风险越偏好，就越倾向于用短期资金融通永久性资产；反之，则越倾向于用长期资金融通波动性资产。

（三）尽量选择有利于提高企业竞争力的融资方式

企业融资通常会给企业带来以下直接影响：一是壮大了企业资本实力，增强了企业的支付能力和发展后劲，从而减少了企业的竞争对手；二是提高了企业信誉，扩大了企业产品的市场份额；三是增加了企业规模和获利能力，充分利用规模经济优势，从而提高企业在市场上的竞争力，加快了企业的发展。但是，企业竞争力的提高程度，根据企业融资方式、融资收益的不同而有很大差异。比如，股票融资，通常初次发行普通股并上市流通，不仅会给企业带来巨大的资金融通，还会大大提高企业的知名度和商誉，使企业的竞争力获得极大提高。因此，进行融资决策时，企业宜选择最有利于提高竞争力的融资方式。

（四）有效利用企业的金融成长周期

在中小企业创业初期，企业的信息基本上是封闭的，由于缺乏业务记录和财务审计，它主要依靠内源融资和非正式的天使融资；当企业进入成长阶段，随着规模的扩大，可用于抵押的资产增加，信息透明度的逐步提高，业务记录和财务审计的不断规范，企业的内源融资难以满足全部资金需求，这时企业开始选择外源融资，开始较多地依赖于来自金融中介的债务融资；在进入稳定增长的成熟阶段后，企业的业务记录和财务趋于完备，逐渐具备进入资本市场发行有价证券的资产规模和信息条件。随着来自资本市场可持续融资渠道的打通，企业债务融资的比重下降，股权融资的比重上升，部分优秀的中小企业逐步发展成为大企业。金融成长周期理论的提出，有利于企业据此实行系统化和模式化的金融管理并简化融资决策程序，对于指导企业的融资实践发挥了重要作用。

（五）慎重挑选合适的投资者

确定实际可行的融资方式以及制定融资策略，必须明白要寻找什么类型的投资者。创业融资是一个双向选择的过程，投资者在选择创业者的同时，创业者也在积极地挑选合适的投资者。创业者一般应选择这样的投资者：的确考虑要投资，并有能力提供相应资金的；了解并对该行业投资有兴趣的；能够提供有益的商业建议，并且与业界、融资机构有接触的；有名望、道德修养高的；为人处世公平合理，并能与创业者和谐相处的；具有此类投资经验的。具有这些特质的投资者是稀缺的、有价值的、难以复制的、不可替代的人力资源，他们可以给企业持久的竞争优势。理想的投资者可以存在于以下任何一组投资群体之中：一是友好的投资者，如家人、朋友、未来的雇员和管理者、商业伙伴、潜在的客户或供应商；二是非正规的投资者，如富有的个人（医生、律师、商人）；三是风险投资产业的正规的或专业的投资者。

视野延展

融资就像第 101 次求婚

创业一年中，李南有大半年时间在和各种投资人接触，现在，他决定放弃。投资人觉得公司还是种子期，还是不成熟，这让他感觉有些悲凉。不过，他也更加清楚地认识了自己在别人眼中的价值和项目存在的瑕疵。融资，就像第 101 次求婚一样，可能要身经百战、反复磨砺才能成功。

融资是创业者的必修课，李南从大学毕业后就开始了打工兼创业之旅，原本他从不屑于“忽悠投资人的钱”，但是，慢慢地，他发现单打独斗的确不是一件容易的事情，而且能够得到融资也不再是他所认为的“忽悠”，而是生存技能。

毕竟是初出茅庐，李南的融资经验不足。第一次谈判，就被投资人批驳而彻底丧失信心：商业模式并非别具一格，目前运作的项目不稳定，未来计划不太现实……如果再加上一般电商的运作模式，投资人就直接给判了死刑，完全不容他再赘述发展目标。一直自信满满的李南，头一次觉得自己的项目竟然有这么多瑕疵，自己竟然有这么多缺点，这让他一度迷失了方向。

以前，李南总爱说自己做项目不是纯粹为赚钱，而盈利是投资人最关心的问题，李南的回答彻底触动了投资人的底线，有了这样的失败经历后，他开始改变自己的说法，并把自己的宏伟蓝图描述得非常动人。但这种缺乏数据支撑的虚化说辞似乎也不受欢迎，尤其面对资深金融背景及有丰富经验的投资人。

李南发现，投资人对创业者的信任超过一切，如创业者的学历、自身修养、谈吐和社交能力。有的投资人比较感性，见过创业者后，就能迅速判断“此人是否是做这件事的料子”，至于团队能力如何，很多投资人对此并不是太关注，甚至有的投资人都不会问团队的具体情况，这让李南很诧异。

最让李南无语的是，有的投资人告诉他：“你现在的模式国外刚兴起，而且已经开始有成功融资案例了。”当他在心里窃喜不已时，投资人却说，“不过，我们暂时还不打算投资这样的项目，因为国内环境与国外很不一样。”

有时，李南跟投资人相谈甚欢，对方非常认真地倾听、做笔记，时不时向他提出细节的问题，可是到最后他才发现，其实对方认真倾听主要是因为从没有接触过这个投资领域，不了解才做笔记。至于能否投资一个完全陌生的领域，那就更没谱了。

还有的投资人，给李南的项目每一项都打了满分，投资人最后让李南等决策，并承诺很快就有结果，但是，哪怕几十万元人民币的投资金额，从口头承诺到现金到账，足足要耗费 6—9 个月的时间。可李南的项目马上就要上线，根本没有时间等待，在他的催促下，对方答应提前，但是投资额度会压缩得非常有限，跟李南想象中的相去甚远。最后，李南没有办法，只好暂时放弃融资。

李南总结，一个好的项目必须确实能解决一个关键问题，而且这个关键问题能够迅速积累用户或者挣到钱；同时要让投资人相信自己能做好，并且比别人做得更好。至于壁垒、商业模式都是后话。

拓展训练

一、绘制你的人脉圈

1. 你认识谁？

参考下表，用尽可能大的纸张写下所有你认识的人，要尽可能多地想到和写下来。

同学	家人	朋友
老师	我	朋友的朋友
校友	同事	陌生人

2. 谁是重要的人?

观察这个图，认真且反复思考以下问题，得出答案后，在图中的对应名字旁边做个标记，如▲，一个人可以被多次标记。

- 谁是你最信任的人?
- 谁是你最崇拜的人?
- 谁是你成功时最想一起分享喜悦的人?
- 谁是你失败时最先想到的避风港?
- 谁是和你最志同道合的人?
- 谁是你创业路上必不可少的支持力量?
- 谁有可能为你的创业带来帮助?
- 谁有可能成为你的创业伙伴?
- 谁有可能为你的项目投资?
- 谁有可能为你提供创业的关键资源?
- 谁有可能为你提供创业的技术支持?
- 谁有可能为你提供创业的管理支持?
- 谁是市场营销或公关的高手?
- 谁善于化解危机、处理问题?
- 谁善于创新研发，能给你带来很多新点子?
- 谁善于沟通交际，能帮你认识很多新朋友?
- 谁有可能成为你未来的合作者?
- 谁是你的潜在客户?

还可以就其他你认为重要的问题进行思考和标记。

注意：陌生人也是不可忽略的重要人力资源。

3. 反思。

首先观察标记后的人脉圈，哪些人被标记了很多次?

你可以立刻去找到他们，和他们分享你的创业想法，争取得到他们的支持。

你认识的人会越来越多，所以你可以经常做这个练习，尽量不要漏掉“重要的人”，找到他们，并及时与他们交流，得到必要的和可能的帮助。

你还可以按你创业所需要的资源，设计更多的问题。

你会发现，其实你拥有很丰富的人力资源，他们都可能帮助你走近创业的梦想。不要小看你的人脉地图，不要低估他们对你创业的影响，更不要忘记：你自己也是非常宝贵的创业人力资源。

回想你在做这个练习之前，是如何看待自己拥有的人脉圈（创业资源）的? 现在，你有什么新的想法或感受吗?

二、制作融资计划

融资计划，是创业者的资金准备计划，也是一份说服投资者的方案与策略。结合你的创业项目（如果还没有创业项目，由教师指定一个项目），制作一份融资计划简表，填写在下表中。

概要说明	融资计划	理由说明
融资项目论证：主要指项目可行性和项目收益率。		
融资途径选择：选择成本低、融资快的融资方式。		
融资分配：所融资金专款专用，主要用途与周期。		
融资成本、收益：代价与利润分配。		
融资风险：主要风险分析。		

思考题

阅读教材，搜集资料，深入探索，认真思考并回答以下问题。注意说明你的理由，形成自己的见解。

1. 对大学生创业者来说，最重要的创业资源是什么？
2. 对大学生创业者来说，最独特的创业资源是什么？
3. 你知道哪些资源整合的案例？创业者们是如何“化腐朽为传奇”的？
4. 如何扩大自己的“人脉圈”，获取更多的创业人力资源？
5. 相比成熟企业，初创企业的融资更难，为什么？
6. 对大学生创业者来说，最可行的融资渠道是什么？

实践活动

白手起家竞赛

每个小组有 20 元的种子基金，你们将有 2 个小时可以行动，目标是：赚取尽可能多的钱。

将按小组进行比赛，看哪一组赚的钱最多。

在出发之前，小组可以讨论“通过什么活动可以白手起家”。

是否使用你的启动资金由小组自主决定。在 2 个小时的活动里，不限制活动场所，但必须在 2 小时内回来展示结果。

注意：不能从其他途径获得额外资金；不能从事非法活动；不能抽奖或买彩票或赌博；2 个小时之后，你不能再做任何事情。

活动后，各小组交付成果，并回答：

（1）收到任务时，感受如何？

（2）描述你的团队是如何产生行动方案并怎样实施的？

（3）最终赚到了多少利润（现金）？

（4）在该活动中，你们得到的收获是什么？

第九章　创业计划

学习目标

1. 了解创业计划的概念，认识到创业计划的作用。
2. 了解创业计划的基本内容和一般结构。
3. 了解撰写创业计划的步骤与技巧，能够撰写创业计划书。
4. 了解检验创业计划的方法，学会检验创业计划。
5. 了解展示创业计划需要做的准备，包括幻灯片的设计技巧。
6. 了解展示创业计划应具备的演讲技巧，提高自己的演讲水平。

翻转课堂

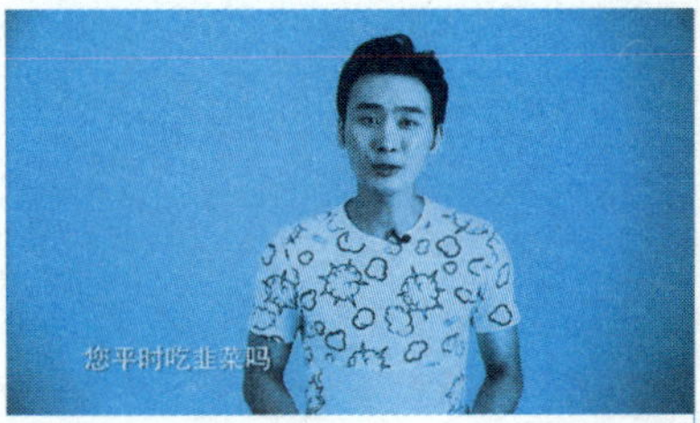

小超的商业计划

小超在毕业之后选择自己创业，他选择了盆栽韭菜作为自己的创业项目，但是还缺一笔启动资金。恰好，学校为了鼓励学生创业，组织了一批帮扶大学生创业的投资机构，在学校里举办了一个创业项目投资洽谈会，如果创业项目得到投资机构的认可，就可以提供5万块钱的帮扶资金。小超非常兴奋，下决心一定要争取到这笔钱，好尽快实现自己的创业梦想。今天，小超经过认真的准备，来到洽谈会的现场，向学校领导和投资机构的负责人阐述自己的商业计划。

观看案例视频后，你有什么感想？小组充分讨论，得出观点。

____

____

____

观看点评视频（或听讲），记录专家（或授课教师）的观点。

____

____

____

第一节 创业计划认知

一、创业计划的概念与作用

（一）创业计划的概念

创业计划，也叫商业计划（Business Plan），特定语境下也被简称为 BP，它是引领创业的纲领性文件，是创业者创业行动的指南。

（二）创业计划的作用

在现实中，创业计划书主要被用于吸引投资，是寻求融资的重要工具之一。对大学生创业者来说，创业计划书是我们参加创业大赛的展示和竞争性文件，可以成为我们成功获取融资的有力武器，也可以帮助我们有计划、有步骤地开展创业活动，其主要作用表现在以下几个方面。

1. 引导创业活动，监控创业过程

创业计划书可以引导创业者走过企业发展的各个阶段，尤其是在创业过程中，还可以依据创业计划书来跟踪监督企业的业务流程、分析实际成果与预期目标的差距等，及时调整自己的策略与方法。

创业计划的制订是基于有效的信息收集和分析的基础之上的。这些信息有利于确定创业机会的价值，有利于确定创业的使命、目标和方法，从而确定创业是否可行和达到什么目标的过程。同时，在实现这个创业机会的过程中也存在风险。创业者将机会与风险进行比较，以确定去实现这个机会的可能性，即明确机会的价值高于风险从而值得去追求。

创业计划的制订，有利于明确创业的战略，包括战略内容和执行过程。因为创业计划的制订过程回答了制定战略所需要的有关问题，包括市场、顾客和竞争对手的分析。创业计划对信息的整合则进一步有利于形成一个战略，而战略确定了企业的模式和方向。

2. 强化内外沟通，建立创业信心

对于创业者来说，创业计划书是创业者与投资人之间必要的，也是最佳的沟通工具。在创业起步阶段或是成长阶段，外部融资将是创业者所面临的一个艰巨任务。创业计划不仅要告知潜在的投资者新创的企业所具有的成长潜力和收益回报，而且还要表明所包含的风险。由于创业者要与其他人和项目为争取有限的资金而竞争，因而创业者必须重视创业计划的制订，不能只走走形式或存在侥幸心理，因为投资者都是这一领域的行家，有着丰富的经验。

在创业团队内部，制订创业计划的过程也是一个梳理成员想法、明晰一致方向的过程。对于吸纳团队新成员以及招聘企业新员工，创业计划书中描绘的发展前景和成长潜力，也会团结参与创业活动的全部人员，建立他们的信心，为了共同的未来而努力工作。

创业计划还可以给早期客户或潜在客户以充分的信息，使其对新创企业和所提供的新产品充满信心，从而购买所提供的新产品并承诺建立长期稳定的合作关系。当提供同类产品的竞争者越多，这种承诺就越有价值。这时，创业计划的质量及它的吸引力和可信度起着决定性的作用。

在创业的准备阶段，供应商是否愿意向新创企业提供资源，以及以什么方式提供，将取决于其对新创企业及其前景的信任和信心。因此，创业者要通过创业计划使供应商对新创企业充满信心，这不仅会给企业带来所需要的资源，还可以获取较好的供货条件。

3. 成为承诺文件，约束创业行为

创业计划书通常会作为创业者与投资人所签署的合同的附件，从法律意义上讲，创业计划书将成为创业者对投资人的承诺书。同时，创业计划书也体现了核心领导对团队成员或者上级对下级的承诺，尤其是战略目标的定位、未来发展的规划、行动方案的提出都是一种书面的承诺，从而避免出现朝令夕改的问题。

二、创业计划的基本内容

一份完整的创业计划书，其主要内容应当包括企业描述、产品或服务、创业团队、创意开发、竞争分析、财务分析、风险分析和退出策略等内容，如图 9–1。

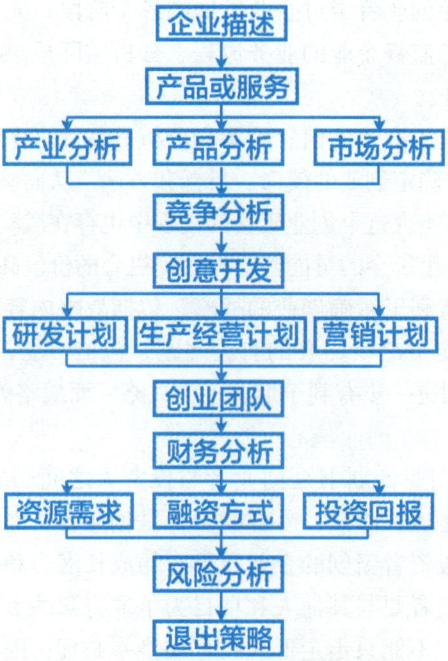

图 9–1　创业计划的基本内容

关于创业计划书撰写，有不同的样本可供参考。事实上，创业者在写创业计划书时，难以做到面面俱到，即使列出了所有条目，内容也很难详实可靠，往往缺乏数据支撑或关键性依据，沦为空话、套话。但是，无论怎样组织信息，一份创业计划书都必须包括以下基本内容：

（一）摘要 / 纲要

摘要是对整个创业计划书的概括，目的在于用最简练的语言将计划书的核心、要点、特色展现出来，吸引阅读者仔细读完全部文本，因而一定要简练，一般要求在两页纸内完成。

摘要十分重要，它是出资者首先要看的内容，因而必须能让读者有兴趣并渴望得到更多的信息，将给读者留下长久的印象。计划摘要应从正文中摘录出投资者最关心的问题，包括对公司内部的基本情况，公司的能力以及局限性，公司的竞争对手、营销和财务战略，公司的管理队伍等情况的简明而生动的概括。如果公司是一本书，它就像是这本书的封面，做得好就可以把读者吸引住。

（二）产品或服务

这是创业计划中非常重要的一部分，你的创业计划书一定要回答清楚三个基本问题：你的产品或服务是什么？你的目标客户是谁？对你的客户来说，这个产品或服务是不是有价值，有多大的价值？

例如，有这样一份由大学生制订的创业计划书。他们的目标市场是为商学院的学生提供创业技术类产品。这样的定位还是比较精确的，可是在这份计划书的最后，他们又列举了 10 个网站是出售这些产品的。但是在他们的计划书中就没有明确指出，他们和这 10 个网站有什么不同，他们的价值比这 10 个网站高在哪里。也就是说，他们没有充分地说明白他们的产品或服务对客户到底有什么价值。如，你是不是这个技术领域里唯一的掌握者，或是不是这个技术领域里较早推出这种技术的人，是否获得相关专利。

由于创业阶段，你可能没办法特别具体地展示出你的产品或服务的全貌，体现其完整的功能，但你必须指出你将生产什么样的产品，你将提供什么样的服务，你将解决谁的什么问题。你可以用对比的方法来说明，比如说你的想法是要在网上售书，你就可以说要成为像当当网那样的公司，因为大家对这样的公司很熟悉，一下就能明白你的意思，那么紧接着你需要进一步说明你和当当网的区别，你为客户提供了哪些当当网没有或无法提供的价值。

（三）市场和行业

- 你的创业想法在市场上能否奏效呢？
- 这个市场和行业的发展现状与速度如何？
- 你的竞争者是谁，他们在做什么？
- 你区别与他们的优势或特色在哪里？

● 你如何将这些产品或服务递交到客户手中?

这些都是需要在创业计划书中说明的问题，也就是说，你需要告诉读者，你有了一个好的产品或服务后，你是如何把它们放入市场中，成为一个商业产品或服务，并在市场与行业的竞争中占据一席之地，为你赢得收益。有时也需要说明你的定价，证明你的创业项目是可以被市场接受，并有盈利空间的。

(四)团队及管理

一个创业项目的成功与否，很大程度上取决于创业团队的水平，这不仅是一个广受认可的事实，也是大部分投资人的投资理念。所以在创业计划书中，必须对创业团队或管理理念作一个介绍。包括:

● 你的团队是如何组建的，包括哪些关键人才或技术?
● 你将如何管理企业和员工，是否需要及如何招聘高级管理人才?
● 你是如何分配股权的，预计的工资与激励将花费多少资金?
● 你的团队有哪些特色的经验或独特的优势?

任何一个团队、任何一个计划在最初都不可能十分完美，都需要随着时间的推移而逐步完善。我们可以直面这个问题，用开放的心态来应对质疑，你应该谦虚地表明:你预计将会面临的挑战及如何应付这些挑战。

(五)财务计划与融资需求

财务计划并不仅限于财务方面，还包括许多重要内容。例如:

● 创业项目历史与当前的财务状况分析。
● 今后三年(或更长时间)的盈亏发展预测，盈亏平衡点分析。
● 你需要多少资金，何时需要这些资金?
● 是否寻求其他资源的支持?

这一部分旨在使读者据此判断企业未来经营的财务状况，要让投资者能够判断其投资获得理想回报的可能性与比例。由于财务分析预测在创业及融资规划中的重要地位，创业者需要花费较多的精力来作具体分析，必要时最好与专家顾问进行商讨。对于寻求融资的创业者来说，财务预测既要为投资者描绘出美好的合作前景，同时又要使得这种前景建立于坚实的基础之上，否则会令投资者怀疑创业或管理者的诚信或财务分析、预测及管理能力。

一般情况下，投资者希望能逐渐投入融资资金，而不是刚建立公司时就大量投进去。作为一个创业者，在选择投资者时要非常谨慎。实际上投资人不仅仅能带来资金，他们还能带来像社会关系和技术这类资源。所以你在一开始就要想清楚你要投资者给你带来什么。

(六)风险及防范

这部分主要介绍创业项目或企业可能面临的各种风险隐患，风险的大小以及创业者将采取何种措施来降低或防范风险、增加收益等。包括：

- 企业自身存在哪些局限或不足？
- 政策或市场有哪些不确定性？
- 产品与收益是否可靠？
- 你将采取哪些控制与防范风险的对策？

对于可能面临的各种风险，创业者最好采取客观、实事求是的态度，不能因为其产生的可能性小而忽略不记，也不能为了增大获得投资的机会而故意缩小、隐瞒风险因素，而应该对所面临的各种风险都认真加以分析，并针对每一种可能发生的风险作出相应的防范措施，这样才能取得投资者的信任，也有利于引入投资后双方的合作。

三、创业计划的一般结构

一般情况下，一份创业计划书主要由三大部分构成：一是创业事业本体的部分，就是创业事业的主要内容；二是财务相关的数据，如预测会有多少的营业额，成本如何，利润如何，未来还需要多少的资金周转，等等；三是补充文件，包括专利证明、执照或证书、意向书、推荐函等。

创业计划书的具体结构通常包括封面、保密要求、目录、摘要、正文（综述）、附录几部分，如表 9–1。

表 9–1　创业计划书的一般结构

顺序	结构	一般包含的内容	注意事项
1	封面（标题页）	项目或企业名称、单位、地址、电话、传真、电子邮件、联系人、公司主页、日期等。	标题页可以放一张企业的项目或产品彩图。
2	保密要求	要求读者妥善保管创业计划书，未经作者同意，不得向第三方公开创业计划书涉及的商业秘密。	保密要求可放在标题页，也可放在次页。
3	目录	各部分内容及页码。	要注意确认目录页码同内文页码的一致性。
4	摘要	创业计划书的核心概括。	注意展示出独特亮点。
5	正文	项目基本情况、经营管理团队、产品或服务、技术研究与开发、行业及市场预测、营销策略、产品制造、经营管理、融资计划、财务预测、风险控制等。	计划书的主体部分，要对必要情况进行介绍，既要有丰富的数据资料，使人信服，又要突出重点，实事求是。
6	附录	详细的数据、表格、报告等。	对正文中涉及的相关数据、资料的补充，作为备查。

需要注意的是，以上所列的内容是创业计划书必备的一般要素，不要直接照搬作为创业计划书的目录使用。在具体的撰写过程中，创业者应该根据自己项目的特色、内容侧重点以及实际需求灵活安排章节和目录标题，例如产品与服务、营销计划、经营管理计划、财务预测分析等。

视野延展

一份创业计划书的目录

一、摘要
二、企业介绍
（一）宗旨目标
（二）公司简介
三、行业分析
（一）目标顾客描述
（二）市场容量或本企业预计市场占有率
（三）市场容量的变化趋势
（四）营销计划
（五）市场调研
四、产品（服务）介绍
（一）产品品种规划
（二）研究与开发
（三）生产、储运和包装
（四）服务与支持
五、人员及组织结构
（一）管理队伍状况
（二）组织、协作及对外关系
（三）企业的法律责任
六、财务规划
（一）创办运营成本
（二）单位产品的经济价值（平均意义或典型产品）
（三）月度销售预测
（四）年度预算表
（五）现金流量表
（六）财务比率
七、风险与风险管理
八、公益计划

第二节　创业计划撰写

一、撰写创业计划的步骤

（一）确定创业计划的撰写目的

撰写创业计划，一般有两种目的。一种是广泛应用于融资，以吸引投资人并成功获取资金资源。在这种情况下，通常是创业者处于资源匮乏的环境，或者需要更多的资金来实现自己的创业计划。如果是为了实现融资的目的，创业计划书就应该侧重于商业环境分析、竞争性分析、营销计划、管理团队介绍以及财务计划等内容。

另一种是用于创业团队内部，主要是便于团队内部沟通并认同项目的价值，明确项目的战略规划与行动方案，便于项目的实施管理。在这种情况下，通常是团队本身的资源还比较丰富，重点在于如何高效地执行这个项目。因此，该类创业计划书对于管理团队、经营管理计划方面的内容无须过多描述（通常情况下，团队内部已经很熟悉），而应该强调项目的重要性、项目的实施进度等偏实务方面的内容。

（二）确定创业计划书的读者对象

不同的读者对象，所关注的创业计划书内容侧重点会有较大的差别，这当然与你撰写创业计划书的目的，即你的个人需求存在密切的关系。如果你对个人的需求非常明确，对读者对象了如指掌，一定能够将重点信息提供给目标读者。因此，明确你个人的需求，了解读者对象的需求，是成功撰写创业计划书的必要准备，也是你成功实现个人目的的前提。

如果你的创业计划书是为了获取资金等资源支持，那么读者就是投资人或者贷款方。投资人最关注的是盈亏平衡点、投资回报、项目的长期发展潜力以及创业团队的能力，贷款方则更多地关注项目的风险。

（三）收集你所需要的信息资料

充足的信息资料将有助于你完成一份分析透彻、论据充分、内容丰富的创业计划书。因为创业计划书涵盖面很广，你可能需要就各个构成要素准备信息资料；而且，你的市场环境分析、竞争性分析、目标市场定位以及项目可行性等关键内容都需要充分的数据和信息来支撑。因此，信息资料的收集和准备也是创业计划书撰写过程中的关键环节。

面对来自不同渠道的大量信息，创业者往往会感到无从下手，更难以在短期内理清哪些是关键信息，哪些是必要信息，哪些是看似无关紧要实则至关重要的信息。因此，掌握一定的信息搜集方法，可以帮助创业者准确定位，省时省力地找到需要的资料。常用的信息搜集方法有观察法、提问法、比较法和文献检索法。其中，观察法是最直接、最有效的信息搜集与市场调查方法，这种方法比对现成信息资料的解读或汇总更为鲜活、有效。

创业者也可以通过对展销会、说明会现场或者生产、包装现场的实地观察和记录来调研取证，以收集所需信息。观察的对象可以是人（消费者、生产者、管理者、组织者等）的行为，也可以是商品、展台、车间等客观事物；观察的侧重点以所需信息为准绳。观察的过程中一般是边看边记，最后整理分析，得出结论。为了将现场悉收眼底，观察者往往会借助现代技术，比如摄像机、照相机，来记录现场状况。

为了尽量避免调查偏差，在采用观察法搜集资料时应当注意以下几点：

- 努力做到不带有任何看法或偏见地进行观察。
- 选择具有代表性的观察对象和合适的观察时间与地点，尽可能避免只观察表面现象。
- 在观察过程中，随时记录，记录内容尽量翔实。
- 除了在实验室等特定的环境下和在借助各种仪器进行观察外，尽量使观察环境保持自然平常的状态，同时注意保护被观察者的隐私。
- 在实际观察中，经常与提问法相结合，以提高信息的可靠性和准确度。

（四）设计创业计划书框架

这里所说的创业计划书框架，并非通用的创业计划书内容结构框架，而是一个充分说明你的创业项目特色、各部分子标题更加细分明确的创业计划书框架。换言之，就是构建出创业计划书的目录，以及二、三级标题。

构建创业计划书框架时，要依据你的撰写目的与读者对象，考虑一般创业计划书的基本构成要素，结合你的创业项目的性质与特征，根据你所收集的信息资料，整体逻辑清晰、次序连贯，并且应该便于让自己或读者找到需要重点关注的内容。无论是整体思路和逻辑，还是重点部分的子标题，都应该充分突出和体现你创业项目的特色与亮点。

（五）开始撰写创业计划书

做好了以上四点准备，撰写创业计划书已经是水到渠成。此时还要注意以下几点：

- 把握创业计划书的主要要素，且内容完整。
- 创业项目的特色得以充分体现。
- 整体逻辑清晰，行文流畅。
- 分析透彻，论据充分、客观。
- 针对性强，根据不同的读者对象能够突出自己要表达的重要信息，而一些相对不重要的内容不必用过多的笔墨。
- 无论是你的论证，还是你的团队能力与具体行动方案，都要让人觉得可以信服。

视野延展

创业者的创业地图

伦敦商学院知名的管理教授唐纳·萨尔（Donald Sull），花了五年的时间研究创业个案。他为刚起步的创业者提供了一张可遵循迈进的创业地图。

第一步，拟出实用的假设

创业者必须先定义机会，厘清所需资源、将创造的价值，以及执行计划等。拟定假设时，必须保持弹性，公司在稳定之前，不可避免都要历经各种变动。拟定假设时，创业者也要确定自己有能力。筛选创业机会的第一个考量应该是，创业者自己问自己的经验或专业，是否能在这个机会上占一席之地。创业者除了必须了解顾客、对手、技术、法规之外，还必须找出公司的致命伤及成功关键。

第二步，汇集资源

创业者在进行行动之前，必须先获得资源，包括有形的资金、设备，以及无形的智慧财产权、潜在顾客的资料等。公司应该先确定经营模式，再雇用核心员工。

第三步，设计及执行市场测试

常见的做法包括，顾客研究、制造样品、进行小区域试卖等。市场测试时，公司可采用部分性的测试，针对某个特定问题收集有用的信息。全面性的测试，则适用于让公司发现未知的问题，公司以较小的规模，测试产品的各个面向，例如产品在全国上市前，先在某个地区进行试卖。另外，公司也可采用阶段式的测试，例如，新餐厅逐步测试与调整菜单、定价、装潢等。

创业时如果能抓稳手中的地图，美梦成真的机率或许就能高一些。

二、撰写创业计划的技巧

（一）研讨创业构想

构想指作家、艺术家在孕育作品过程中的思维活动，也指构想的结果。创业构想是创业者在创业想法形成及实施过程中，对创业计划的思考、论证和分析。创业构想涵盖了创业计划的方方面面，要让创业构想在创业企业日后的经营过程中发挥良好作用，创业者至少要从下面几个方面进行深入思考。

1. 确立正确的创业目标

赚钱是重要的目标，但并不是唯一的目标，因为创业本身应该有理念，理念会带动很多新的产品创意和实践冲动。大多数成功创业者的创业目标并不主要是为了赚钱，而是基于自己的兴趣，或者为了解决现实生活中的一些问题。开始研讨创业构想的时候，创业者一定要明确创业的目的是什么，创业要做什么及如何做等问题需要首先思考清楚。

2. 寻找适合的创业模式

选择合适的创业模式，是创业成功的关键。准确判断自己的优势和劣势，选择最适合自己的创业模式，可以化解很多的不利因素。创业模式是创业者为保障自己的创业理想与权益，而对各种创业要素的合理搭配。一个适合的创业模式，未必需要投资一大笔资金，未必需要具有很大的规模，甚至未必需要一处办公场所或一个店面。对一个创业者来说，一个真正好的模式，应该是适合自己的，即其有能力操作而且能把现有的资源进行有效整合。是通过白手起家的方式，还是通过收购现有企业或进行代理、加盟，在家创业还是网络创业，是研讨创业构想阶段创业者必须明确的问题。

3. 规划合理的创业步骤

规划创业步骤是一个循环的过程。首先要分析：创意从哪里来？怎么会有这个创意？资金怎么找？怎么组建团队？产品的市场营销怎么做？对这些问题的考虑是一个周而复始的修改、完善和论证过程。

4. 制定清晰的创业原则

网络上列出的创业原则非常之多，在研讨创业构想的时候，创业团队一定要针对自己的特定情况，制定适合团队和项目的创业原则。一般来说，就像创业的目标不仅仅是为了赚钱一样，在创立公司的时候，创业团队也不应该一直想着什么时候才能赚钱。面对非常艰苦的创业工作，清晰、简洁、能够得到团队成员认可的创业原则，有助于形成团队的凝聚力，帮助创业团队在任何情况下都能坚持。

5. 创造有利的创业条件

创业不一定要有重大的发明或全新的创意，只要能够有一定的市场需求，对现有资源的整合和再利用也会有助于创业成功。重要的是创业企业未来拟提供的产品或服务，在市场上会不会成功，市场的需求如何，创业团队的能力怎样。合适的人在合适的时间做合适的事情，会形成非常有利的创业条件。在研讨创业构想时，创业团队应认真对自己的创业条件进行深入思考，选择对创业有利的自然条件，努力创造有利于创业成功的社会条件。

6. 确定明确的创业期限

充分的准备尽管有助于降低创业风险，但是过长时间的准备也可能会消磨创业者的意志，降低创业激情。因此，创业初期，应确定一个合理的创业期限，包括开始创业活动的时间、将产品和服务推向市场的时间、争取实现盈亏平衡点时间等。通过精益创业的方式，有助于缩短产品和服务推向市场的时间以及达到盈亏平衡的时间。

7. 建立良好的投资关系

如何寻找合适的外部投资者，和外部投资者应该建立什么样的关系等，也是创业构想研讨阶段必须思考的问题。当创业需要外部融资时，创业团队就应该考虑投资者关系管理的问题。通过研讨，要确定好创业团队和外部投资者各自的股份比例，要选择能够跟自己站在一起同甘共苦的投资者，要寻找有很大影响力的投资者。这样一方面可以筹集到所需要的创业资金，另一方面可以借助投资者的经验和力量。当然，创业团队还要通过合理的股份构成和分配机制，与投资者建立长久的良好合作关系。

8. 组织高效的创业团队

高效的创业团队中不一定都是最好的人才，事实上只要遵循创业团队的组建原则，做好团队的管理，团队成员适合做创业企业中对应的工作，能够做到优势互补、精诚合作，凝聚在核心创业者的周围，为共同的创业目标而奋斗，就算创业团队比较简单和朴素，团队的成员也不一定很强，但是仍然可以算得上一支优秀的团队。创业构想研讨阶段，创业者就应该了解高效团队的特征，避免日后组建团队过程中的盲目和不切实际。

（二）分析创业可能遇到的问题和困难

认真分析创业过程中可能会出现的问题和困难，做好充分准备，将创业风险降到最低。这个过程有助于创业者做好充分的心理准备和应对策略，减少创业失败的可能性。通过市场调查，以及和圈内专家和同行业企业的创业者进行座谈，创业者对未来可能遇到的困难会有所了解。一般来说，创业过程中可能会遇到创业者自身层面以及创业企业层面两大方面的问题和困难。

创业者自身层面的问题表现为创业者或团队的身心不适应，知识、能力和资源不够，以及对以往社会关系的影响等。

创业初期，创业者可能要投入大量的时间和精力在创业活动上，周末或者节假日工作也不足为奇，因此，一个健康的身体也许是创业必不可少的要素之一。否则，创业者会感到吃力，体力上先行吃不消，也就难以在遇到困难的时候坚持下去。对大学生来说，心理上的不适应可能是创业过程中遇到的更大难题。从一个普通就业者或者在校大学生走向创业之路，就意味着要在创业活动上花更多的心思，要从全局的观点，站在未来发展的角度看问题，而且无论是战略还是战术层面的问题都需要创业者亲自过问。对企业前途的思考和担忧，对企业工作的安排和布局无时无刻不在创业者的脑海中盘旋，尤其是问题出现时的解决之道更是创业者必须思考的问题。这些问题带给创业者的困扰，加上繁琐的日常工作对原有生活秩序的破坏，可能会使创业者感到身心疲惫，有相当长时间的不适应期。对于一些意志薄弱者来说，甚至会因此而放弃。如果创业初期能找到或组建一支合适的团队，就可以将繁重的创业工作进行合理分配，尽快适应创业的生活状态，降低身心不适应给创业过程造成的困扰。

在资讯快速发展的当今社会，知识的淘汰率很高，据统计，现在新技术信息每两年增加一倍，意味着大学一年级学的知识到大学三年级就有二分之一过时了；现在急需的职业可能在四年后就消失了，这在一定程度上会对创业活动开展造成不利影响。一支知识和技能互补、资源互补的团队可以解决部分问题；创业者学习能力的提高，终身学习的学习习惯的养成，以及社会关系的正常维护，也可以在一定程度上解决部分问题。

创业企业层面的问题和困难表现为企业在日后经营过程中可能面临的不同风险，如项目和市场风险、技术风险、团队风险、管理风险、资源风险等。这在第六章已经作过介绍。

（三）常见的创业计划撰写问题

以下几个问题，是创业者在进行创业计划撰写中经常忽略的问题，需要我们格外注意：

- 一定要创业者自己撰写，别人无法替代。

- 投资者关心财务状况，但更关心能够实现预期财务目标的战略。
- 要清楚地显示出与竞争对手明显的差异，不能陷入“我也是”的境况。
- 明确目标市场，提供顾客真实存在的证据。
- 认真校对，不要出现错别字和语法错误。
- 要有现金流预测，这对新创企业的生存至关重要。
- 保持计划书的整洁，简明扼要，篇幅不要太长。
- 陈述事实，尽量避免“我认为”“我估计”等主观判断和猜测。
- 给创业计划一个有吸引力的封面。

三、检验创业计划的方法

检验创业计划是对创业计划的项目作出的一个可行性的评估，主要是从创业计划的真实性、盈利性、发展性等多个方面进行检验。总的来说，创业者对创业计划的检验是一件非常细致的事情，需要创业者有很好的耐心和足够的敏感。为了降低创业风险，就需要仔细推演和论证，在此基础上不断修正自己的创业计划。

在急着走上创业这条路之前，你应该先问自己以下几个问题，检验一下你的创业计划：

（1）你能否用语言清晰地描述出你的创业构想？你应该能用很少的文字将你的想法描述出来。根据成功者的经验，不能将这一想法变成自己的语言的原因大概也是一个警告——你还没有仔细地思考吧！

（2）你真正了解你所从事的行业吗？许多行业都要求选用从事过这个行业的人，并对其行业内的方方面面有所了解。否则，你就得花费很多时间和精力去调查诸如价格、销售、管理费用、行业标准、竞争优势，等等。

（3）你看到过别人使用过这种方法吗？一般来说，一些经营红火的公司经营方法比那些特殊的想法更具有现实性。在有经验的企业家中流行这样一句名言：“还没有被实施的好主意往往可能实施不了。”

（4）你的想法经得起时间考验吗？当未来企业家的某项计划真正得以实施时，他会感到由衷的兴奋。但过了一个星期、一个月甚至半年之后，将是什么情况？它还那么令人兴奋吗？或已经有了完全不同的另外一个想法来代替它。

（5）你的设想是为自己还是为别人？你是否打算在今后 5 年或更长时间内，全身心地投入到这个计划的实施中去？

（6）你有没有一个好的关系网络？开始办企业的过程，实际上就是一个组织诸如供应商、承包商、咨询专家、员工的过程。为了找到合适的人选，你应该有一个服务于你的个人关系网。否则，你有可能陷入不可靠的人或滥竽充数的人之中。

（7）你明白什么是潜在的回报吗？每个人投资创业，其最主要的目的就是赚最多的钱。可是，在尽快致富的设想中隐含的不仅仅是钱。你还要考虑成就感、爱、价值感等潜在回报。如果没有意识到这一点，那就必须重新考虑你的计划。

视野延展

检验创业计划的11个小测验

这里介绍11个小测验，帮助我们从现实角度检验自己的创业计划。

1. “电梯”测验

你能在大约上一层电梯的时间里，用最多两个短句告诉我你的生意如何获利么？电梯测试是广为人知的电梯销售演讲的变本。你需要一个“电梯商业演讲”。为什么？你必须清楚你如何赚钱。商业计划必须简单明了。

用来检验新公司的一个测验就是看公司被解释的难易程度。如果一个人能在他的名片后面概括他的公司计划的话，通常意味着他能向员工、顾客和利益相关者描述公司的目标。一份需要一段文字或者10分钟来解释的商业计划是含糊不清的。

2. “最多三件事情”测验

成功有赖于创业者将其能力集中在有限的几个关键领域的能力。当你审视一个商业创意时，你需要问自己如下问题：这里决定我成功的三件事是什么？我具备在这个范围内成功的必备能力吗？如果没有，如何获得？

3. “假如你是顾客”测验

把你放在潜在顾客的位置上，问你自己一系列的问题：

在已有选择的基础之上，我会买这个公司的新产品和服务吗？

如果是，为什吗？

作为一个潜在的买家，我是独一无二的，还是很多人和我一样？

我会以现在的全价购买产品和服务吗？

购买服务有多快？多容易？我会立刻购买，还是先了解一下？

4. “差异化和市场领导权”测验

成功需要你的生意与众不同并能统治一些东西。钓小池塘里的大鱼比钓大海里的小鱼要好得多。定义你的市场——即使它只是一个更大市场的一小部分——这样你才有与众不同之处吸引这部分顾客，让你统治这个领域。与众不同者必胜，千篇一律者必败。

5. “我会被包围吗”测验

在创业之前，你必须估计很常见的现象带来的风险，以及妨碍你长期成功的可能性。要让公司有一些结构特性，从而使供应商和合伙人难以竞争。从一开始你就要考虑你是否能有效构建你的公司，阻止合伙人和供应商复制你向顾客提供的价值的企图。

6. “成本翻番”测验

“成本翻番”的本质是：你预料到会出现问题，每件事都比预期的费用要高，通常需要更多的时间实现收益。这个测验检查你犯错误的回旋余地——很显然余地越大越好。看一下你的利润计划（你预期的花费、预期收益、取得收益的时间)，问自己如下问题：如果成本翻番，这还是一份好的商业计划吗？如果第一年的收益只有预期收益的一半，成本又翻番，这还是一个好创意吗？

7. 留下“犯错误试验的空间”测验

好的商业创意通常留给你很大的犯错误的空间。并且记住，你最后挣的钱不一定来自于打算挣钱的地方。在你投入时间和精力检测你的公司前使用这个测验最有价值。一旦你已经完善了你的业务模式，你就没必要选择如此大胆的假设。

8. “依赖性”测验

任何公司的重要风险来源之一就是对某个供应商或者顾客的巨大依赖。首要法则是单一顾客不能占据一个公司销售额的35%。所以，问问自己：如果环顾四周，我的公司是否严重依赖某个公司呢？如果答案是肯定的，有办法减少这种依赖性或者减轻潜在的损失吗？如果你打算创立的公司严重依赖某个公司，要考虑如下两个问题：这种依赖性会榨取我的利润吗？如果我依赖的公司停业或者不再同我做生意，将会发生什么事情？

值得注意的是：在当今激烈的竞争环境中，不幸的现实是公司不再像以前那样具有同样的价值了。过去，一个公司在一年中获得特定收入，下一年(管理良好的情况下)也会得到类似的收入。今天，公司没有持续创新，其收入很有可能逐年下滑。

9. “多股收入流”测验

控制风险的传统方法之一是多样化。这涉及公司收入，是指公司从多个来源获得收益的能力。

10. “脆弱性”测验

“脆弱性”测验，是用来分析商机的“最坏的情况是什么”的方法。问自己这样一些问题：如果公司开业运转了，什么事情会让我的公司瞬间倒塌？我如何预测现有的和潜在的竞争者对我的公司作出的反应？是否有竞争者，对我这个潜在威胁，有能力将我的公司立刻扫地出门？为什么现有竞争者不会对我的进入作出反应？

11. “不只是一条路”测验

如果你的公司——或者你将使用的技能——能够灵活地朝多个方向发展，你将更有可能成功。但是如果你知道你正在启动一个只有一条路可走的公司，那么必须停下来思考，因为你没有多少犯错误的机会。

第三节　创业计划展示

一、创业计划展示的准备

如果想做一个精彩的创业计划展示，就必须精心地准备，并经常进行模拟演练。巧妙构思展示的内容、制作专业的展示幻灯片，可以提高展示者的信心，使展示获得满意的效果。

（一）明确展示的目的与观众

在展示自己的创业计划之前，首先需要确定展示的目的，以及观众的相关信息。这一步和撰写创业计划前的考虑因素一样，此处不再赘述。一切文字和表述都要有的放矢，知己知彼，方能百战不殆。

需要注意的是：创业计划必须严格保密，严防落入竞争者手中。为了保密，一般会限制创业计划的复本数量，对特定对象准备特定复本，要求接受文件者不用时将计划放在文件柜或办公室锁好以确保安全。创业计划的封面也会写明“机密文件，未经许可，严禁复印”等字样。

（二）确定展示的人员与方式

一般的创业大赛都会要求所有创业团队成员参加展示，但是并不要求所有成员都要进行陈述，因此选择合适的人员进行陈述也是创业团队需要讨论的。对人员的出场或“表演”方式，也可以适当地设计一些花样。一切都是为了更好地表现出创业者的精神面貌，以及产品的独特性。

（三）准备展示的素材和设备

目前在进行创业计划展示时，用到的素材包括创业计划书和展示幻灯片。如果有产品模型，就更是锦上添花了，可以省去很多繁琐的说明。如果需要视听设备，应事先准备好。

无论选择哪种方式展示，要注意展示过程中的核心元素是展示的人。所以展示的幻灯片一定要做得简明扼要，只提供展示的总体框架以及强调发言内容的重点，展示者一定要将观众的目光吸引在自己身上，再想方设法使展示变得生动有趣、充满激情。可以使用丰富的表情感染、鼓舞观众，也可以多和观众沟通、交流。

（四）进行展示的预演和调整

在正式展示之前，不妨和团队伙伴们一起进行模拟预演，可以请其他同学或老师扮演裁判，帮助你们把展示调整到最佳。练习得越多，你的表达会越熟练，就会表现得更自信、更完美。同时，在这个阶段也可以设想真实展示中可能遇到的种种问题或状况，做好迎接挑战的准备。

最后，再检查一遍必需的物件，回想一遍重要的问题，准时到达指定地点。

二、展示的幻灯片设计技巧

（一）幻灯片内容设计示例

如前文所述，展示的幻灯片不宜过于复杂，应尽可能简单，不妨应用 6-6-6 法则，即每行不超过 6 个词语，每页不超过 6 行，连续 6 张纯文字的 PPT 之后需要一个视觉停顿（采用带有图、表的 PPT）等。

一般情况下，一场二三十分钟的展示需要 10—15 张 PPT。不追求全面，要抓重点，尤其是观众可能感兴趣的部分。一定要记住：展示的重点应放在观众而不是演讲者感兴趣的地方。下面是一个推荐的展示 PPT 模版，共计 12 张 PPT。

展示的 PPT 往往以标题幻灯片开始。该张 PPT 包括企业的名称 / 标志，创始人姓名和联系方式。

第一张 PPT：概述。对产品或服务进行简要介绍，对演讲要点做一简介，对该项商业活动带来的潜在收益（经济效益、社会效益）等进行简单说明。

第二张 PPT：问题。说明亟待解决的问题（问题在哪儿？为什么会出现该问题？如何解决该问题？）；通过调查证实的问题（潜在顾客的需求是什么？专家有哪些建议？）；问题的严重性如何？

第三张 PPT：解决办法。说明企业的解决办法与其他解决方案相比的独特之处；展示本企业的解决方案在多大程度上可以改变顾客的生活，以及企业的解决方案有什么进入壁垒。

第四张 PPT：机会和目标市场。要清楚定位企业具体的目标市场，对目标市场的广阔前景进行展望；通过图表的方式展示目标市场的规模、预期销售额和预期市场份额等信息，说明拟采取什么方法实现销售计划。

第五张 PPT：技术。介绍技术或者产品或服务的独特之处，尽可能使对技术的描述通俗易懂，切忌使用专业术语进行陈述；展示产品的图片、相关描述或者样品，如果产品已经试生产结束，则最好展示样品；说明可能涉及的知识产权问题，以及企业采用的保护措施。

第六张 PPT：竞争。详细阐述直接、间接和未来的竞争者，展示创业计划书中的竞争者方格，说明和竞争对手相比的竞争优势。

第七张 PPT：市场和销售。描述总体的市场计划、定价策略、销售过程以及销售渠道。说明消费者的购买动机、企业激起消费者欲望的方法，以及产品或服务如何到达最终的消费者手中。

第八张 PPT：管理团队。介绍现有管理团队（团队成员的背景和专长，以及在企业中将要发挥的作用，如何进行团队合作等），说明管理团队存在的缺陷或不足，如果有顾问委员会最好予以介绍。

第九张 PPT：财务规划。介绍未来 3—5 年企业总体的盈利状况、财务状况及现金流状况，尽量将规划的内容显示在一张 PPT 上，而且只显示总体数据，同时做好回答和数据相关问题的心理准备。

第十张 PPT：现状。用数据突出已经取得的重大进展，介绍启动资金的来源、构成和使用情况；介绍现有的所有权结构，介绍企业采用的法律形式及其原因。

第十一张 PPT：财务要求。如果有融资计划，介绍想要的融资渠道及筹集资金的使用方式，同时介绍资金筹集后可能取得的重大进展。

第十二张 PPT：总结。总结介绍企业最大的优势，团队最大的优势，同时介绍企业的退出策略，并征求反馈意见。

（二）10－20－30 法则

著名风投资本家盖伊·川崎（Guy Kawasaki）将他的撰写商业计划方法概括在一条“10–20–30 法则”中，对创业者撰写好商业计划很有借鉴意义。他建议，企业家在阐述商业计划时能用 10 张 PPT 在 20 分钟内用 30 号的字体将你的创业思想阐释清楚。这个法则适用于很多场景：公司融资、产品销售、合作伙伴洽谈，等等。

10 页是 PPT 演示最理想的页数。因为普通人在会议中很难接受和消化超过 10 个以上的概念，投资人也是如此。如果你的业务一定要用超过 10 页 PPT 才能解释清楚，那么说明你现在的业务模型需要调整。

20 分钟演示。你必须在 20 分钟内讲解清楚 10 页 PPT 的内容。也许你有 1 个小时的会议时间，但是之前需要预留时间调整投影仪和 PPT，之后还要考虑到部分人员可能迟到或者必须提早离开。所以理想的演示时间是 20 分钟，其余 40 分钟的时间预留给问题交流和其他意外情况。

30 号字。很多创业计划 PPT 中的字号都在 10 号左右，一页 PPT 中写满了文字，然后演讲者只是去读这些文字。这不是一种很好的方法，因为台下的人一旦发现你在照着读，那么他们会自己去阅读这些文字。而你朗读的速度肯定要慢于他们阅读的速度，最后造成你和你的观众不同步。

“10–20–30 法则”阐述了简洁对于创业计划书的重要性，不仅是内容，主要是思路。精简的内容意味着明确的思路，明确的思路意味着核心的优势。在竞争激烈，许多二三线队伍依赖细枝末节搏出位的中国创投市场，哪支团队能靠雷打不动的核心竞争力吸引投资人，他们一定是行业中最优秀的。

三、展示中的演讲技巧

谁都不希望话说一半观众就打瞌睡了。尤其是投资者见过的自荐人数不胜数，他们听完推荐几分钟内就可以决定你是否值得他们花时间、花心思、花银两。以下是一些必要的沟通技巧，可以帮助我们更好地展示创业计划。

（一）展示“惊人”的数据

介绍惊人的研究数据，让观众瞠目结舌：“真的吗?!”但是注意这个数据一定是真实的，不能为了吸引眼球而造假。

无论你准备解决什么问题，应对什么议题，满足什么需求，援引最新的、“惊人”的数据，为这个难题提供全新见解。

引用德高望重的名人名言，证明某个突如其来的转变趋势、目标人群的骤增或法律法规的相关变化。

（二）带领观众进入情境

通过简单的情境展现或角色扮演，可能是一段提前摄录好的小视频，也可能是展示者带领观众去想象，总之让观众跟着你进入特定的情境之中，让他们感受到目标顾客的问题，感受到创业解决的问题、创业者创造的巨大价值。当观众身临其境、感同身受后，也就自然而然地接受了你的项目。

（三）一个好故事，成就一个好 Pitch（展示）

美国人 Oren Jacob 拥有出色的口头表达能力和令人信服的叙事能力，他总结一套讲故事 Pitch（向投资人或是合作伙伴做简报）技巧。故事讲得好不好，决定了你的 Pitch 能否让人留下印象并且引起共鸣，不管你是要介绍你的产品还是团队，这几个讲故事的技巧都适用。

1. 好的故事需要千锤百炼

首先，Pitch 不能是一成不变的。它取决于你演讲的对象，你演讲的场合和你演讲的内容。你得准备好一个 1 分钟的版本，一个 10 分钟的版本和一个 1 小时的版本。有些人认为，这就是把同一个故事编辑成不同的长度。错了，不能这样做。把一个 1 小时长度的材料压缩到 1 分钟，你还想以同样的激情来表述？那是不可能的。针对不同的版本，你必须有不同的处理办法。

除此以外，你的 Pitch 得不断地更新。每天你都会接收到新的信息：你的市场有了更好的前景，你的新员工很能干，你有一些新想法浮出水面。你的 Pitch 和你创业公司一样，都不是一成不变的。每一天的每一分钟，都会有新鲜事发生。

对创业展示来说，头号重要的事就是练习，不断地，连续地，多适应、多练习。实际的操作要比大多数人想象的更费事。做 Pitch 就像是现场表演。你必须熟知自己要讲的内容，达到浑然天成的境界。你不能只是单纯的一遍又一遍地练习你的 1 分钟，10 分钟跟 1 小时的讲稿。你还需要考虑你演讲的场所，考虑如何观察观众的肢体语言，如何根据当下的情况作出相应的调整。

一个优秀的单人脱口秀演员可能会花上一年时间来准备一个固定节目，他们会来来回回练习上许多次，以求一上台就能感染观众，并且在有需要的时候随时调整节目内容。即使凑巧有观众喝倒彩的话，他们也能冷静地面对，继续自己的表演。如果你也能有很棒的即兴反应，那就太好了。

要在那些可以感受到你的热情，但是对你公司的技术、财务或业务的细节知之甚少的人面前练习。让他们在你才讲到幻灯片第 2 页时，就打断你并提出一些第 12 页才会讲到的问题。要让他们不断地打击你，不按顺序提问，这样你就可以练习如何在讲稿的各个要点中自由地切换。只有通过这样的练习，你才能在要点之间构架好一座座桥梁，熟练地应对话题的转换。

创业者在募资会面时遇到的最棘手的问题就是谈话陷入僵局。有可能投资者问了一个问题，然后你发现自己绕来绕去都找不到路回头，话题怎么也拉不回到你原来的思路上去了。这时，你必须要保持清醒，随时意识到谈话是不是跑题了，而你真正想谈的是什么。不时地核对一下进度：我讲到第 5 页了，时间还剩下 10 分钟。如果你练习得足够好的话，在演讲现场你应该能掌控好进度，不要一味想着面面俱到。

2. 好的故事是有完整结构的

Pitch 就像电影剧本一样，要有好的节奏感。你想要带领整个房间的人，踏上一个共同的旅程。这意味着必须有一根线，贯穿故事的开始、中间和结尾。当你开始组织你的材料，就得把故事的结构定好。最好的会面情况自然是听你 Pitch 的观众们会愿意加入你的旅行——为了确保这一点，你必须切中所有他们关心的要点。你可能会带一份 12 页的幻灯片走进会议室——12 页是 Jacob 建议的页数，按计划你会依次讲解每一张。但更多情况下，投资者会要求你跳过第 2 页或者直接跳到第 8 页。

你可能已经准备好如何讲你的故事了，可你还需要观察房间里的人。如果他们想把你拉到另一个主题，就听取他们的意见，并作出相应的调整，但要记得掌控好故事的结构。另外，不要在幻灯片上用大段文字去写一个结论，试着用别的方法去展现，你会发现那样效果更好。

在撰写你的演讲稿时，一定要重点强调那些会让观众坚信应该给你支持的地方。如果你认为市场机会是令你得意的事情，要把它提出来，多花些时间在这上头。如果你认为你的团队是无与伦比的，就花点时间多讲讲。总之你的演讲稿和幻灯片，应该让你的论点更可靠，更有理有据，幻灯片中的图表可以帮助我们回答问题。

一般应在 20 分钟里，把你的故事完整、详细地讲述出来。中间还有可能被打断，花时间回答问题。在现场你可能会临时决定把某些部分扩充得更丰满些，或者添加一些更细节的东西。你会感觉到，听的人希望你更多地阐述关于产品构造或者这个那个的内容。而你肯定不想让你的 Pitch 超时。

与此同时，你得事先在你脑子里构思好各种丰富的小细节。通过不断练习，你可以把一些内容从你的演讲里删掉，可一旦对话进行到那个方向，你又得能够随时把它们捡回来。比如说你可以准备一些小故事，例如关于喜欢你们产品的用户的故事，或者是准备一些可以回答通用问题的答案。当你有了这样的准备，你就可以比较容易地把话题转移到你想要进行的方向上去。

最重要的就是用你自己的话去说。你得做到能抛开幻灯片独自完成整个 Pitch。冷静地、从容地用好 20 分钟，覆盖住每一个关键点。要做到能在一分钟里头，把所有的内容在白板上复述出来。

除了以上两点，讲故事的技巧还有很多：

- 好的故事都是有起承转合的。
- 好的故事都有鼓舞人心的主角。
- 好的故事都是出人意料的。

同学们可以在不断的练习中，注意观察那些优秀的演讲者，用更多的技巧武装自己的展示。最好的故事就好像是用一把旧的拼图，拼出一副全新的有价值的图画。

（四）现场答辩的注意事项

创业者要敏锐预见观众可能会提出什么问题，为此创业者就可以做好准备。尤其面对投资者，他们可能会用很挑剔的眼光看创业计划，这时，创业者可能会很泄气。其实，投资者仅仅是在做分内的事情，提出的问题可能会有很大帮助，会给创业者很大启发。

回答问题阶段非常重要，此时投资者往往考察创业者是否挖掘到问题的本质，以及对新创企业了解多少。现场回答投资者问题要注意：

- 对投资者问题的要点要准确理解，回答要具有针对性，而不是泛泛而谈；
- 能在投资者提问结束后迅速作出回答，回答内容连贯、条理清楚；
- 回答问题准确可信：回答问题建立在准确的事实和可信的逻辑推理上；
- 特定方面的充分阐述：对投资者特别指出的方面能作出充分的说明和解释；
- 整体答辩的逻辑性要求：陈述和回答的内容有整体一致性；
- 团队成员在回答时有较好的配合，能协调合作，彼此互补，对相关领域的问题能阐述清楚。

视野延展

大学生参加创业计划大赛的意义

大学生创业计划竞赛不是普通意义上的大学生的专业比赛。创业计划不是单纯的、个人的、集中在某一个专业的学生竞赛，而是以实际技术为背景，跨学科的优势互补的团队之间的综合较量。竞赛的意义也不局限于大学校园，从某种程度而言，创业计划竞赛是高等院校与现实社会和大学生与企业之间的互动与沟通。

参加创业计划大赛，创业者将有以下收益：

1. 系统学习创业知识，验证完善创业计划

参赛者在完成创业计划的过程中，一般可以通过大赛提供的系统培训，以及学习、交流，全面地接受创业者所应具备的知识和技能训练。

参赛者通过参加竞赛，可以获得对产品或服务从构想变为现实的全局把握。在完成创业计划的过程中，培养沟通能力、说服能力、组织能力。在接受挑战的过程中，增强创业的勇气、信心和能力。参加项目大赛的经历本身也是一种财富。

参加创业比赛的过程，就是设计、论证、实施、优化完善创业项目的实施方案的系统过程。参赛过程中，有创业团队的精心参与，有指导老师的专业指导，有大赛评委的精彩点评，有各参赛团队和参赛项目的交流，这些都是其他形式所不具备的创业论证优势。

2. 结识更多创业伙伴，磨炼创业团队能力

参赛者通过比赛，可以结识未来创业的合作伙伴，参赛小组的成员将最有可能在将来形成创业合作关系，开创成功事业。在此过程中，创业团队可以得到磨合，磨炼团队创业能力，形成创业凝聚力。

参赛者将有机会加入一个充满智慧和活力的小组，与小组伙伴携起手来，接受挑战。参赛者将体验到前进中相互激励的力量和交流中灵感火花的跳跃，以及成功时分享的喜悦。在这一过程中，参赛者会感受到团队精神的力量，培养创业精神。

3. 积累创业资源网络，为未来创业打好基础

参赛者通过比赛，可以结识风险投资家。国内风险投资家对本次大赛表现出了浓厚兴趣，将对具有实际运作价值的作品，进行投资可行性分析。参赛者可以向风险投资家充分展现自己的产品或服务的巨大市场前景，为进一步创业赢得资金。参赛者还将结识商界和法律界人士，为将来创业建立良好的商业关系网络。同时，很多新闻单位对全国大赛比较关注，可以借助媒体向社会推荐自己和产品整体形象，为未来创业建立良好媒体资源。

拓展训练

一、撰写并检验创业计划

根据你或团队的创业项目，可以是你们一直想从事的创业项目，试着撰写一份简易的创业计划书，必须有一、二级目录。重点内容要适当展开描述。无须纠结于细节，注重计划的完整性、逻辑性和倾向性，并能让读者一目了然。

与同学或其他团队交换这份创业计划书，请对方拟定检验指标，对你的创业计划书进行检验。建议拟 10 条指标，每条计 10 分，最后算出总分。

序号	检验指标	得分	建议或其他说明
1			
2			
3			
4			
5			
6			
7			
8			
9			
10			
总分			

你是否认同上面的评价？谈谈你此时的看法。

二、3 分钟创业计划展示

你的小组如果有了一份创业计划，或者找一份自己比较熟悉的创业计划书，认证研读和思考，确保自己掌握了创业项目的所有信息，然后凝练出创业计划的各个要点。

现在，你要代表这个创业项目，去面见投资人。而投资人比较忙，仅仅给你 3 分钟时间陈述你的项目计划。你会如何设计这 3 分钟的第一次融资沟通呢？你准备用什么样的方式和策略，去打动投资人，引起投资人兴趣，进而获得融资机会呢？

1. 准备一份 3 分钟的展示材料和演讲稿，记录下要点。

2. 请老师或其他同学，扮演投资人。利用 3 分钟的时间，充分展示你的风采。征询“投资人”的意见，聆听其感受和点评。

3. 总结反馈信息，进一步思考：有哪些地方需要改进？

思考题

阅读教材，搜集资料，深入探索，认真思考并回答以下问题。注意说明你的理由，形成自己的见解。

1. 有很多创业者不知道什么是“创业计划”，然而他们成功了，这种现象怎么解释？
2. 阐述创业计划对大学生创业的独特作用。
3. 撰写创业计划之前，必须做好哪些准备？
4. 检验创业计划的最好方法就是实践，对吗？
5. 向投资者陈述你的创业计划，需要注意哪些问题？
6. 你听说过哪些创业大赛，参加创业大赛对大学生有什么好处吗？

实践活动

撰写创业计划书

根据你的创业项目，或你一直想从事的创业项目，撰写一份创业计划书，并用它与你的客户、合作者和顾问等角色进行展示与沟通。

第十章　新企业的创办与管理

学习目标

1. 了解企业的组织形式及其优势、特点，掌握公司登记的流程与方法。
2. 了解新企业社会责任的概念与意义，查询与新企业创办有关的法律。
3. 了解生存对于新企业的重要意义，掌握新企业生存管理的策略。
4. 掌握必要的新企业财务管理知识，明确新企业的现金流管理要点。
5. 了解新企业成长的驱动因素与制约因素，建立对新企业成长的印象。
6. 掌握新企业成长的推动策略，学习和了解与新企业管理有关的知识。

翻转课堂

应该注册哪种企业组织形式

王薇在毕业之后打算自己创业，开一家咖啡店。在准备开店事宜的路上，遇到了她的老同学李佳。在聊天的时候，王薇谈起了关于注册企业组织形式的问题，对几种不同的企业组织形式进行讨论后，王薇对于自己要注册哪种企业却一时没了准主意。

观看案例视频后，你有什么感想？小组充分讨论，得出观点。

____

____

____

观看点评视频（或听讲），记录专家（或授课教师）的观点。

____

____

____

第一节　新企业的成立

一、企业组织形式的选择

新企业创立之前，创业者应该首先确定拟创办企业的法律组织形式。新创企业可采用不同的组织形式，例如创业者个人独立创办的个人独资企业，或者由创业者团队创办的合伙制企业，或者成立以法人为主体的有限责任公司和股份有限公司。对创业者而言，各种法律组织形式没有绝对好坏之分，各有利弊。但无论选择怎样的形式，都必须根据国家的法律法规要求和新创企业的实际情况，科学衡量各种组织形式的利弊，决定合适的组织形式。

公司、个人独资企业、合伙企业以及个体工商户都是常见的组织形式，就相对比例而言，公司制的组织占据了绝大多数。为什么绝大多数组织都采取公司的形式？为什么说公司是最具活力的组织形式？什么是有限责任？不少创业者在浑浑噩噩状态下把公司注册完以后，才发觉对上述问题一无所知，有时就连法律行业的从业人员也难以说清上述组织形式之间的区别。创业者在实际的经营管理中势必会经常与各种类型的组织形式打交道，了解它们的性质和特点，对于作出理想的组织形式决策有着至关重要的意义。

这里采用比较通俗易懂的区分方法，以便同学们从宏观上做一个了解，为决策做准备。在实际创业的过程中，需要根据国家、地区、行业、项目的实际情况，来作出判断和行动。

我们先简单地把我国的组织形式分为公司制组织与非公司制组织。其中，公司制组织包括有限责任公司和股份有限公司两种，其余的则都属于非公司制组织，主要包括个人独资企业、合伙企业以及个体工商户。

（一）公司制组织

了解公司以及成立公司的要求，应该关注最新《公司法》。《公司法》中明确指出：公司是企业法人，有独立的法人财产，享有法人财产权。公司以其全部财产对公司的债务承担责任。有限责任公司的股东以其认缴的出资额为限对公司承担责任；股份有限公司的股东以其认购的股份为限对公司承担责任。其中，一人有限责任公司是指只有一个自然人股东或者一个法人股东的有限责任公司。

我们常常把“法人”理解成公司的负责人（如董事长、总经理），而规范的说法应该是“法定代表人”。法人是具有民事权利能力和民事行为能力，依法独立享有民事权利和承担民事义务的组织。正确理解了“法人”及“法定代表人”的相关概念和背后的法律知识，就能更加深入地理解公司制组织与非公司制组织的实质差异。

公司制企业被称为法人，顾名思义，法人和自然人不同，并不是实际存在的人格，而是法律赋予的人格。在法律意义上，公司制企业和自然人一样，可以独立承担责任、履行义务。而公司本身并无意识，不可能独自执行经营活动，这就需要代理人代替公司执行经营事务和作出决定，这个代理人就是公司的法定代表人。简单来说，在法律上，公司可以被看成一个独立的个人，公司的法律责任都由公司独立承担，而与公司的股东无关。理解了这个问题，有限责任就很容易理解了。

1. 优势——有限责任

有限责任指的是股东所承担的责任是有限的。公司制组织能不断做大做强，甚至上市，能让投资人心甘情愿把资金投入公司支持其发展，有限责任居功至伟。商业活动存在太多的未知风险，如果稍有不慎就倾家荡产甚至巨额债务伴随一生的话，创业就只成了冒险家的游戏了。正因为股东成立公司后只需承担有限责任，现在越来越多的商铺也采取公司制的组织形式，公司已经成为世界上最具活力的组织形式。

有限责任固然很好，但有限责任是有前提的，就是公司的财产必须是独立的，股东不可以滥用有限责任侵吞公司财产，损害债权人的权益。当股东向公司投入注册资本以后，这部分财产就是公司的财产了，其所有权已经发生转移，股东不可以擅自使用公司的资金或财产作为自我用途，这是法律的强制规定。由于很多创业者法律意识薄弱，经常会出现公司和股东之间大额的资金往来现象，这样的行为，不但已经涉嫌违反《公司法》，还有个人所得税的风险。另外，仍然有大量的公司账务混乱，公司财产和个人财产权属不清，当公司真的出现资不抵债的时候，股东很难使用有限责任而独善其身，破产管理人首先要做的就是追偿股东从公司侵占的财产。

公司财产的不独立对于融资也有着重大影响。试问，一个公司财产和个人财产都划分不清的创业者，投资人如何放心把资金交给这样的人管理？不少创业者精明能干，项目也很有前景，但就是由于公司账务不清、财产权属不明，到最后无法获得融资，与成功的机会失之交臂。

有限责任从一定程度上降低了股东的风险，也加重了股东管理的责任。为了最后能有效地使用有限责任这种形式的优势，股东应该从创业开始就树立风险意识，划清财产权属，明确账目，让公司财产独立。

2. 劣势——成本过高

虽然在降低股东风险方面公司制组织有着得天独厚的优势——有限责任，但也有缺点，否则公司以外的组织形式也不会存在。其缺点主要表现在以下两个方面：

（1）双重征税，税负成本高。公司制企业能够有效降低风险的同时，也带来一个巨大的问题，即双重征税。公司在盈利后须缴纳企业所得税，股东在取得分红时还要被征收个人所得税。因此，公司赚取的利润分给股东的时候，已经被征收了两道税，税负成本自然高于只需缴纳个人所得税的非公司制组织。这就是为什么风险投资机构大多采取非公司制组织形式的原因。

（2）架构复杂，管理成本高。一般来说，公司制组织内部架构比非公司制组织更为复杂。为建立治理结构，公司须设立股东大会、董事会、监事会等。理论上，由于公司并不由股东直接管理，公司制企业的决策效率相对较低，特别是当公司股东较多且产生分歧时，公司甚至会因为长期无法作出有效决策而向法院申请解散。除此之外，公司的成立、日常管理、注销程序等都比非公司制组织复杂，创业者常常为了形式上的琐事四处奔波，浪费宝贵的时间和精力。

尽管公司制组织存在这样的缺点，但随着国家税制改革和商事制度改革的不断进行，公司的税负成本和管理成本会逐渐降低，公司的优势也会逐渐显现出来。但创业者选择组织形式时，应综合考虑自身情况及组织未来的发展规划，合理选择组织形式。当无法抉择时，建议创业者选择公司制的组织形式。毕竟，在防范未知风险上，公司的优势是其他组织形式无法比拟的。

视野延展

创业者该纳哪些税

在2016年5月的全面营改增后，中国的税共有17种，费则可能达到上百种之多，例如：房地产企业就至少涉及11种税和56种费。以下是目前中国开征的税种，共5类17种：

1. 商品和劳务税类：增值税、消费税、关税。
2. 所得税类：企业所得税、个人所得税。
3. 财产、行为税类：房产税、车船税、印花税、契税。
4. 资源税类：资源税、土地增值税、城镇土地使用税。
5. 特定目的税类：城市维护建设税、车辆购置税、烟叶税、船舶吨税、耕地占用税。

然而，创业者也不必惊慌，对于一般的创业公司而言，缴纳的税费只有6—10种，除去不经常发生且税率较低的小税种后，普通创业者需要重点关注的只有3种，分别是增值税、企业所得税以及个人所得税。

增值税属于商品和劳务税类，顾名思义是因销售商品或提供劳务而征收的税种，随着“营改增”的全面实施，所有公司都属于缴纳增值税的纳税人。

企业所得税是对企业所得征税。只要是公司制的企业，无论什么行业，都应按规定申报并缴纳企业所得税。

个人所得税征税范围较为广泛且税率普遍偏高，当你不创业、不经营公司、不出售房产的时候，可能只有“工资、薪金所得”与你有关。而一旦成为了创业者，整天与公司业务打交道的时候，我们就不能再无视个人所得税中其他的征税项目了。

以上3种税是绝大多数公司都能遇见的税种，无论对企业和财政收入来说，都是名副其实的“大税”。除此以外，城市维护建设税、教育费附加、地方教育费附加、印花税等“小税种”也较为常见，但它们税负水平较低、计算简单、税收筹划空间小，创业者也大可不必为之操心。

总而言之，创业者来自各行各业，不可能要求每个创业者都精通会计和税法。也没有必要系统地学习相关的财税知识，但基本的财税常识是必不可少的。财税常识是每个创业者的必修课，在税法面前，创业者切不可心存侥幸，过早地树立财税风险意识会让大家的创业路走得更远。

（二）非公司制组织

非公司制组织主要有个人独资企业、合伙企业和个体工商户。

个人独资企业，一般也称为独资企业，即个人出资经营，归个人所有和控制，由个人承担经营风险和享有全部经营收益的企业。

合伙企业是指由各合伙人订立合伙协议，共同出资，共同经营，共享有收益，共担风险，并对企业债务承担无限连带责任的营利性组织。国有独资公司、国有企业、上市公司以及公益性事业单位、社会团体不得成为普通合伙人。合伙企业可以由部分合伙人经营，其他合伙人仅出资并共负盈亏，也可以由所有合伙人共同经营。

个人独资企业与合伙企业的区别主要体现在人数上，个人独资企业只是一人成立的企业，而合伙企业应由两人以上成立。就是因为合伙企业人数较多，为保障每个合伙人的权益，所以相关规定更为复杂，对于合伙人的入伙、退伙、经营权、分红等都有着细致的规定，可以通过《中华人民共和国合伙企业法》进行了解。

另外，合伙企业可分为普通合伙企业、特殊普通合伙企业和有限合伙企业。普通合伙企业较为常见，多数合伙企业都是普通合伙企业；特殊普通合伙主要用于专业机构，如会计师事务所等；常见的有限合伙企业有私募股权投资。而个人独人独资企业因为不涉及多人利益，因此规定较为简单，也不存在多种类型，适用于业务模式简单、投入较低的项目。

个体工商户，是指有经营能力并依照《个体工商户条例》的规定，经工商行政管理部门登记，从事工商业经营的公民。个体工商户是从事工商业经营的自然人或家庭。自然人或以个人为单位，或以家庭为单位从事工商业经营，均为个体工商户。根据法律有关政策，可以申请个体工商户经营的主要是城镇待业青年、社会闲散人员和农村村民。此外，国家机关干部、企事业单位职工，不能申请从事个体工商业经营。个体工商户只能经营法律、政策允许个体经营的行业。

如果创业者想进一步了解各种组织形式的详细规定，可以查阅相关的法律、法规：《中华人民共和国公司法》《中华人民共和国个人独资企业法》《中华人民共和国合伙企业法》《个体工商户条例》等。

非公司制组织（民间非盈利组织、行政事业单位等除外，下同）不具有法人资格，也就是说它们不能独立承担责任，它们的责任是与创业者绑定在一起的。当非公司制组织资不抵债时，创业者（有限合伙人除外）仍需承担无限连带责任，从这个意义上来说，创业者设立非公司制组织面临的风险更大。但是非公司制组织也有其独特的优势。

（1）降低税负。如上文所述，公司制企业存在双重征税的问题；而非公司制组织盈利后，创业者只需要缴纳一次个人所得税即可，税负较低。

（2）组织架构简单，降低管理成本。一般来说，非公司制组织内部架构比公司制组织简单，无须设立股东大会、董事会、监事会等，决策效率更高。除此之外，非公司制组织的成立、注销程序也相对简单。对于业务模式单一、经营风险较低且未来无扩张计划的组织采用非公司制的形式可能更为适合。例如，我们常见的商铺，绝大多数采取个体工商户的形式，就是因为成立、经营管理、注销程序等都相对简单，管理成本较低。

（3）经营管理需要。私募股权投资等创投企业一般采取有限合伙制，除了降低税负之外，带给普通合伙人提供较好的激励机制也是一个非常重要的原因。这样的制度让有能力的普通合伙人投入少量金钱，承担无限责任，更好地绑定自身目标和企业发展目标；有限合伙人投入大量金钱，承担有限责任，在不干涉普通合伙人经营管理的同时，更放心地向合伙企业投入大量资本。

（4）法律、法规的强制规定。涉及公众利益的组织，如会计师事务所等，必须采用合伙企业的形式。由于将承担无限责任，合伙人将面对更大的风险，这样的做法更有利于保护公众利益。

视野延展

一人有限公司、个人独资企业、个体工商户的区别

以上三类组织形式看似相近，但却截然不同，它们的主要区别在以下5个方面：

1. 适用法律基础不同

一人有限公司适用《公司法》，个人独资企业适用《个人独资企业法》，个体工商户适用《个体工商户条例》。从法律基础就能看出，上述三者在法律上完全是不同的概念，切不可混为一谈。

2. 承担的责任不同

顾名思义，一人有限公司的组织形式为公司，具有法人资格，可以独立承担民事责任；个人独资企业不具有法人资格，不能承担民事责任，但可以以个人独资企业的名义从事商业活动；而个体工商户，也不具有法人资格，严格来说，它都不算企业，应当以投资者个人的名义从事商业活动。

3. 设立条件的要求不同

一人有限公司成立条件受《公司法》的限制，需要字号、注册资本、注册地址等必要信息，应按照规定建立治理结构（如董事会、监事会等）、健全财务制度，还需设置会计账簿，进行会计核算，分清公司财产和股东财产的权属；个人独资企业相比而言要求较少，需要字号、申报出资、生产经营场所地址等

信息，无须建立治理结构，但需要设置会计账簿，进行会计核算；个体工商户要求最为简单，没有最低出资额、治理结构等要求，在法律上也没有对会计核算作出强制规定，原则上，只要税务机关同意，个体工商户无须设置账套。

4. 创立者的要求不同

一人有限公司是指只有一个自然人股东或者一个法人股东的有限责任公司；个人独资企业的投资人只能为一个自然人；个体工商户可以是个人，也可以是家庭。

5. 设立分支机构的限制不同

一人有限公司和个人独资企业可以设立分支机构，分支机构产生的民事责任由总机构承担，而个体工商户不能设立分支机构。

二、公司登记流程与要件

根据《公司法》第六条：设立公司，应当依法向公司登记机关申请设立登记。

根据《公司登记管理条例》第四条：工商行政管理机关是公司登记机关。

显然，当我们需要"开公司"，或选择其他组织形式创业时，无须多虑，只要查找相关的法律法规，到相关的部门去咨询，按规办事就可以了。一般来说，各个地区的公司登记手续都相差无几，我们可以登录本地的工商行政管理部门的网站，或打电话，或直接去办公地点，按对方要求填表、准备资料，即可进入申请流程。

2015 年 7 月 1 日，浙江省率先实行营业执照、组织机构代码证、税务登记证、社会保险登记证和统计登记证"五证合一"登记制度。2016 年 10 月 1 日起，按照《关于加快推进"五证合一、一照一码"登记制度改革的通知》(国办发〔2016〕53 号)，"五证合一"登记制度在全国范围内全面实施，该办证模式更进一步简化了审批手续，大大降低了大众创业的门槛，大大减轻了创业者"跑手续"的负担。

现以浙江省为例，图 10-1 为申请设立登记公司的一般流程，下文为浙江省有限责任公司和股份有限公司设立登记需提交的材料规范。具体应以本省工商行政管理部门的最新规定为准。

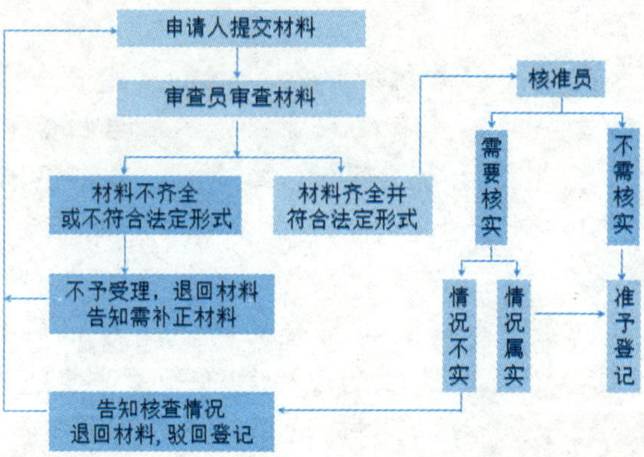

图 10-1　公司申请设立流程图

（一）有限责任公司设立登记提交材料规范

（1）公司登记（备案）申请书。

（2）指定代表或者共同委托代理人授权委托书及指定代表或委托代理人的身份证件复印件。

（3）全体股东签署的公司章程。

（4）股东的主体资格证明或者自然人身份证件复印件。

- 股东为企业的，提交营业执照复印件。
- 股东为事业法人的，提交事业法人登记证书复印件。
- 股东为社团法人的，提交社团法人登记证复印件。
- 股东为民办非企业单位的，提交民办非企业单位证书复印件。
- 股东为自然人的，提交身份证件书复印件。
- 其他股东提交有关法律法规规定的资格证明。

（5）董事、监事和经理的任职文件（股东会决议由股东签字，董事会决议由公司董事签字）及身份证件复印件。

（6）法定代表人任职文件（股东会决议由股东签字，董事会决议由公司董事签字）及身份证件复印件。

（7）住所使用证明。

（8）企业名称预先核准通知书。

（9）法律、行政法规和国务院决定规定设立有限责任公司必须报经批准的，提交有关的批准文件或者许可证件复印件。

（10）公司申请登记的经营范围中有法律、行政法规和国务院决定规定必须在登记前报经批准的项目，提交有关批准文件或者许可证件的复印件。

注：依照《公司法》《公司登记管理条例》设立的有限责任公司适用本规范。一人有限责任公司和国有独资公司参照本规范提供有关材料。

（二）股份有限公司设立登记提交材料规范

（1）公司登记（备案）申请书。

（2）指定代表或者共同委托代理人授权委托书及指定代表或委托代理人的身份证件复印件。

（3）由会议主持人和出席会议的董事签署的股东大会会议记录（募集设立的提交创立大会的会议记录）。

（4）全体发起人签署或者出席股东大会或创立大会的董事签字的公司章程。

（5）发起人的主体资格证明或者自然人身份证件复印件。

- 发起人为企业的，提交营业执照复印件。
- 发起人为事业法人的，提交事业法人登记证书复印件。
- 发起人股东为社团法人的，提交社团法人登记证复印件。
- 发起人为民办非企业单位的，提交民办非企业单位证书复印件。

● 发起人为自然人的，提交身份证件复印件。

● 其他发起人提交有关法律法规规定的资格证明。

（6）募集设立的股份有限公司提交依法设立的验资机构出具的验资证明。涉及发起人首次出资是非货币财产的，提交已办理财产权转移手续的证明文件。

（7）董事、监事和经理的任职文件及身份证件复印件。

依据《公司法》和公司章程的规定，提交由会议主持人和出席会议的董事签署的股东大会会议记录（募集设立的提交创立大会的会议记录）、董事会决议或其他相关材料。其中股东大会会议记录（创立大会会议记录）可以与第三项合并提交；董事会决议由公司董事签字。

（8）法定代表人任职文件（公司董事签字的董事会决议）及身份证件复印件。

（9）住所使用证明。

（10）企业名称预先核准通知书。

（11）募集设立的股份有限公司公开发行股票的应提交国务院证券监督管理机构的核准文件。

（12）法律、行政法规和国务院决定规定设立股份有限公司必须报经批准，提交有关的批准文件或者许可证件复印件。

（13）公司申请登记的经营范围中有法律、行政法规和国务院决定规定必须在登记前报经批准的项目，提交有关批准文件或者许可证件的复印件。

注：依照《公司法》《公司登记管理条例》设立的股份有限公司申请设立登记适用本规范。

视野延展

五证合一是哪五证？

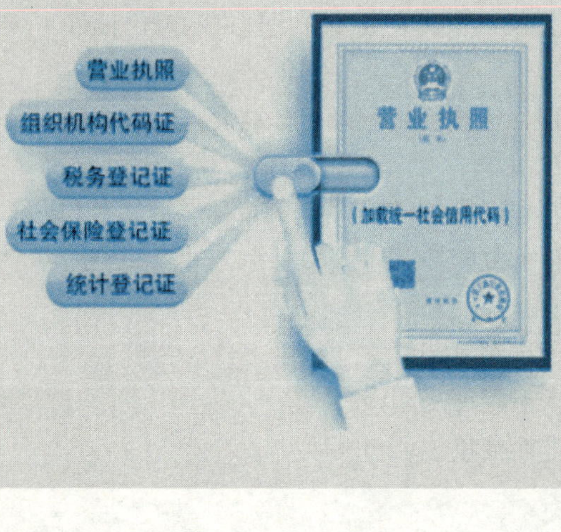

企业、农民专业合作社、外国（地区）常驻代表机构，将取得市场监督管理局核发的、加载了18位“统一社会信用代码”的“五证合一、一照一码”营业执照，质监、税务、人力社保、统计等部门的组织机构代码证、税务登记证、社会保险登记证、统计登记证不再发放。企业原需要使用上述五证办理相关事务的，一律改为使用“五证合一”（包含国家规定的“三证合一”）后的营业执照办理。同时，根据国家质监总局的规定，个体工商户不再核发组织机构代码证。

从“三证合一”到“五证合一”，降低费用，节省时间，对于创业企业来说，就是抢得了市场的先机。这项改革最重要的就是减少企业创立时的各种制度性成本，意味着开办一家企业越来越便利，将会有越来越多的人投身创业大军，也将促进就业增加和经济社会持续健康发展。

三、新企业的社会责任

新企业在发展的最初阶段往往面临着如何建立起包括消费者、供应商和投资者在内的利益相关者对其产品、服务或商业模式乃至组织自身的理解和认识。在漫长的经营、成长过程中，企业要想做大、做强、做久，最终成为百年名店，仅仅做到提供顾客所需要的产品和服务、遵纪守法是不够的，还要进一步符合道德标准，主动承担社会责任，通过良好的行为表现获得社会各界的广泛认同。

企业社会责任问题日益受到各国政府和民众的广泛关注。新的《公司法》第五条明确要求，公司从事经营活动必须“承担社会责任”，公司理应对其劳动者、债权人、供货商、消费者、公司所在地的居民、自然环境和资源、国家安全和社会的全面发展承担一定责任。新《公司法》不仅将强化公司社会责任理念列入总则条款，而且在分则中设计了一套充分强化公司社会责任的具体制度。可见，企业社会责任在我国具有了法律地位。

企业社会责任（Corporate Social Responsibility，简称 CSR）的概念已经广被接受，指企业在创造利润、对股东利益负责的同时，还要承担起对企业利益相关者的责任，保护其权益，以获得在经济、社会、环境等多个领域的可持续发展能力。利益相关者是指企业的员工、消费者、供应商、社区和政府等。企业得以可持续经营，仅仅考虑经济因素对股东负责是远远不够的，必须同时考虑到环境和社会因素，承担起相应的环境责任和社会责任。企业为什么要承担社会责任？可以是缘于经济学、法理学和社会学三个方面。

在欧美发达国家，企业承担社会责任已经从当初以处理劳工冲突和环保问题为主要追求，上升到实施企业社会责任战略以提升企业国际竞争力的阶段。在实践中，随着企业社会责任运动的发展，越来越多的公司通过设立企业社会责任委员会或类似机构来专门处理企业社会责任事项，越来越多的企业公开发表社会责任报告。对于西方国家的创业者及其企业来说，承担企业社会责任就是要积极参与企业社会责任运动，贯彻执行由此衍生的 SA8000 等各种企业社会责任国际标准。

在我国，强化企业的社会责任是一个紧迫的现实问题，是入世后中国企业提高国际竞争力面临的一项新的挑战。我国新企业在创建伊始就应清楚地认识到推行企业社会责任是人类文明进步的标志，劳工权益保护不仅是西方国家的要求，也是现代企业的历史使命，符合我国《劳动法》等许多现行法规的要求。创业者应该在积极参与和关注企业社会责任运动和企业社会责任国际标准出台的同时，从以下几个方面着手提高承担企业社会责任的意识和能力：第一，制定实施体现企业社会责任的竞争战略。突破传统的企业竞争战略，在勇于承担企业社会责任的同时，打造企业新的竞争优势，是我国新一代创业者的必然选择。第二，把企业社会责任建设融入企业文化建设中。企业文化建设其实是企业发展战略的一部分，企业文化建设既可以提高企业竞争能力，也可以使人在工作中体会到生命的价值。把企业社会责任作为新时期企业文化整合和再造的重要内容，已成为国际企业文化发展的大趋势。第三，把社会责任的理念付诸于实实在在的行动。在企业的日常经营管理过程中，不仅要对股东负责，对员工负责，还要对客户、供应商负责，对自然环境负责，对社会经济的可持续发展负责。

四、新企业相关的法律

一个社会的法律规定就是为其公民能做什么或不能做什么建立了一个框架。这个法律框架同样在一定程度上允许或禁止创业者所做的某些决策和采取的部分行动。显然，创建新企业会受当地法律的影响，创业者必须了解并处理好一些重要的法律和伦理问题。创业涉及的法律和伦理问题相当复杂。创业者需要认识到这些问题，以免由于早期的法律和伦理失误而给新企业带来沉重代价，甚至使其夭折。创业者一般不会有意触犯法律，但往往高估他们所掌握的与创建和经营新企业相关的法律知识，或者缺乏伦理意识。

在企业的创建阶段，创业者面临的法律问题包括：

- 确定企业的形式。
- 设立适当的税收记录。
- 协调租赁和融资问题。
- 起草合同。
- 申请专利、商标或版权的保护。

在每一个创建活动中，都有特定的法律和规定决定创业者能做什么和不能做什么。一名创业者必须熟悉相关法律法规。但是法律环境对创业的影响并没有到此为止。当新企业创建起来并开始运营后，仍然有与经营相关的法律问题。例如：

- 人力资源或劳动法规可能会影响员工的雇佣、报酬以及工作评定的确定。
- 安全法规可能会影响产品的设计和包装、工作场所和机器设备的设计和使用。
- 环境污染的控制，以及物种的保护。

尽管许多可能在某一企业达到一定规模时才适用，但事实是，新企业都追求发展，这意味着创业者很快就会面临这些法律问题。所以我们应该在准备创业的阶段，就建立起对相关法律的敏感度，有意识地多了解、多学习相关法律知识，在遇到问题时，及时查询相关法律条文，必要时咨询熟悉法律的老师和同学，在法律的框架内创办、运营自己的企业。

视野延展

创业相关的伦理问题

创业伦理是创业者在开拓市场、资本积累、互惠互利、协同合作、个人品德、后天修养等方面的一些行为准则。创业者组建一个新企业后，势必要进入市场竞争的圈子，相应地，也得遵守这一圈子所共同维护的行为规范。当一个创业者成长为一个企业家时，他会越来越重视自己在社会中的形象，并开始重视自身的伦理和自己企业的伦理建设。毕竟，没有哪个企业愿意和一个臭名在外、不讲诚信的公司进行合作。

创业团队成员之间就新企业的利益分配以及对新企业未来的信心达成一致非常重要。对创业者团队来说，易犯的错误就是因沉迷于开办企业的兴奋之中而忘记订立有关企业所有权分配的最初协议。创建者协议（或称股东协议）是处理企业创建者间相对的权益分割、创建者个人如何因投入企业“血汗股权”或现金而获得补偿、创建者必须持有企业股份多长时间才能被完全授予等事务的书面文件。通常，创建者协议的重要议题涉及某位创建者逝世或决定退出带来的权益处理问题。大多数创建者协议都包含一个回购条款，该条款规定，在其余创建人对企业感兴趣的前提下，法律规定打算退出的创建人有责任将自己的股份出售给那些感兴趣的创建人。在大多数情况下，协议还明确规定了股份转让价值的计算方法。回购条款的存在至关重要，这是因为：第一，如果某位创建者离开，其余创建者需要用他或她的股份来寻求接替者；第二，如果某位创建者因为不满而退出，回购条款就给其余创建者提供了一种机制，它能保证新企业股份掌握在那些对新企业前途充分执着的人手中。

创业者和其他利益相关者之间的伦理问题还包括人事伦理问题、利益冲突问题、顾客欺诈问题，等等。不符合伦理的行为范围非常广泛，例如招聘面试中询问不恰当问题，管理中不公平对待员工，出于私人关系以非正当商业理由将合同交给亲属或朋友，推广具有明显误导性的广告，销售明知不安全的产品……这些都是不恰当的行为，也都是创业者需要注意的伦理问题。

第二节　新企业的生存

一、爱迪思企业生命周期模型

成长和发展是生命的永恒主题。就像任何一个生命一样，企业从诞生之初就有追求成长和发展的内在冲动。企业生命周期理论构成了经济学和管理学对企业成长问题最基本的假设之一。企业在成长过程中会经历若干发展阶段，每个阶段具有相应的特点和驱动因素，这要求企业在各个方面不断变革，与其发展阶段相适应。

在众多企业生命周期模型中，美国学者爱迪思提出的阶段划分最为细致，在理论界和实践界有着广泛影响。如下图所示，他把企业生命周期划分为 10 个阶段，分别是孕育期、婴儿期、学步期、青春期、盛年期、稳定期、贵族期、官僚化早期、官僚期、死亡期。盛年期之前是成长阶段，盛年期之后是老化阶段。

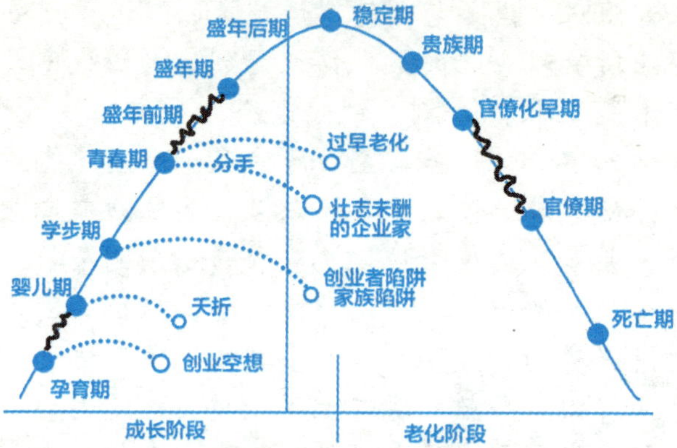

图 10–2　爱迪思企业生命周期示意图

孕育期：孕育期是先于企业出现的一个阶段，即梦想阶段，没有梦想，就不会有后来的企业。此阶段的本质，就是创业者确立自己的责任，并且一直伴随着创业者经历企业的全部生命周期。这种责任的形成标志，不是公司在形式上的成立，而是创业者的创意通过了利益相关人的检验，创业者和加盟人都树立起了承担风险的责任心，风险越高，责任越大。同时，这种责任能够得到经理人、雇员、客户、供应商等利益相关者的支持。成功的企业不仅要有好的创意、市场和资金的支持，更需要那种把自己的全部热情和精力都能投入事业的人。创业者的责任心和凝聚力，决定着资源能否积聚和充分利用。

如果创业者的动机仅是为了赚钱，这种急功近利的狭隘不能支撑建立真正的企业。真正的企业，在创业阶段必须要带一定的动机，如满足市场需求，创造附加价值，增添生活意义等。创业的责任承诺在后来的兑现过程中，可能产生一些不正常的和病态的问题。创业者在激动状态下，会被迫或者自愿地作出一些不现实的承诺，常见的问题例如慷慨地给加盟者分配股份。在梦想阶段这种股份是不确定的，后来公司有了真正价值使这种股份权益变为现实时，创业者将会备受折磨。

婴儿期：婴儿期不再有浪漫和梦想，而是实实在在的生存问题。这一阶段能否健康成长，取决于营运资金和创业者承诺的兑现，增加销售量成为头等大事。此时的正常问题是完善产品与扩大销售的矛盾，这将会使企业筋疲力尽。羽翼未丰的企业处处都需要资金，空想清谈不再有用，需要的是行动和销售。这时候必须稳定产品，核定价格，支持销售。但此时企业管理不到位，创业者忙得只能解决最紧急的事，没有明确的制度，缺乏必要的程序，预算相当有限，不足以建立庞大的团队。创业者只能高度集权，承诺过度，日程过满，加班加点，从领导到员工都在忙，没有等级，没有聘用，没有考核。家庭式的小本经营企业都很脆弱，一不留神，小问题就变成了危机，所以，全部人员都全神贯注，决策权高度集中，领导者事必躬亲，只有那种每天工作十几个小时以上而且没有星期天的人才能胜任。

导致婴儿期企业夭折的第一个因素就是现金流断裂。婴儿期的企业总是投资不足，为了避免耗尽企业的流动资金，必须要有现实的商业计划。一旦出现把短期贷款用于长线投资、不恰当的价格打折、将股份转让给不能同舟共济的风险投资家等失误，都会严重到足以毁灭公司。导致企业夭折的第二个因素是创业者失去控制权或者丧失责任心。缺乏规章制度，为了获取现金而采取权宜之计的坏习惯，尤其是为了保证资金链而引进了只求快速收回投资的控股者，会让创业者渐渐丧失对企业的控制权；当追求事业的热情变成了不堪重负的压力之后，特别是在外来投资者不当干预下企业背离了创业者的初衷时，创业者可能会放弃自己的责任。在婴儿期企业中，独断专行的领导风格几乎是不可避免的，这样才能适时处理危机。但这种风格如果不适当地长期持续，就会在下一个阶段阻碍企业发展。

学步期：当公司运转起来，产品和服务得到市场认可的时候，企业就进入了学步期。这一阶段现金流增加，销售提高，就会出现“初生牛犊不怕虎”的自大，最常见的问题就是摊子铺得过大，任何机会都要考虑，任何好处都舍不得丢弃，卷入太多相干和不相干的生意，精力不能集中，多元化遍地开花。公司就像是个微型的企业集团，一个小部门甚至一两个人，就想要撑起一个“事业部”。创业者独断专行，虽然造就了婴儿期的成功，却隐含着学步期的管理危机。老板们沉醉于眼前的成功，相信自己的天赋，充满不成熟的疯狂想法，而那些促销的折扣与奖励，使销售直线上升却没有利润，甚至销得越多赔得越多。

尽管快速增长表面上是好的，然而让销售额直线上涨是危险的，把资金流寄托于未知的市场份额更危险。此时企业应该夯实基础，稳扎稳打，关注预算、组织结构、分工、职责、激励机制等基本制度建设，学会自律，学会放弃。但是，经营现实中这种企业最长见到的情况是一连串的决策失误，碰了钉子才会有些许清醒。所以，学步期实际上是频繁的试错阶段。

青春期：这是摆脱创业者的影响进入经理人治理的阶段，也称为再生阶段，即脱离父母监护的独立阶段，这是一个痛苦的过程。即使创业者本人转变为职业经理人，其中的冲突、摩擦也在所难免。规章制度的建立和授权是青春期企业的必经之路。婴儿期大权独揽不存在问题，而到青春期则必须授权，就像父母对长大的孩子必须放手一样。一旦引入职业经理人，就会发生管理风格的变革和企业文化的转化。对于创业者来说，婴儿期需要冒险，学步期需要远见，而青春期需要的是规范经营。职业化、减少直觉决策、驾驭机会而不是被机会驱使、创建制度、形成责任体系、改变薪酬规定，等等，都会成为冲突之源。创业者、创业元老，与新经理矛盾冲突不断。青春期的麻烦，实质上是经营目标的转变，由盲目扩大市场份额转向明确追求利润。如果经理人与董事会结成同盟，挤走富有开拓精神却在不断破坏制度的创业者，病态的结果是企业未老先衰，有了“数字化管理”却失去了前瞻眼光，有了组织纪律性却失去了朝气活力，最终会丧失盛年期的收获而直接进入贵族期。完成青春期转变的要害，是创业者与经理人之间的理解、信任与合作。

盛年期：即灵活性和控制力达到平衡状态的阶段，这是企业蒸蒸日上的时期。此时企业经过了青春期的痛苦，实现了领导机制的转变，建立了有效的管理制度体系，梦想和价值观得以实现，合适的权力结构平衡了创造力和控制力的关系。企业明白它要什么，不要什么，关注点可以兼顾顾客和雇员，销售和利润能够同时增长，它能预测到即将取得的成效，这时的企业已经成为能够共享某些功能的利润中心组合体，规模经济和显著效益可以让公司多产起来，能够分化和衍生出新的婴儿期企业，也能够扩展到新的事业领域，有了相互尊重和信任的企业文化，可以促进企业的内部整合和团结。

当然，盛年期的企业也有问题。虽然婴儿期、学步期、青春期出现过的问题，有可能在盛年期还会出现，但鼎盛状态下要想持续发展，管理人员的培训不足、训练有素的员工不够，则会上升到首要位置。此时已经进入公司发展有预见可控制并具有资金基础的阶段，所以关键的难题是如何以高素质人员来保持兴盛状态。

稳定期：稳定期是企业的转折点，虽然一切欣欣向荣，但是越来越循规蹈矩、安于现状，保守处事。决策的隐含准则是保护自己的利益而非公司利益。高管层虽然也能倾听建议，但却不会探索新的领域。琐细的事实、大量的数据和精密的公式在决策中满天飞。稳定期的表象，是企业遇到了增长瓶颈，实际上是发展曲线到了顶点。公司有时也会出现新的构想，但却没有了当年的那种兴奋和刺激。典型的表现，就是对财务部门的重视超过了对营销部门和研发部门的重视，对改善人际关系的兴趣超过了对冒险创新的兴趣，对昔日辉煌的津津乐道超过了对发展愿景和新战略定位的探索，在用人上更乐意用唯唯诺诺者而不愿再见到桀骜不驯者。表面上，这一阶段没有大毛病，高管层更多地会误以为这就是盛年期，但衰败的种子正在悄悄发芽。

贵族期、官僚化早期和官僚期代表着公司越来越走下坡路。这个阶段的企业，不再有真正的长期目标和事业追求，只是为了维持面子而热衷于短期获利和低风险目标。人们为了维护自己的利益而争斗，强调别人造成了灾难，总要有人为错误承担责任，内讧和中伤不断，大家都在争夺企业内部地盘，客户需要无人理睬，那些平时就看着不顺眼的员工（正是这些人往往保存着一些创造力）就变成了牺牲品。有创造力的人，在官僚化内讧中往往不是那些擅长权位者的对手；试图推行变革、扭转官僚化趋势的人，其努力不但无济于事，而且还往往会搭上自己的职业前程，最后不得不走人。官僚化的结局是企业濒临破产，靠企业自身的努力已经无力回天，到处充斥着制度、表格、程序、规章，就是看不到真正的经营活动。企业最终的命运就是走向死亡。

爱迪思对企业生命周期的概括，为研究管理打开了一个新的视窗。必须注意的是，企业所处的生命阶段，不以时间长短来确定，也不以规模大小为前提。就时间来说，有不少百年老店依然“年轻”，也有不少刚刚建立的企业已经“老态龙钟”；就规模来说，有些世界排名领先的巨型企业依然生机盎然，而有些小型企业已经送进了重症监护室。判断企业年龄的尺度，是灵活性和控制力的消长情况。

了解企业的生命周期，是为了帮助创业者认识到企业有萌芽，有生存与成长，也有衰落与死亡。所以我们在作出创办与经营企业的决策时，要保持清醒，认识到企业发展的规律，冷静地看到自己的企业处于哪个阶段，应该如何调整策略，维持企业发展的活力，实现自己创业的诉求。

视野延展

创业企业的一般出路

当一个摸爬滚打了多年的创业企业经营者，感觉对自己的企业所处行业发展后势不看好时，或者是他凭借自己的预感来判断未来企业的盈利预期并不能达到自己的目标时，就会想到全部或部分转让、卖掉企业。也有的不想在此行业继续发展了，也会用卖掉企业换来的钱，重新开创另一个事业。例如：华尔街英语创始人李文昊就是把经营4年的一家公司卖了100万美元，用这笔钱又重新投身教育行业，开创了“华尔街英语”。

有的创业者非常有才华，但是就像一颗蒙尘的珍珠一样，暂时还被尘土掩盖着光芒，因此，也会用创业来暂时韬光养晦，类似隐居一样等待时机。这时即便企业发展很好，开张时间也不长，创业者遇到了出国深造、另谋高就等诱人的职业发展机遇时，也会想到卖掉企业，去做他更喜欢的事情。

有的创业者认为并入大公司有助于他们实现目标，会选择被并购。

大多科技型创业公司经过经营达到上市条件，会选择上市。这是目前大多数创业企业的首选目标和首要的出路选择。创业企业上市后，创业者可以融资套现。

企业的大小有时也跟创业者的个性特点有关，有的人喜欢做大，有的人小富即安，有的人根本就不想做大，就想守着自己喜欢的规模一直做下去，他也许仅仅是喜欢这种生活方式而已。所以，有些创业企业会成为“百年老店”，创业者会坚守自己小而美的创业企业。

一些创业者希望让公司维持小规模，从而能够一直掌握控制权，不卖给其他公司。他们是计划通过自行筹资实现这一点。保持独立可给予创业者自由度，他们可以按照自己的愿景、想法发展公司，而不必顾虑其他人。寻求新的方式来保持独立，如允许早期员工将持股卖给新投资者。

二、新企业的生存管理

新创企业的首要任务是从无到有，把自己的产品或服务卖出去，掘到第一桶金，从而在市场上找到立足点，使自己生存下来。在创业阶段，生存是第一位的，一切围绕生存运作，一切危及生存的做法都应避免。最忌讳的是在创业阶段提出不切实际的扩张目标，盲目地谈扩大，谈规模。创业企业要超越已有的竞争对手，一定要探索到新的成功的生存模式，这是新创企业管理的本质所在。

企业也像人一样是有生命力的，要么健康地、一年一年地发展壮大，要么因失去了生存下去的基本条件或者病死、累死、饿死、冻死、撑死、拖死。从财务角度看，坚持到盈利、保持住现金流，都是企业生存的基本条件，下面从几个方面来说明从财务上如何保证新企业的生存。

（一）追求合理利润

利润是一个合理而现实的、具有较强操作性的指标，追求利润最大化是企业的当然选择，但“追求合理利润”作为初创企业的财务目标更为合适。

初创企业以追求“合理利润”（而非利润最大化）为财务管理目标，既不会淡化利益追求，又不会因过于追求利益最大化而冒不必要的甚至是毁灭性的风险。同时，应当综合考虑市场竞争能力、获利能力、增值能力、偿债能力、资金营运能力、抵御风险能力及信用水平、社会责任等各种因素，把它们作为确定利润指标时的重要决策因素加以考虑，确保企业具有强大的可持续发展动能。

在企业经营中存在着各种利益主体的对立统一关系，他们彼此的经济目标有时并不一致。正是由于各主体之间的利益并不一致，他们不断地试图在矛盾中寻求利益平衡。选择合理利润作为财务管理目标，则可以在一定程度上减少这种不一致性，从而在一定程度上减少企业的短期行为。此外，企业有时出于避税、降低经营风险等方面的考虑，会利用对会计政策、变更会计估计等方面的选择权，实施盈余管理，此时企业选择的并非利润最大化，而是从企业利益出发的“合理利润”。这一点，对于初创企业来说，具有一定的合理性，更符合初创企业实情，也更容易被初创企业的投资者和经营者所接受。当然，企业产生短期行为还存在着企业本身治理结构不完善等方面的原因，并非合理制定利润目标所能全部解决。

（二）增强融资能力

创业者如何筹集到新企业所需要的资金，就要和资金供给方建立良好的外部关系。首先要处理好与债权人的关系，使债权人的利益不受到损害。初创企业的抗风险能力弱、信用等级低，致使金融机构等债权人不愿将资金贷给初创企业。在这种情况下，初创企业首先应该充分尊重债权人，不逃废、悬空债务，主动与金融机构等债权人保持良好的关系，让其了解企业，看到企业的远大前景。具体做法可以通过两个方面：一方面是企业对金融机构的选择。应该选择对初创企业立业和成长前途感兴趣并愿意对其投资的金融机构，能给予企业经营指导的金融机构，分支机构多、交通便利的金融机构；资金充足而且资金费用低的金融机构；员工素质好、职业道德良好的金融机构。另一方面是初创企业要主动向合作的金融机构沟通企业的经营方针、发展计划、财务状况，说明遇到的困难，以实绩和信誉赢得金融机构的信任和支持，而不应以各种违法或不正当的手段来套取资金。当金融机构等债权人的利益得到保障时，债权人才会与企业保持长久的合作。企业获取了决定企业生存和发展的资金，才能持续发展。

初创企业可以通过发行优先股的渠道加强直接融资，保证资金需要。由于优先股能够获得稳定的股息收入，可以吸引稳健型的投资者；没有表决权，又能确保公司的经营自主权落在实处。积极开展合法的民间融资，如果有适当的股权融资私募机制引导社会资金分流到民间融资市场并进行股权融资，或者是股权与债券的混合融资，就能提高其整个社会的股权融资的比例，改善初创企业的资产负债结构；股权融资的比率提高之后，才有可能继续通过贷款以及债券融资等债务融资形式对初创企业进行金融支持。此外，还可以开展信托、融资租赁等业务，丰富融资渠道。

（三）重视财务管理

财务管理的优劣直接关系到企业的兴衰。初创企业的财务管理并不是事无巨细、全面管理，而是应选择一些主要方面实施重点控制，同时还应根据企业整体战略目标和环境的变化而调整主要内容，以达到预期的效果。

创业者应该重视会计工作，依据科学的内部会计控制规范和新企业的实际情况，制定适合本企业的内部财务制度，并严格遵守既定的程序和规范，明确会计机构的职责与权限，建立健全会计人员的岗位责任制，构建一个良好的控制环境，规避面临的投资风险、筹资风险和经营风险，使财务管理起到应有的保障作用。

初创企业要完善会计核算方法，应从会计基础工作入手，根据《会计法》和《企业会计准则》及各项具体制度的要求进行，会计核算要客观、真实、及时、准确、明晰地反映企业经营情况的会计信息，同时完善会计监督和分析，使财务管理起到应有的导向作用。

企业应当根据经营环境的变化，不断通过存量调整和变量调整（增量或减量）的手段确保财务结构的动态优化。新企业财务结构管理的重点是对资本、负债、资产和投资等进行结构性调整，使其保持合理的比例。包括优化资本结构、优化负债结构、优化资产结构、优化投资结构。

优化资本结构。企业应在权益资本和债务资本之间确定一个合适的比例结构，使负债水平始终保持在一个合理的水平上，不能超过自身的承受能力。负债经营的临界点是全部资金的息税前利润等于负债利息。

优化负债结构。负债结构性管理的重点是负债的到期结构。由于预期现金流量很难与债务的到期及数量保持协调一致，这就要求企业在允许现金流量波动的前提下，确定负债到期结构应保持安全边际。企业应对长、短期负债的盈利能力与风险进行权衡，以确定既使风险最小又能使企业盈利能力最大化的长、短期负债比例。

优化资产结构。资产结构的优化主要是确定一个既能维持企业正常生产经营，又能在减少或不增加风险的前提下给企业带来尽可能多利润的流动资金水平，其核心指标是反映流动资产与流动负债差额的“净营运资本”。

优化投资结构。主要是从提高投资回报的角度，对企业投资情况进行分类比较，确定合理的比重和格局，包括长期投资和短期投资，固定资产投资、无形资产投资和流动资产投资，直接投资和间接投资，产业投资和风险投资等。

（四）培育核心竞争力

新企业的核心竞争力有很多可能性，创业者要注意抓住现有优势，挖掘新企业的核心竞争力，并不断扩大优势。对当前很多技术型或创新型创业，技术或创新是企业赢得竞争、快速发展的重要战略，是培育企业核心能力、增强企业长期竞争优势的关键，是打造核心竞争力的硬功夫。初创企业要靠技术的不断改进，及时的优势创业，巩固自己在市场上的地位。此外，要不断提高初创企业的经营管理水平，摒弃“家族式”管理理念，借鉴大企业先进的管理经验，大胆、积极引进职业经理等高素质管理人才，改善经理管理队伍素质，提高经营管理水平。一个出色的管理团队，也可以成为创业企业的核心竞争力。

三、新企业的现金流管理

现金流是新企业生存和发展的血液，保持有能够维持正常经营活动所需的现金流对于企业的生存发展至关重要。创业者不仅要时刻关注企业的现金存量，而且更应重点关注企业的现金流。一个企业可能不会因为亏损而立即破产，相反，有些赔钱的企业，尽管亏损，但仍然能维持下去，其中的奥妙就在于资金调度得当。但是很多企业都因为现金流的断裂而消亡。

（一）现金流的概念

现金流就是在一段时间内流入或流出企业现金账户的钱，即某一时期内企业现金流入和流出的数量。如企业因销售商品、提供劳务、出售固定资产、向银行借款等取得现金，形成企业的现金流入；因购买原材料、购买机器设备、对外投资、偿还债务、缴纳税金等而支付现金，形成企业的现金流出。企业的经营活动、投资活动以及筹资活动均能够导致企业现金流入及现金流出。而现金流入与流出的差额称为现金净流量。这里的“现金”是指广义的现金，它不仅包括企业的库存现金，还包括企业的银行存款及银行汇票存款等其他各种货币资金。但在企业中存在一些期限较长的定期存款，因其不能随意支取，变现能力受限，不能作为现金流量表中的现金。

现金流分析的是现金收入和现金支出，而不是收入和费用。现金收入和现金支出不仅受收入和费用的影响，还受到资产负债表里一些款项的影响，如应收账款、存货、利息、资本支出、偿债、贷款及实际收入等。

现金流信息能够表明企业经营状况是否良好，资金是否短缺以及企业偿债能力大小，从而为投资者、债权人和企业管理者提供有用的财务信息。经营活动现金盈余是企业具有活力的主要标志。如果经营活动的现金净流量为负数，那么企业要依靠外部因素，即投资活动或筹资活动带来正的现金净流量来运转，长期下去是非常危险的。此外，需要注意的是，企业现金形式的转换不会产生现金的流入和流出。

（二）现金流的预算

所有的企业都应该对未来的现金流进行预测和预算。定期编制现金预算，合理安排现金收支，及时反映企业现金的盈缺情况。现金预算是对企业预算期内有关现金流入与流出所作的预测，它通常被当作这一时期的计划目标，也是企业短期财务计划的基本工具。现金预算的内容包括现金收入、现金支出、现金多余或不足的计算，以及不足部分的筹措方案和多余部分的利用方案等。现金预算实际上是与其他预算如销售预算、生产预算、直接材料预算等有关现金收支部分的汇总，以及收支差额平衡措施的具体计划。其他预算在编制时要为现金预算做好数据准备。

企业的流动状况可以通过编制现金预算进行监控。虽然有时现金预算可能会变得过时或不再有实际意义，但它仍然是企业采用的计划的一部分。当出现预算赤字时，企业可以通过借款筹集现金，也可以采用延迟或取消资本性支出项目等措施来减少现金赤字。如果预测为盈余，企业就可以对如何应用盈余现金作出预算。

对于小公司或者新成立的公司来说，由于有限的财力资源、巨大的财务压力、重大决策所带来的风险及较高的失败率，现金流预算与报告成为创业者的关键控制点。而控制必须指向一个计划或目标，现金流量目标在一个计划或预算中可以被公式化并作为企业的政策、规则和条例。如信用期、销售折扣等。

（三）现金流的改善

为确保新企业的现金流健康、顺畅，我们可以通过以下办法，来改善现金流：

（1）为客户开发产品或项目时，向他们收取预付金，让他们而不是你自己，为该项目提供资金。

（2）设置一个交货后全部收回账款的期限，比如要求在交货后 30 天内或 60 天内付款。尽可能快地收回资金。

（3）和供应商谈判，争取获得 30 天或更长的付款期限。先从顾客那里收到钱，再付款给供应商。

（4）预先设置一个收款的程序。如果顾客延期付款，就要不断催款。

（5）银行的贷款利率通常要比供应商收取的滞纳金要少。在紧急情况下，不妨向银行贷款，还清供应商的钱，这也能在短期内弥补现金流的不足。

（6）收账代理机构可以帮忙，不必等 30 天或 60 天，立即就可以拿到现金。但是使用代收服务需要费用，在使用代收服务前，要先想想哪种方式更划算。

（7）个人需要花的钱，尽量不要从公司支取。从公司拿走钱，也就减少了现金流的总量，而它本来可以促进公司的发展。

第三节　新企业的成长

一、新企业成长的驱动因素

企业度过创业期后，随着成品和服务逐步被市场和消费者所认可，销售收入不断增加，规模不断扩张，出现了非常强烈的成长冲动。从内部看，一方面是因为企业追求更多的利润；另一方面是因为创业者渴望权力，这必然促进企业的成长。从外部看，市场对产品产生需求，技术要求扩大规模，或者某项新发明创造出新市场也都可能促进企业成长。因此，企业成长的推动力量可概括为创业者、市场和组织资源三方面。

（一）创业者渴望成长

创业者具有强烈的成长欲望，并对成功充满激情，勇于向环境挑战，能够主动识别和把握机会，正是这些能力促使创业者能够把经济资源从生产率较低、产量较小的领域转到生产率较高、产量更大的领域。这些能力是企业实现快速成长最关键和最基本的因素。

创业者具有较高的成长欲望，所以在产品投入市场，赢得了一定的利润后，创业者一般不以达到个人满意的生活水平和享受利润所带来的好处为目标，而是利用利润进行再投资以期成为向所在行业的大企业挑战的高速发展企业。通过向主要顾客销售大量产品而与顾客一道成长，通过改变顾客和产品进一步扩大销售额，及时地通过建立分支机构实现成长。在企业开拓市场过程中，需要大量的资金，创业者为了实现快速成长，愿意通过出售股份融资，这为进一步扩张奠定了基础。

创业者的工作激情使创业者在实现企业目标时更加坚决、乐观和持之以恒，这不仅深深激发了团队的工作热情，而且使其他企业认为不能实现的事情在创业者型中小企业得以实现。

创业者勇于向环境挑战而不是被动地适应环境，他们面对激烈动荡的环境，更加关注的是机遇而不是威胁。创业者感到有做事情的责任和主动权，创业者有责任感，不是让情况决定他们的行动，而是更多地为改变他们的情况而行动。

创业者擅长识别和追求机会的能力，使企业具有创新的优势，创新使企业能够赢得快速成长的机会。创业者能非常快地将识别到的机会付诸实践，创业者对其将要进入的领域非常了解，他们能够找到发展的模式，他们也有信心找到实现模式所缺的资源。通常，创业者利用最低或最有限的资源追求机会。斯迪文森认为创业者所追求到的机会超过他们所控制的有限资源的这种能力是创业者能力之一。

（二）市场有成长空间

进入威胁、替代威胁、买方竞价力、供方竞价力和行业内企业间的竞争这五种作用力共同决定产业竞争的强度以及产业利润率。

新企业在快速成长的最初阶段，其产品往往处于产品生命周期的导入期和成长期，进入威胁和替代威胁较小，行业中的其他企业由于缺乏创新精神、一味地被动适应环境，信息相对闭塞，资源相对匮乏，往往对新的业务视而不见。

行业内部大企业总是因为市场“太小”而拒绝开发新涌现业务方面的产品和服务，所以，允许新的企业能赢得在随后不能被驱赶的市场地位。当然，这也是中小企业之所以存在的基础之一。

竞争对手较少，良好的市场情况为新企业实现销售额快速增加创造了机会。新产品具有良好的吸引顾客的潜力，虽然最初顾客对新产品不了解，但新企业对于区域市场比较熟悉，往往易于打开局面。

在巨大的市场需求的牵引下，新企业的主要任务是进行批量生产，不必投入过多的市场开发费用，产品的价格相对较高，能够获取高利润，新企业自身的规模相对较小，易于实现超速成长。

（三）组织资源支持成长

在一定程度上，新企业成长欲望的实现取决于其所控制和能够利用的组织资源。在这里，组织资源被广义定义为员工、财务资源、无形资产、厂房设备、技术能力、组织结构。

组织资源决定支持组织成长的能力，如果组织不拥有支持成长战略所需的资源，即使创业者的成长欲望很高，实现的销售额也可能很低。组织结构、财务资源和技术资源对企业的快速成长起着积极的促进作用。例如，在财务资源方面，企业产品的销售价格相对较高，利润较高，在一定程度上能够支持成长所需的资金；或者银行看好企业的发展前景，愿意提供贷款；或者具有高成长欲望的创业者愿意通过出售股份融资，赢得更多的资金，适应企业的扩张。这些资金来源能够支持新企业成长所需的资金高投入。

二、新企业成长的制约因素

从数量上看，创业企业的数量可能很多，但能够实现成长的企业却不多，其中实现快速成长的企业则更少。一个企业不可能无限制地扩张，新企业的快速成长往往会受到内部的管理能力、市场及资金等多方面的制约。下文介绍了几种主要的、常见的制约新企业成长的因素。

（一）管理能力不足

彭罗斯把企业成长视为一种有意识地利用各种资源获利的组织过程，认为生产性资源（包括物质资源和人）是任何企业必不可少的，但对企业至关重要的并不是这些要素的本身，而是对它们的利用，亦即生产性服务。作为一种“功能”或“行动”，“服务”而非“资源”，才是每个企业独特性的根源。生产性服务又有“企业家服务”和“管理服务”两个相对照的部分。前者用来发现和利用生产机会，后者用来完善和实施扩张计划。它们都是企业成长不可或缺的。不过在某种意义上，企业家服务对成长的动机和方向影响更深远，企业家管理是企业持续成长的必要条件。管理能力不足是企业成长的最大障碍，这种观点被称为“彭罗斯效应”。

企业在某个时点拥有的管理服务数量是固定的，这些管理服务，一部分要用于目前企业的日常运作（不扩大规模）；另一部分用于扩张性活动，比如开发新产品，开发市场。假定企业的管理队伍不变，在这种条件下，企业成长所需的新增管理服务来自两个途径：第一，随着组织结构的调整，工作程序化的增强，管理服务出现盈余，从而给企业带来持续的增长。第二，所谓的“学习效应”由于管理者越来越熟悉企业的经营活动，使其可以在不降低现有工作质量的前提下，节省出管理服务来支持企业成长。因此，如果管理企业当前事务所需的管理服务与企业规模成一定比例，而且企业扩张所需新增管理服务与扩张规模也成一定比例，则企业只能按照这一固定比例成长，否则就会出现管理危机，影响效率。

（二）创新和规划能力缺乏

富有创新是推动企业成长的主要动力。企业创立之后，创业者关注的核心问题是销售和生存，他们将大部分的精力和资源都投入到市场的拓展上，初期创新的推动力量会随消费者熟悉程度的增强和竞争对手模仿行为的增多而减弱，在缺乏资金、技术、人力资源和组织保证的情况下，新企业的创新业绩会减弱，与竞争对手的模仿行为相比，由组织机制带来的改善随着企业的快速成长而显得力不从心，企业的创新机制需要从创业者个人行为转变为组织行为。

生存的压力迫使新企业更加注重行动而非战略思考，甚至许多人认为新创企业和中小企业没有也不需要战略。事实上，缺乏战略也是制约企业成长的关键因素。没有战略的组织，缺少目标和方向感，会导致执行力的减弱，影响企业发展的效率。

（三）市场竞争加剧

市场是企业得以生存与发展的土壤。创业者创业往往基于创新，包括向消费者推出全新的产品和服务，或对现有的产品服务进行明显的改进，一旦企业实现了初期的快速成长，很快就会有其他的企业跟进，他们或者进行简单的模仿，或者向前面创业的创业者一样予以改进和创新，可以说，先进入的企业成长速度越快，跟进的企业就越多，创业者就会在更短的时间内面临激烈的竞争，信息社会和市场开放使这种规律更加明显。

众多竞争对手的加入，使顾客有更大的选择空间。随着新产品在市场经营时间的延长，顾客对产品的成本、价格及众多企业间竞争的情况将了解得越来越充分，竞价能力自然就会变得越来越强，此时的顾客往往要求较高的产品质量或索取更多的服务项目、更低的价格。无疑，顾客竞价力增强使成长中的企业不得不调整市场战略以赢得新顾客和维持已有顾客。

（四）市场环境复杂

在企业自身方面，新企业普遍是在行业内的细分市场创业与经营，随着企业规模的扩大，初期的目标市场容量将无法支撑企业快速发展的需求，创业者必须寻求扩张。创业者一般通过地域扩张或产业延伸等途径实现扩张。企业在地域方面的扩张，往往受各地文化、法律和市场环境的影响；产业延伸则会面临多元化经营等相关的障碍。这些情况都会改变成长中的企业运作环境，环境变得复杂而且很少能够被预测，可预见性减少进一步导致了管理的复杂性。如果创业者不能很好地解决这些问题，市场的局限性就会变得明显，最终像一堵墙一样阻碍企业继续扩张与成长。

（五）资金需求增加

企业的快速成长需要企业具备相应的资产，资产的来源主要有两种：负债和所有者权益。因为企业存在最优的负债结构，所以可以说负债的多少取决于所有者权益的多少，进一步说，企业的增长取决于所有者权益的增长。成长的主要表现是销售额的增加，而销售额的增加又要求资产的增加，这就意味着需要更多的资金来增加资产。这样，尽管销售额的增加会为公司带来利润，但总体来看，现金流是负的资金问题也就随之产生。虽然公司可以通过提高财务杠杆来满足资金的需求，但一旦负债容量达到饱和，不能得到新的资金时，就会严重制约企业的成长。

三、新企业成长的推动策略

企业的管理机制不是一劳永逸、一成不变的，它必须随着时间、条件的变化而不断丰富、发展和完善。企业要成长发展，就需要构建有效的管理机制，以下从几个方面，介绍推动新企业成长的可能性策略。

（一）构建经营系统

建立一个成功企业的重要任务之一是建立辅助企业日常经营活动的体系——经营系统，它是企业开展日常经营管理工作的“平台”。弗莱姆兹这样描述经营系统：建立经营系统是为了有效地工作，一个公司不仅要从事生产或服务，而且要合理地管理基本的日常经营活动。这包括会计、制表、采购、做广告、招聘人员、培训、销售、生产、运输和相关系统。企业在创建初期容易忽略经营系统的建立和发展，但随着一个企业在规模上扩大，特别是当规模超过了其组织管道的运作能力，这些系统就会承受越来越大的压力。

（二）做好人力资源的管理

创业阶段，人力资源管理问题常得不到创业者的重视。比较流行的观点是：对于初创阶段的企业而言，不需要专门的人力资源管理者，人力资源管理的职能也非常简单。而且当前创业企业的人力资源管理方面的理论是非常缺乏的，比较成熟的人力资源管理理论基本都针对较为规范的既有企业或大企业。创业者遇到人力资源管理方面的问题，只能参照大企业的做法，而这有时是不合适的，甚至是有害的。

但是我们应该看到，良好的人力资源保障，是所有企业成功的基础。没有任何一个企业的成功，完全是创业者一个人的功劳。期待企业成长的创业者并不一定要受过高等教育，但他们要雇佣一大批有能力的下属，他们通过构建规模较大的管理团队以便让更多的人参与决策。即使创业初期无法制定完善的人力资源管理制度，也一定要有一些基本的招人、用人、留人的意识，千方百计地把人才找到、管好。

（三）做好资源的积累与管理

新企业的成长是靠资源的积累实现的，如果企业积累的资源未被企业占有，而是被企业中的个人（不管是创业者、高层管理者还是一般的员工）占有，都必将威胁企业的成长。如果公司资源被个人占用的情况较为明显，客户管理工作不够周密，以致造成公司业务和人才的流失，公司自己“培养”了一大批竞争对手。因此，需要从注重创造资源转向管理好已经创造出来的资源，从资源“开创”到资源的“开发利用”。需要采取必要的措施，管理好客户资源，管理好有形或无形资产，通过现有资源创造最大价值。

（四）重视企业价值观的作用

企业价值观是支持企业发展的灵魂，虽然是无形的，却渗透在企业发展的方方面面。大多数快速成长企业都有比较固定的企业价值观，用以支持企业的健康发展。对新企业而言，企业价值观一般是创业者自身价值取向的体现，这种取向直接影响着企业的发展。对成功企业的研究表明，在企业发展过程中，只有很少一部分企业根本改变了原有的价值取向，大部分企业的价值观变化甚微。企业价值观的固定性保证了企业发展的稳定性，也便于企业管理者与员工掌握企业发展过程中的关键点。快速成长企业的创建者非常热爱他们自己所从事的事业，他们审时度势，制定符合社会发展的价值观念，并倾注全部心血使企业的价值观延续下去。

（五）主动寻求创新

创新是推动企业乃至社会发展的主要力量，但需要付出成本。企业在创业初期特别是成长阶段实施创新策略的成本较小，因为成长性强可以为企业提供创新所需要的资源，可以吸引优秀的员工，进而减轻来自内部的创新阻力。新企业的创新不可能一下全面展开，需要科学地把握切入点，由点到面，层层深入。创新的阻力主要是对未来发展的顾虑，对创新成功的可能性持有疑虑。从局部推进，往往可以在短期内取得效果，进而增强团队对创新的信心，而且这种方式的创新容易被控制，不至于造成失控。

（六）增加企业的价值

当新企业过分追求速度时，往往带来的问题是销售收入增加很快，而利润却没有增加，企业的价值没有得到增值，因此，当成长到一定程度时，企业需要管理好价值链，对价值增加快的部分转移和延展，以获得最大的价值增加，通过重点打造顾客在意的价值要素，而在其他要素上提供适当价值，剔除不必要的要素，不仅能够为顾客提供卓越的价值感受，还能够使企业以低成本的方式实现、获取所谓差异化和低成本的双重好处。

（七）灵活处理创业者的角色定位

在企业规模很小、经营业务比较简单的情况下，仅仅依靠创业者个人的努力就可以支撑起企业的运转。但是，当企业规模扩大、经营活动范围扩展、组织层次增多之后，仅仅依靠创业者个人的力量绝对不够，必须依靠企业全体员工的共同努力。因此，随着小企业的发展，适当弱化创业者在小企业经营中的决定性作用，更好地发挥集体的力量，是十分必要的。

适当弱化创业者在小企业经营中的决定性作用，并不是说要降低创业者在小企业中的作用，也不是单纯要把企业经营决策权从创业者手中分散给其下属，而是要把创业者个人的贡献转化成集体的成绩，将创业者成功的经营思想转化成企业文化的一部分，将企业融入社会整体之中，使企业的发展与社会的发展同步。这样的企业才真正会具有持久的竞争力量，才会具有长期生存与发展的根基，才能摆脱新企业因规模小而产生的种种困扰。

视野延展

当代企业文化建设的两个基本共识

通过观察当代世界范围内的企业文化建设，我们发现了两个基本共识：一是“以人为本”的理念，二是“学习型组织”的建设。

优秀的企业文化大多突出“以人为本”的思想，以消费者为中心，努力创造价值，服务社会。那些经久不衰的企业，尽管他们的经营战略和实践活动不断地适应着外部环境而变化，但却都始终保持着“以人为本”的思想。

企业管理者应当树立员工是企业的主人，而企业能够实现员工梦想的观念。因为企业要做大、做强，光靠几个高层管理者是远远不够的，归根到底是要依靠广大员工。企业需要做到“耕者有其田，工者有其股”，实行知识、资本和技术的三者结合，让有智慧、有能力的人在企业通过创造获得高回报。以制度的形式，让贡献大、有潜力的骨干员工逐步持股，再以资本入股，具备股东资格，成为企业真正意义上的主人，让员工的人生价值随企业的发展而不断增值，从而真正实现员工是企业主人的管理思想。

知识经济社会企业的竞争优势将取决于其学习能力的高低，即迅速吸取新知识，开发新技术、新产品的能力。有人认为，企业的竞争实际上就是人才的竞争，但说到底，其实是学习力的竞争。资本、劳动力、原材料、技术、知识等资源可以通过购买、学习等手段获得，但学习能力却没有办法购买、复制或者消除。所以，建立学习型组织应该是所有企业的共同愿望。对于创业企业来说，建立学习型组织，一方面能使新企业快速适应外部环境的急速变化，不断进行理念创新、制度创新、组织创新和技术创新，紧跟时代步伐；另一方面也适应于创业企业中人力资源年轻化、便于吸收新技术、不断开拓创新的特点。同时，学习型组织也是走出家族式管理、建立现代企业制度的重要途径。

学习型组织应以共同的目标为基础，以团队学习为特征，特别强调以增强企业学习为核心，特别注重员工的自我超越、自我获取知识和利用信息的能力。企业中可建立社交群组，通过网络进行交流，获取信息，学习新知识，并实行自助培训，实现“工作学习化、学习工作化”的氛围。

在世界排名前100的企业中，已有40%的企业以“学习型组织”为蓝本，进行了彻底的改造，在全球化的环境中，增强国际竞争力。大凡优秀的企业，都会选择一种与企业的发展战略以及企业文化相一致的模式，并把“学习型组织”作为企业文化建设的重要阵地。

拓展训练

一、创办一家企业

同学们分为4组，分别模拟创业团队、工商局、企业顾问、其他相关部门。

各组在活动前，要查阅相关制度和规定，准备好表格、文件等资料。安排好成员扮演各类角色。

你的小组将扮演：________________________

你们做了哪些准备？______________________

创业团队组决定他们将创办何种类型的企业，模拟企业注册、税务登记、银行开户等一系列过程，企业顾问组可随时进行帮忙，力求顺利完成所有程序，成功创办一家企业。

活动中，是否出现了你们之前没有预料到的问题？通过这次模拟，你得到什么启示或感悟吗？

二、新企业的第一次会议

根据团队的创业项目（如果还没有创业项目，由教师指定一个项目），假设你们已经成功创办了一家有限责任公司（股东及其权益已确定），现在是你们的第一次会议。

每组展开“无领导小组讨论”，每个人都可以提出自己的观点。请每个人先独自设想下，团队将会讨论哪些内容？

会议结束后，你们得到了哪些“成果”？

与其他团队进行分享，选出会议成果“最全面”和“最深入”的两组。

想一想，哪些问题是应该在“第一次会议”之前就解决的？

如果你是“第一次会议”的主持人，请给这次会议确定一个主题。

通过这次活动，对新企业的管理，你有什么新的感悟吗？

思考题

阅读教材，搜集资料，深入探索，认真思考并回答以下问题。注意说明你的理由，形成自己的见解。

1. 你认为最适合大学生创业选择的企业组织形式是什么？

2. 新企业的成功创办与管理，有必要去了解哪些相关的法律知识？

3. 你如何理解“百年老店”的成功要素？

4. 创业者常常需要“身兼多职”，如果你必须且只能在“人力总监”和“财务总监”中选择一个职位来担任，你会选择哪个？

5. 如何平衡新企业成长的“速度与激情”？

6. 创业者的价值观，决定了新企业能够走多远。你认可这种说法吗？

实践活动

反思创业之路

到创业公司谋求一份实习或兼职工作，深入体验创业企业的各种管理实际。结束后，写一篇不少于3000字的体验报告。

当然，如果你正在创业，可以反思自己的创业历程，用文字记录下你一路走来的感受。

附录

附录一　翻转课堂·练习区

创业该从哪里开始

韩涛是一位在校大学生，参加了大学生创业辅导课程的学习之后，就萌生了创业的想法。目前，有几个创业机会摆在面前，可是他对于选择哪一个项目开始他的创业之路始终犹豫不决。这天，他在校园里碰到了他的一个朋友，本想听听朋友的意见，请朋友帮他出出主意，可没成想，朋友却要拉他去干另外一个项目，这让韩涛的心更乱了。韩涛心里明白，这几个项目都和他所喜爱的美食相关，也都在他的创业兴趣范围之内，哪一个他都有兴趣，但他生怕自己选错了项目，错过了更好的创业机会。如果你是韩涛的话，会作出什么样的选择呢？

观看案例视频后，你有什么感想？小组充分讨论，得出观点。

____

____

____

观看点评视频（或听讲），记录专家（或授课教师）的观点。

____

____

____

谁最有可能创业失败

李欣、杨颖和陆敏是同班同学，私下里也是非常好的朋友。她们三个人都很喜欢创业，一直希望能找到一个合适的创业项目，实现她们共同的梦想。恰好陆敏的一个亲戚正在代理销售一套教育类的畅销教材，可以给陆敏非常便宜的进货价。于是陆敏找来了李欣和杨颖，想和她们一起商量商量。请根据视频中三人的各自表现，判断她们三个人中，谁最有可能创业失败。

观看案例视频后，你有什么感想？小组充分讨论，得出观点。

观看点评视频（或听讲），记录专家（或授课教师）的观点。

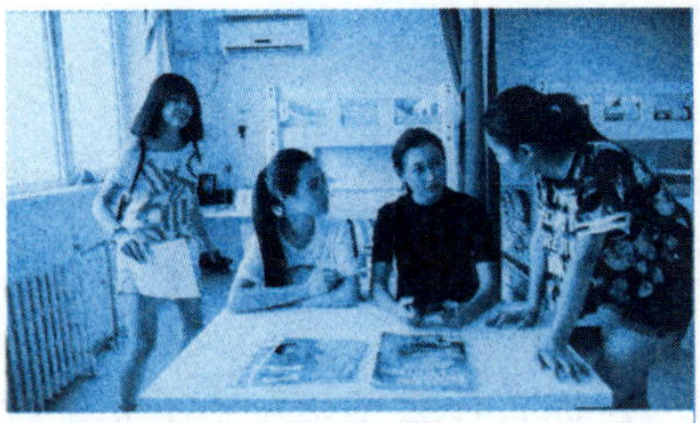

创业故事一

李梅因为屡屡丢失自己新买的自行车而头痛不已，经过认真的思考，她发现六成新的自行车是不容易被偷的，并因此受到启发，在学校中开始经营二手自行车买卖的创业项目。

观看案例视频后，你有什么感想？小组充分讨论，得出观点。

____

____

____

观看点评视频（或听讲），记录专家（或授课教师）的观点。

____

____

____

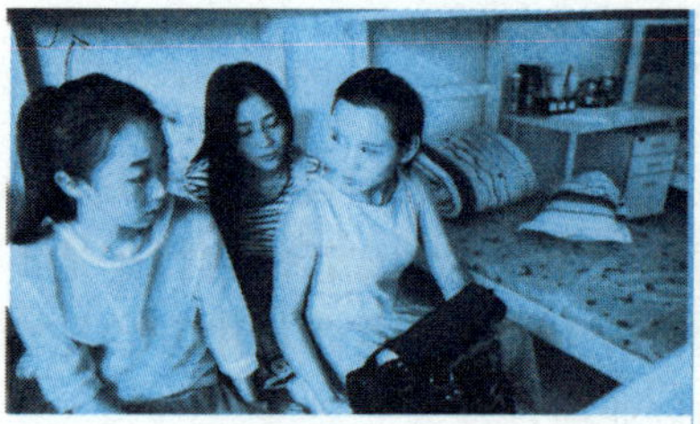

创业故事二

某女生看到男生都去研发 APP，认为他们一定需要推广服务，于是为别人提供 APP 编程服务，成功地开展了自己的创业项目。

观看案例视频后，你有什么感想？小组充分讨论，得出观点。

____

____

____

观看点评视频（或听讲），记录专家（或授课教师）的观点。

____

____

____

创业故事三

刘梅和林芬计划创业，原本她们想向工艺品商店推销自己的根雕艺术品，可是在现实中却屡屡受挫。在认真分析原因时她们发现，其实把根雕技术用在制作各种生活用品上是一个不错的想法。于是她们开始雕刻木制相框出售，果然获得了客户的认可和好评。

观看案例视频后，你有什么感想？小组充分讨论，得出观点。

____

____

____

观看点评视频（或听讲），记录专家（或授课教师）的观点。

____

____

____

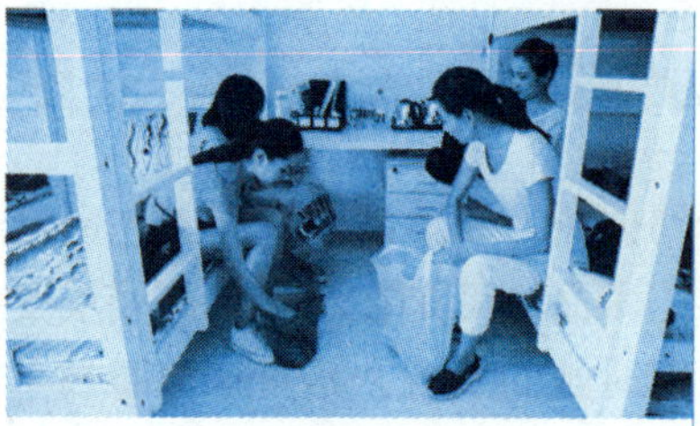

创业故事四

陈欣和同学在学校购买日用品时，遇到了质量问题，在进行维权的时候遭遇了黑心卖家，她周围的同学也有类似的经历。根据学姐告诉她们的经验，陈欣决定自己行动起来，将讲信誉的良心卖家联合起来，创立了“放心商店联卡”，不但给了自己创业的机会，同时避免了类似的问题再次出现在学校内，也赢得了同学们的认可。

观看案例视频后，你有什么感想？小组充分讨论，得出观点。

____

____

____

观看点评视频（或听讲），记录专家（或授课教师）的观点。

____

____

____

创业故事五

王蕊作为一名计算机专业的大学生，有着扎实的编码功底，也很喜欢进行测算，却没有找到适合发挥的空间。在宿舍同学宋丽的提醒和帮助下，才将自己的专业才能应用到现实中来，并产生了实际的价值。两人由此一起开始创业，创办了新奇软件公司，并找到了一条正确的发展之路。

观看案例视频后，你有什么感想？小组充分讨论，得出观点。

观看点评视频（或听讲），记录专家（或授课教师）的观点。

创业故事六

赵妮在大四即将毕业的时候仍然没有找到合适的工作，对此她感到很伤心。在她最伤心的时刻，她的宿舍同学罗丹找到了她，跟她讲了一个创业的想法，并邀请她一起加入，利用自身的优势，来进行创业。

观看案例视频后，你有什么感想？小组充分讨论，得出观点。

____

____

____

观看点评视频（或听讲），记录专家（或授课教师）的观点。

____

____

____

创业需要多少钱

张浩在大学期间就一直在利用自己电子商务的专业，在电子商务平台上进行淘宝店铺的经营。到了大四毕业的时候，他和女朋友最终决定利用淘宝这个电子商务平台进行创业，并且决定从之前的木制玩具转到母婴用品去进行经营。在准备创业之前，两个人对于创业需要多少启动资金进行了讨论。

观看案例视频后，你有什么感想？小组充分讨论，得出观点。

____

____

____

观看点评视频（或听讲），记录专家（或授课教师）的观点。

____

____

____

创业资金从哪里来

田蓉和许颖两名大学生在毕业前夕，找到了自己的创业项目——特色花卉，并且通过一系列的沟通与努力，找到了很多愿意给她们项目投资的投资方，有花卉公司、天使投资人，还有众筹等，在一系列选择面前，她们一时不知道该通过哪种渠道来筹措资金。

观看案例视频后，你有什么感想？小组充分讨论，得出观点。

____

____

____

观看点评视频（或听讲），记录专家（或授课教师）的观点。

____

____

____

创业地点如何选择

陈静准备自己创业，开一个美甲店。她和朋友王楠一起出去寻找营业场地，在房地产中介的带领下，她们看了几个位置不同、租金不同的铺面，但是每一个地方都各有利弊，陈静一时也拿不定主意。

观看案例视频后，你有什么感想？小组充分讨论，得出观点。

____

____

____

观看点评视频（或听讲），记录专家（或授课教师）的观点。

____

____

____

怎样才能留下他

杨欣在毕业之后选择了自己创业，开办了一家地产中介公司。他每天都会激励员工，和员工共同努力，但是还是发现其中一位优秀的业务员有了些想法，面临员工跳槽的选择，杨欣又该如何留住他？

观看案例视频后，你有什么感想？小组充分讨论，得出观点。

____

____

____

观看点评视频（或听讲），记录专家（或授课教师）的观点。

____

____

____

孙丽的服装店

孙丽在毕业之后自己开了一家服装店，在经营初期，她对于财务方面的事情并不重视，也没有做好记账管理工作，很多事情也都不太考虑资金的问题。经营一段时间以后，她的资金周转出了问题，员工工资和房租的压力陡增，仓库也积压了大量的存货，她该怎么办？

观看案例视频后，你有什么感想？小组充分讨论，得出观点。

____

____

____

观看点评视频（或听讲），记录专家（或授课教师）的观点。

____

____

____

问题出在哪儿

杜娟和李芸在毕业之后，开办了一间小型的建筑材料公司，开始了自己的创业之路。她们在建材市场租了一个位置一般，但租金便宜的店面。可是店里的客流量始终不多，每个月算下来，几乎没有什么盈利，资金压力也越来越紧张，于是她们坐下来一起商量接下来该怎么办。最终，她们想出了一系列的办法，打算进行一次市场调研。

观看案例视频后，你有什么感想？小组充分讨论，得出观点。

____

____

____

观看点评视频（或听讲），记录专家（或授课教师）的观点。

____

____

____

营销该怎么做

杜娟和李芸今年大学毕业了，经过认真的思考，她们决定自己创业。她们在当地最大的建材市场租了个店铺，专营厨卫洁具，开始了她们的创业之路。在发展和稳定了一批老客户后，杜娟她们遇到了新的瓶颈：客户数量增长缓慢，几乎没有什么新客户成单。为了解决这个问题，杜娟和李芸又在一起开始想办法。打算拿出一笔钱来做一轮营销活动，她们决定拿出 5 万块钱进行营销推广，希望通过这个活动吸引更多的新顾客。因为资金有限，她们只能选择两个最为合适的活动来做，她们该如何选择？

观看案例视频后，你有什么感想？小组充分讨论，得出观点。

____

____

____

观看点评视频（或听讲），记录专家（或授课教师）的观点。

____

____

____

说什么话最管用

杜娟和李芸她们在当地最大的建材市场租了个店铺，专营厨卫洁具，刚开始的那几个月，店铺的经营状况不太理想，杜娟和李芸经过认真的调研，对店铺的经营作了一些调整，又投了一部分钱，开展了一些营销活动，生意渐渐地红火起来，也经常会有施工单位慕名而来，采购她们的产品。面对人数众多的采购团队，在有限的时间里，杜娟应该对哪些人说哪些话，才能在最短的时间里打动客户，影响客户的购买决策？

观看案例视频后，你有什么感想？小组充分讨论，得出观点。

____

____

____

观看点评视频（或听讲），记录专家（或授课教师）的观点。

____

____

____

难以揣摩的顾客

这天，杜娟的建材店里来了一位中年男顾客，请根据对该顾客行为举止的观察，来确定到底应该说什么样的话，才能够打动这位消费者。

观看案例视频后，你有什么感想？小组充分讨论，得出观点。

____

____

____

观看点评视频（或听讲），记录专家（或授课教师）的观点。

____

____

____

附录二　翻转课堂·索引表

图书在版编目（CIP）数据

创业基础 / 王卫红，金伟林，何伏林主编．— 杭州：杭州出版社，2017.5（2018.2 重印）

ISBN 978-7-5565-0635-4

Ⅰ．①创… Ⅱ．①王… ②金… ③何… Ⅲ．①创业－高等学校－教材 Ⅳ．① F241.4

中国版本图书馆 CIP 数据核字 (2017) 第 091354 号

创业基础

王卫红　金伟林　何伏林　主编

责任编辑　齐桃丽
美术编辑　顾明杰
出版发行　杭州出版社（杭州市西湖文化广场 32 号 6 楼）
电话：0571-87997719　邮编：310014
印　　刷　杭州丰源印刷有限公司
经　　销　新华书店
开　　本　787 mm × 1092 mm　1/16
印　　张　19.25
字　　数　385 千
版 印 次　2017 年 5 月第 1 版　2018 年 2 月第 3 次印刷
书　　号　ISBN 978-7-5565-0635-4
定　　价　49.90 元